Gabriele Berkenbusch und Doris Weidemann (Hrsg.)

Herausforderungen internationaler Mobilität

Auslandsaufenthalte im Kontext von Hochschule und Unternehmen

D1717750

KULTUR – KOMMUNIKATION – KOOPERATION

herausgegeben von Gabriele Berkenbusch und Katharina von Helmolt

ISSN 1869-5884

1   *Gabriele Berkenbusch und Doris Weidemann (Hrsg.)*
Herausforderungen internationaler Mobilität
Auslandsaufenthalte im Kontext von Hochschule und Unternehmen
ISBN 978-3-8382-0026-2

Gabriele Berkenbusch und Doris Weidemann (Hrsg.)

HERAUSFORDERUNGEN INTERNATIONALER MOBILITÄT

Auslandsaufenthalte im Kontext von Hochschule und Unternehmen

ibidem-Verlag
Stuttgart

Bibliografische Information der Deutschen Nationalbibliothek
Die Deutsche Nationalbibliothek verzeichnet diese Publikation in der
Deutschen Nationalbibliografie; detaillierte bibliografische Daten sind im
Internet über http://dnb.d-nb.de abrufbar.

Bibliographic information published by the Deutsche Nationalbibliothek
Die Deutsche Nationalbibliothek lists this publication in the Deutsche Nationalbibliografie;
detailed bibliographic data are available in the Internet at http://dnb.d-nb.de.

∞

Gedruckt auf alterungsbeständigem, säurefreien Papier
Printed on acid-free paper

ISSN: 1869-5884

ISBN-10: 3-8382-0026-8
ISBN-13: 978-3-8382-0026-2

© *ibidem*-Verlag
Stuttgart 2010

Printed in Germany

Inhaltsverzeichnis

Herausforderungen internationaler Mobilität: Auslandsaufenthalte im Kontext von Hochschule und Unternehmen

Doris Weidemann und Gabriele Berkenbusch

Einleitung

Internationaler Handel, Auslandsstudium und Auslandsreisen sind keine neuen Phänomene. Seit jeher haben Menschen auf der Suche nach Glück, Reichtum oder Erfahrung ihre Heimat verlassen, Grenzen überwunden und Lebensabschnitte in der Fremde verbracht. Und doch verweist der Begriff der internationalen Mobilität auf etwas Neues: Er eignet sich ganz offenkundig weder zur Beschreibung der weitläufigen Feldzüge Alexanders des Großen noch zur Charakterisierung des Lebens des berühmten jesuitischen Gelehrten und italienischen Missionars Matteo Ricci, der im 16. und 17. Jahrhundert in China wirkte. ,Internationale Mobilität' ist ein Begriff, der an eine nationalstaatliche Ordnung der Welt ebenso gebunden ist wie an die technischen und materiellen Mittel, die transnationale Kommunikation und die rasche Überwindung von Raum erst ermöglichen. Anders ausgedrückt: Internationale Mobilität ist Ausdruck der Möglichkeiten und Anforderungen einer globalisierten Welt und steht für die Chancen, die internationale Vernetzung und Freizügigkeit mit sich bringen. Dies macht den Begriff höchst voraussetzungsreich. Bevor wir den verschiedenen Facetten und Herausforderungen von Studienabschnitten und Arbeitsaufenthalten im Ausland in diesem Buch nachgehen, erscheinen uns einige perspektivierende Kommentare daher angebracht.

Als Begriff, der nicht nur in der Wissenschaft, sondern auch in öffentlichen Debatten verwendet wird, weist ,Internationale Mobilität' eine Fülle konnotativer Gehalte auf, die für unsere Betrachtungen von Bedeutung sind: ,Mobilität' verweist auf Beweglichkeit und Flexibilität, auf Aktivität und Handlungsfähigkeit – Attribute, die in unserer globalisierten Lebens- und Arbeitswelt hoch im Kurs stehen. Transnationale Bewegungen, die aus Armut, Perspektivlosigkeit, Angst vor Krieg oder Verfolgung motiviert sind, werden hingegen unter dem Begriff der ,Migration' thematisiert. Hier findet die bereits häufig beklagte Trennung in ein ,klinisches Paradigma' zur Erfassung der Integrationsprobleme von Migranten sowie in ein ‚Lernparadigma' zur Beschreibung interkultureller Lernprozesse von Managern erneut ihre Entsprechung (vgl. Hesse 1995, Furnham/Bochner 1986, Weidemann 2004). Forschungsarbeiten, die sich mit ‚internationaler Mobilität' beschäftigen, thematisieren in der Regel Erfahrungen von materiell abgesicherten Expatriates, Austauschstudenten oder anderen Personengruppen, die einen begrenzten Zeitabschnitt im Ausland verbringen und danach in ihr Heimatland zurückkehren (können). In dieser Hinsicht macht das vorliegende Buch keine Ausnahme: Von Interesse sind die Erfahrungen und Binnenperspektiven von Studierenden, Expatriates und ihren Familien sowie die Resultate interkulturellen Lernens, die sich im Ausland oder in interkulturellen Lehrsituationen an der Hochschule beobachten lassen. Durch die inhaltliche und methodische Fokussierung der Beiträge zielt dieser Band jedoch zugleich auf eine Überwindung der traditionellen konzeptuellen Engführungen der Expatriate- und Austauschforschung: Diese auf spezifische Erfahrungskontexte und Kriterien fokussierte Forschung hat Fragen nach dem „Erfolg" von Auslandsentsendungen, Anpassungsproblemen und Krisen bisher besondere Beachtung geschenkt und Erfahrungsaspekte jenseits ökonomischer Verwertungsinteressen weitgehend vernachlässigt. Die Orientierung an organisationalen Interessen hat überdies dazu geführt, dass Personengruppen, die sich dem Wertschöpfungsprozess entziehen, gar nicht untersucht werden, bzw. insofern sie mit einbezogen werden – wie zum Beispiel im Fall der ‚mitreisenden' Ehepartner – dies einzig in Bezug auf ihre Rolle im Wirtschaftsprozess geschieht (siehe kritisch hierzu die Kapitel von Berkenbusch und Weidemann in diesem Band). Auch Auslandsaufenthalte von Studierenden werden überwiegend im Hinblick auf die Zielsetzung des Erwerbs von arbeitsmarktrelevanten Kompetenzen (Sprachkenntnisse, interkulturelle Kompetenz) diskutiert.

Das Diskursfeld ‚Internationale Mobilität' entpuppt sich damit als doppelbödig. Internationale Mobilität ist nicht nur Möglichkeit, sondern eben auch Anforderung einer globalisierten Arbeitswelt, in der Mitarbeiter nicht selten auf Mobilitätsentscheidungen keinen großen Einfluss haben, sondern wie „Schachfiguren" auf dem globalen Brett der Konzernaktivitäten bewegt werden (Zorzi 1999). ‚Internationale Mobilität' ist ein Begriff, der eher der Welt der Stellenanzeigen angehört als dem Repertoire biographischer Selbstbeschreibungen, der mithin der Logik einer Welt folgt, in der nicht nur Güter, sondern auch *Humanressourcen* international mobil sind.

Es ist das Ziel dieses Bandes, den Sichtweisen, Erlebnissen und Erfahrungen von Personen nachzuspüren, die auf unterschiedliche Weise in internationale Ausbildungs- und Lebenszusammenhänge eingebunden sind: Als Studierende, Praktikanten, Unternehmensmitarbeiter und deren Familienangehörige im Ausland, als Vertreter von Personalabteilungen oder Hochschulen im Inland. Im Mittelpunkt der versammelten Beiträge steht die Frage danach, was ‚internationale Mobilität‘ für einzelne Personen konkret bedeutet, welche Herausforderungen sie für Akteure globalisierter Lebenszusammenhänge bereit hält, und wie diese mit ihnen umgehen.

Neben dem gemeinsamen thematischen Bezug eint die Beiträge ein qualitativer Forschungsansatz, welcher den Erfahrungen der ForschungspartnerInnen viel Raum gewährt und die Gesprächspartner in den geführten Interviews ausführlich zu Wort kommen lässt. Auf diesem Wege werden neue Erkenntnisse gewonnen, die eine kritische Positionierung zu den bisherigen Sichtweisen auf ‚Kulturschock‘ oder ‚kulturelle Anpassung‘ nahelegen und die den Blick darauf lenken, dass allen externen Anforderungen zum trotz Menschen stets (auch) ihren eigenen Lebensentwürfen folgen und individuelle Zielsetzungen und Deutungen vornehmen, denen externe Bedingungen (auch) gefügig gemacht werden. Betrachtet internationale Managementforschung und selbst die Austauschforschung ihre Zielgruppen vor allem als ‚Betroffene‘, die im Ausland mit diversen Herausforderungen konfrontiert werden, so zeigen qualitative Forschungsarbeiten, dass Menschen sich (auch) für bestimmte Studiengänge, Berufe und Unternehmen entscheiden, die ihnen die Verwirklichung ihrer persönlichen Ziele *ermöglichen*. Menschen *wollen* ihren ‚Horizont erweitern‘ oder ‚etwas über fremde Länder lernen‘; die Herausforderungen, von denen in diesem Buch die Rede ist, sind also vielfach selbst gesuchte und bewusst eingeplante Lerngelegenheiten. Die Studien zeigen jedoch zugleich, wie langwierig und schwierig jene Transformationsprozesse sind, die vereinfachend als ‚interkulturelles Lernen‘ und ‚kulturelle Anpassung‘ bezeichnet werden. Es ist nicht zuletzt diese doppelte Erkenntnis, die der interkulturellen Lehre an Hochschulen ihre Möglichkeiten, Grenzen und Aufgabe beschert.

Das Buch gliedert sich in zwei große thematische Komplexe, die Auslandserfahrungen von Studierenden und wie sie dieselben rückblickend „verarbeiten“ und die Auslandsentsendungen von Berufstätigen und deren Angehörigen sowie die Erfahrungen von Firmenmitarbeitern im Auslandsgeschäft. Die einzelnen Beiträge werden im Folgenden kurz skizziert:

Vasco da Silva befasst sich in seinem Beitrag mit der Analyse sogenannter Critical Incidents, die von den Studierenden aus dem Auslandsaufenthalt „mitgebracht" wurden und damit, wie sie dieselben erklären und unter Zuhilfenahme welcher theoretischen Zugänge sie versuchen, diese kritischen Situationen einer nachträglichen bzw. imaginierten Lösung zuzuführen. Indem selbst erlebte kritische Internationssituationen zum Gegenstand eingehender Selbstreflexion gemacht werden, werden interkulturelle Lernprozesse angeregt und die im Ausland gesammelten Erfahrungen an der Hochschule systematisch nachbereitet.

Andrea Richter ermittelt in ausführlichen Interviews mit Studierenden, die ein Studienjahr in China, Frankreich und Spanien verbrachten, dass für die meisten die Probleme nach der Rückkehr viel gravierender waren als diejenigen der Adaptation im Ausland, vor allem auch deshalb, weil die Studierende die Schwierigkeiten der Reintegration selbst kaum erwartet hatten.

Gwendolin Lauterbach untersucht in einer Feldstudie die Erfahrungen von deutschen Studenten in chinesischen Gastfamilien am Aufenthaltsort Qingdao. Die hier vorgestellten Ergebnisse entstammen einer dreimonatigen Längsschnittuntersuchung, in der sie vier Studierende bzw. Praktikanten jeweils zweimal interviewte, und zeigen typische Konfliktfelder im Zusammenleben von deutschen Gästen und chinesischen Gastfamilien.

Doris Fetscher beschäftigt sich mit den Lerneffekten, die sich durch den Einsatz von Critical Incidents in der interkulturellen Hochschullehre erzielen lassen. Im Mittelpunkt der Analyse stehen die von Studierenden entwickelten Lösungsvorschläge einer kritischen Fallgeschichte, in der eine japanische Studentin sich aufgrund anderer Konventionen über die Angabe zu ihrer Schwimmfähigkeit fast in Lebensgefahr gebracht hat. Die Ergebnisse zeigen, dass Studierende häufiger eindimensionale Hypothesen bilden und auf die im Unterricht vermittelten Lösungsstrategien nicht immer zurückgreifen.

Der zweite Teil des Bandes wird durch den Beitrag von *Ulrike Smolny* eingeleitet. Sie widmet sich der Auslandsentsendung von so genannten Dual Career Couples, Paaren also, in denen beide Partner eine berufliche Karriere verfolgen. Das Angebot einer Auslandsentsendung stellt diese Paare vor schwierige Entscheidungen, da ein gemeinsamer Auslandsaufenthalt für den mitreisenden Partner in der Regel eine Unterbrechung seiner Karriere bedeutet. Das gleichzeitige Festhalten an der Karriere und an der Paarbeziehung bringt Schwierigkeiten mit sich, die neuerdings von einigen Unternehmen schon berücksichtigt werden. Über einen solchen Fall berichtet dieser Artikel.

Gabriele Berkenbusch thematisiert die Frage der Belastungen, denen sich mitreisende Familienangehörige bei Auslandsentsendungen aussetzen müssen bzw. teilweise auch freiwillig aussetzen. Ihre Fallstudie basiert auf einem Interview mit der Ehefrau und dem Sohn eines leitenden Managers, der seinen Auslandsaufenthalt auf eigene Faust organisierte. Diese Darstellung steht in einem deutlichen Kontrast zu der Sichtweise, bei der die begleitende Ehefrau und die Kinder hauptsächlich als Risikofaktoren für den Erfolg der Mission des Ehemannes abgehandelt werden.

Doris Weidemann gibt einen interdisziplinären Überblick über die relevante Literatur, die sich mit den mitreisenden Kindern von Auslandsentsandten, den sogenannten Third Culture Kids, befasst. In der Zusammenschau werden insbesondere etliche Forschungslücken sichtbar. Abschließend werden einige vorläufige Ergebnisse aus einem empirischen Forschungsprojekt über erwachsene Third Culture Kids vorgestellt und Schlussfolgerungen für künftige Forschungsarbeiten gezogen.

Beatrice Schneider erkundet in ausführlichen Interviews die Erfahrungen, die deutsche Familien während z.T. mehrjähriger Aufenthalte in China gemacht haben. Die Erzählungen der Befragten vermitteln das Bild eines Lebensgefüges, das durch das teilweise Beibehalten deutscher Lebensweise im Ausland bei gleichzeitiger Anpassung an das chinesische Umfeld geprägt ist. Insbesondere die befragten Expat-Familien berichten zugleich von einer vergleichsweise großen Distanz zur sozialen chinesischen Welt und der großen Bedeutung der *international community* am Entsendungsort.

Ulrike Preißner befragte Mitarbeiter Schweizer Unternehmen zu den Erfahrungen im Human Resource Management in China. In den Interviews werden typische Problemfelder bei der Personalauswahl und -entwicklung im chinesischen Kontext sichtbar, auf die sich europäische Unternehmen einstellen müssen.

Die Beiträge zu diesem Band eint nicht zuletzt der Umstand, dass alle Autorinnen und Autoren Lehrende bzw. AbsolventInnen der Fakultät Sprachen der Westsächsischen Hochschule Zwickau sind. Sie beruhen in nicht geringem Ausmaß auf eigenen Auslandserfahrungen der AutorInnen, die für die Analysen des empirischen Datenmaterials von großer Bedeutung waren, und verarbeiten die Erträge zahlreicher Seminardiskussionen, in denen die Lehrenden und Studierenden dieser Fakultät den Bedingungen, Auswirkungen und Herausforderungen internationaler Mobilität immer wieder auf die Spur zu kommen versuchen.

Literatur

Furnham, Adrian/Bochner, Stephen (1986). Culture Shock. Psychological Reactions to Unfamiliar Environments. London/New York: Methuen.

Hesse, Hermann-Günter (1995). Lernen durch Kulturkontakt. Frankfurt a. M.: Deutsches Institut für Internationale Pädagogische Forschung (Forschungsbericht 3)

Weidemann, Doris (2004). Interkulturelles Lernen. Erfahrungen mit dem chinesischen 'Gesicht': Deutsche in Taiwan. Bielefeld: transcript.

Zorzi, Olaf (1999). Gaijin, Manager, Schattenspieler: eine Ethnographie Schweizer Expatriates in Japan. St. Gallen: Dissertation.

Selbstreflexion und interkulturelles Lernen: Studierende nach einem Auslandsaufenthalt

Vasco da Silva

Zusammenfassung

Die Erfahrungen und Erlebnisse von Studierenden, die aus einem einjährigen Auslandsaufenthalt zurückkehren, können auch nach dem Ende des Auslandsjahres sowohl für die Studierenden selbst als auch für die sie Betreuenden fruchtbar gemacht werden. Der vorliegende Bericht – eine Zusammenfassung meiner Diplomarbeit aus dem Jahr 2008 – beantwortet die Frage, wie Studierende mit Hilfe der *Critical Incident Technique* persönlich erlebte kritische Interaktionssituationen beschreiben, sie selbst analysieren und auf Grund von retrospektiven Reflexionen Lösungsmöglichkeiten vorschlagen. Anhand konkreter Beispiele aus einer Seminararbeit der Studierenden wird die selbstreflektorische Bearbeitung des persönlich Erlebten untersucht. Die interkulturelle Lehre kann mit diesem Material nicht nur die Rückkehrer und Rückkehrerinnen in einem Nachbereitungsseminar betreuen, sondern auch für die eigene Lehre wertvolle Ergebnisse sammeln und so Dritten als Lernmaterial zur Verfügung stellen.

Problem- und Zielstellung

Die Notwendigkeit internationaler Mobilität muss heutzutage nicht mehr begründet werden. Insbesondere Studierende nutzen die mittlerweile vielfältigen Möglichkeiten, um innerhalb ihres Studiums Auslandserfahrungen zu sammeln. So konnten 26 Prozent aller im Jahr 2009 in Deutschland eingeschriebenen Studierenden bereits einen Auslandsaufenthalt vorweisen (DAAD/HIS 2009, 1), davon blieb die Hälfte gar länger als sechs Monate vor Ort (ebd., 6). Immer mehr Hochschulen kooperieren miteinander und nutzen die Möglichkeit, ihren Studierenden die Chance zu bieten, an ausländischen Hochschulen Erfahrungen zu sammeln. Eben jene Erfahrungen sind Gegenstand der vorliegenden Betrachtung. Der Beitrag geht der Frage nach, welche Erlebnisse den Studierenden widerfahren sind, wie sie diese beschreiben und im Rahmen einer interkulturellen Bewertung einordnen.

Neben zahlreichen Publikationen, die hauptsächlich zum Ziel haben, politische Mobilitätsförderungsprogramme zu bewerten und Empfehlungen zu deren Verbesserung zu geben (u.a. Bracht/Engel/Janson/Over/Schomberg/Teichler 2006) sowie den so genannten *success stories* seitens des DAAD und ähnlicher Organisationen widmen sich nur wenige Studien im Feld des studentischen Aufenthalts dem Individuum als handelndem Subjekt. Dabei entsteht gerade hier, bei jedem Einzelnen in seiner Interaktion mit anderen, soziale Wirklichkeit. Mit anderen Worten: Im täglichen Miteinander stellen die Studierenden Alltag her und erleben so die Herausforderungen eines Auslandsaufenthaltes. Bereits Weidemann (2004, 304-305) forderte, sich mehr auf die oder den Einzelnen zu konzentrieren, um schlussendlich zu verstehen, wie sie bzw. er nach den Erfahrungen im Ausland handlungsfähiger wird, d.h. unter anderem besser ihren bzw. seinen Alltag im interkulturellen Austausch bewältigen kann. Halualani (2008, 13) plädiert in ähnlicher Weise für eine Konzentration der Forschenden auf die Sichtweisen des Individuums und darauf, wie diese in das tagtägliche Umfeld integriert werden.

Jene Forderungen erfüllen unter anderem Seminare zur Nachbereitung von Auslandsaufenthalten. Besonders im Hochschul-Umfeld bieten sie sich an: die Studierenden kehren voller Erfahrungen nach Hause zurück, können diese nun anderen erzählen und sich mit ihren Kommilitoninnen und Kommilitonen auch über deren Erlebnisse austauschen. Positive wie negative Gefühle können zur Sprache gebracht und ggf. für die gesamte Gruppe fruchtbar gemacht werden. Nicht nur bieten Nachbereitungsseminare für die Hochschulen eine Grundlage für die Evaluation der eigenen Austauschprogramme, sie sind gleichzeitig auch eine Gelegenheit, nach der persönlichen Entwicklung der Studierenden zu fragen.

Diesen Umstand machte sich eine Dozentin[1] der Fakultät Sprachen an der Westsächsischen Hochschule Zwickau (WHZ) zu Nutze: Sie forderte ihre Studierenden im Wintersemester 2007/2008 auf, zwei *critical incidents* aus dem soeben absolvierten Auslandsjahr aufzuschreiben, diese zu analysieren und mögliche Lösungsvarianten anzugeben. Das Curriculum der an der WHZ angebotenen Studiengänge Diplom-Wirtschaftshispanistik und Diplom-Wirtschaftsfrankoromanistik (jetzt Bachelor Languages and Business Administration) sieht im fünften und sechsten Semester einen obligatorischen Auslandsaufenthalt vor, der sich in ein Studien- und in ein Praxisse-

---

[1] Es war Pascale Levesque-Mäusbacher, die zu diesem Zeitpunkt die Professur für Interkulturelle Kommunikation für den Romanischen Sprachraum vertrat.

mester aufteilt[2]. Durch die Bearbeitung zweier *critical incidents* sollte den Studierenden die Möglichkeit gegeben werden, zwei persönlich erlebte Situationen tiefgründi-
ger zu analysieren und sich auf diese Weise noch einmal mit der Wirkung interkultureller Interaktionen auseinanderzusetzen.

Methodik und Datenbasis

Solch einer Bearbeitung liegt die *Critical Incident Technique* (CIT) zu Grunde, welche erstmals 1954 von Flanagan vorgestellt und 1971 von Fiedler, Mitchell und
Triandis auf die interkulturelle Kommunikation übertragen wurde. Die CIT basiert
auf gesammelten so genannten kritischen Interaktionssituationen[3] – Situationen also,
die anders verliefen, als die Interaktionsteilnehmer es selbst erwartet hatten. Derlei
Störungen können unterschiedlichste Ursachen haben. Waren es bei Flanagan noch
technische Komplikationen von Flugzeugen und die darauf folgenden menschlichen
Reaktionen der Piloten, können Störungen in der interkulturellen Kommunikation
unter anderem bezogen sein auf die Sprache und das Verstehen oder auch auf uner-
wartetes Verhalten beim Gesprächspartner, kurzum: sämtliche Störungen, die Uner-
wartetes auslösen. Flanagan hob bei der Entwicklung der CIT die ungefilterte Beobachtung menschlichen Verhaltens hervor und zielte mit der Darstellung insbesondere von berichtetem Fehlverhalten der Probanden auf einen möglichen Trainingszweck
für Dritte ab: nach Flanagan besteht die CIT in „[...] a set of procedures for collec-
ting direct observations of human behavior in such a way as to facilitate their potential usefulness in solving practical problems" (Flanagan 1954, 327). Ein großer Vorteil
der CIT besteht nach Chell in der direkten Verknüpfung des Ereignisses mit seinem
Kontext (Chell 1998, 68). Die Begebenheit ist in ihrem Entstehungsprozess nachvollziehbar und kann Einblicke in die Emotionen der einzelnen Beteiligten bieten. Bezogen auf das in der vorliegenden Untersuchung verwendete studentische Material geben die berichteten *critical incidents* nicht nur Informationen darüber, welche Situationen Probleme bereiteten, sondern auch, in welchem Umfeld sie entstanden und
welche Auswirkungen sie auf die Beobachter hatten. Die daraus resultierende subjektive Sichtweise auf das Problem stellt keinen Nachteil der Methode dar, sondern ist

---

[2] ausführlich dazu von Helmolt (2007, 769).
[3] Dieser Begriff wurde für die interkulturelle Kommunikation von Thomas (u.a. Thomas 1993) in
die deutschsprachige Literatur übernommen.

vielmehr Absicht. Ein Ziel der *Critical Incident Technique* ist „to gain an understanding of the incident from the perspective of the individual, taking into account cognitive, affective and behavioural elements" (Chell 1998, 56). Die Bitte an die Studierenden, nicht nur ihre *critical incidents* zu berichten, sondern sie gleichzeitig selbst zu analysieren, stellt eine Abwandlung der Technik dar. So lernen hierbei primär nicht Dritte durch die Erzählung der kritischen Situationen, vielmehr lernt der oder die Studierende selbst mit Hilfe ihrer eigenen Analyse, die berichtete Situation besser einschätzen zu können.

Insgesamt liegen 87 *critical incidents* von 39 verschiedenen Autorinnen und Autoren vor, die jeweils ein Studienjahr in Frankreich, Spanien oder Lateinamerika verbracht hatten. Da den Studierenden eine Grobgliederung als Empfehlung vorlag, sind die berichteten *incidents* in ihrem Aufbau recht homogen: auf die Beschreibung der kritischen Situation folgt die Selbstanalyse mit anschließenden Lösungsvarianten. Dies wiederum war für die Untersuchung der *incidents* hilfreich. Auf Grund ihrer formalen Homogenität konnten sie verglichen und kategorisiert werden. Es stellten sich dabei drei Hauptproblemfelder der Studierenden heraus, ferner können Ergebnisse bezüglich der einzelnen Abschnitte (Beschreibung, Selbstanalyse und Lösungsvorschläge) gezeigt werden. Auf Grund der Dichte der Ergebnisse, die sich in ihnen wiederfinden, wurden zwei *critical incidents* (CI 02/1 und CI 02/2[4]) der gleichen Studentin ausgewählt. An ihnen sollen Teile der Ergebnisse exemplarisch dargestellt werden.

Ergebnisse

Hauptproblemfelder und Beschreibung des *incidents*

Die drei Hauptproblemfelder, denen sich die Mehrheit der Studierenden aus der Untersuchung in ihrem Auslandsjahr gegenüber sah, sind Gruppenarbeiten, Zeitmanagement und Informationsfluss. Zum besseren Verständnis der Probleme stelle ich zunächst zwei *critical incidents* (CI 02/1 und 02/2) vor, wie sie von einer Studierenden aus Frankreich berichtet wurden:

> Ich habe in den sechs Monaten an der Universität in Frankreich unter anderem den
> Marketingkurs belegt. [...] In diesem Marketingkurs galt es nun, sich in Gruppen zu

---

[4] Die Ordnungsnummern beziehen sich auf die Klassifizierung der *critical incidents* innerhalb des Gesamtmaterials. CI 02/1 bedeutet der erste *incident* von Studentin 02.

finden und die Marketingstrategie von Produkt X in den französischen Supermärkten zu untersuchen. [...] Die Gruppe war wider Erwarten schnell gefunden. Nun galt es, Termine zu finden, die Arbeit aufzuteilen um einen gemeinsamen Plan zu entwerfen. Das Problem hierbei war, dass es fast keinen Zeitpunkt gab, zu dem sich alle drei Gruppenmitglieder treffen konnten. Da mein Stundenplan nicht allzu voll war, habe ich die Entscheidung, wann wir uns treffen würden, den anderen beiden Mitgliedern überlassen. Nach zwei Wochen hatten diese sich noch nicht mit mir in Kontakt gesetzt, obwohl sie mehrmals versprochen hatten, dies zu tun. Ich hatte inzwischen [...] mit der Untersuchung begonnen, in der Hoffnung, dass die anderen beiden etwas Ähnliches tun würden. Die Präsentation sollte an einem Dienstag stattfinden und am Freitag vor diesem Dienstag sollte sich die Gruppe nun endlich treffen und ein Konzept erstellen. Ich hatte bis dahin schon viel für das Projekt getan, das heißt, Internetrecherche betrieben und die Produkte im Supermarkt analysiert. Ich hatte gehofft, dass die anderen beiden Mitglieder auch schon etwas erarbeitet hatten und wir dies dann zusammentragen konnten. An diesem Freitag tauchten beide allerdings nicht zum vereinbarten Treffen auf. Ich war verwirrt und auch verärgert und dachte, ich hätte etwas falsch gemacht. Ich hatte Angst vor Dienstag, weil wir keine Präsentation hatten. An diesem Freitag vor der Präsentation trafen sich allerdings noch andere Gruppen. Ich habe dann kurz entschlossen die Gruppe gewechselt, da ich von den Mitgliedern meiner Gruppe nichts gehört hatte und sie auch nicht erreichen konnte. Die andere Gruppe hat mich dann ohne Probleme aufgenommen, ich hatte ja auch schon fast die ganze Arbeit getan. Die beiden versprachen mir aber, die PowerPoint-Präsentation über das kommende Wochenende zu erstellen und wir würden uns am darauf folgenden Montag treffen und diese dann gemeinsam besprechen. [...] Die PowerPoint-Präsentation war allerdings nach diesem Wochenende noch nicht erstellt und die beiden baten darum, dass wir uns am Donnerstag alle treffen würden, um die Präsentation zu erstellen. An diesem Donnerstag traf ich mich mit den beiden in deren Haus. Als erstes wurde eine Flasche Rotwein geöffnet und ein paar Snacks zubereitet. Es stellte sich heraus, dass die beiden, bis auf das Layout noch nichts für die Präsentation getan hatten. Wir erstellten also die Präsentation zusammen. Ich wollte möglichst schnell damit fertig werden, damit wir danach unseren Vortrag besprechen konnten. Mir wurde allerdings schnell klar, dass daraus nichts werden würde. Es wurde lange unter anderem über die Fotos in der Präsentation gesprochen, wie man sie am besten platzieren konnte usw. Ich habe dann etwas gedrängt und darauf hingewiesen, dass ich möchte, dass am Abend alles fertig sei. Die Präsentation war dann am Abend auch fertig, aber anstatt nun den Vortrag zur Präsentation zu erstellen, bevorzugten meine Gruppenmitglieder erst einmal „schnell" etwas zu kochen. Ich habe mich also gefügt und wir haben gemeinsam gekocht. Schnell ging dies allerdings nicht. Es wurde ein regelrechtes Festmahl gekocht, zwei weitere Flaschen Rotwein geöffnet und zum Nachtisch gab es noch eine Käseplatte. Wir haben also den Rest des Abends mit Kochen und Essen verbracht. In diesem Moment war mir die Präsentation dann auch etwas unwichtiger geworden und ich habe eingesehen, dass die Franzosen einfach eine andere Arbeitsweise haben und habe versucht mich anzupassen und etwas ruhiger zu werden. Bis zum Dienstag, an dem die Präsentation vorgestellt werden sollten hatten wir dann auch einen Vortrag erarbeitet und ich bin einigermaßen beruhigt zum Marketingkurs gegangen. Am Ende musste meine Gruppe das Ergebnis nicht präsentieren [...]. Einerseits war ich froh, da ich wusste, dass unsere Präsentation nicht meinen eigenen Anforderungen entsprach, andererseits aber habe ich mich ein wenig geärgert, weil die ganze Mühe nun umsonst gewesen ist.

Gruppenarbeiten scheinen eine besondere Schwierigkeit für die Studierenden darzustellen. Nicht nur müssen sie sich in eine neue Gruppe einfügen und sich mit offenbar anderen Arbeitsweisen auseinandersetzen, sie müssen dies obendrein noch in einer Fremdsprache tun. In anderen *critical incidents* wird dieses Sprachproblem thematisiert, hier wird es von der Erzählerin nicht relevant gesetzt. Dafür zeigt sich insbesondere die Schwierigkeit, sich mit einem anderen Informationsfluss auseinander setzen zu müssen: Die KommilitonInnen der ersten Gruppe melden sich nicht und erscheinen auch nicht zum vereinbarten Termin. Die Teilnehmer aus der zweiten Gruppe haben eine andere Vorstellung der Arbeitsteilung. Die Studentin empfindet dies als Störung, wie sie auch in ihrer Erzählung bestätigt. Übereinstimmend mit anderen berichteten Gruppenarbeiten, passt sich die Erzählerin der vor Ort herrschenden Arbeitssitte an und stört sich nun nicht mehr daran. Die parallelen Aktivitäten und die dadurch empfundenen Irritationen auf Seiten der deutschen Studierenden können als typisch für alle berichteten Gruppenarbeiten bezeichnet werden. Im vorliegenden Beispiel zeigt sich die Erzählerin „verwirrt" und „verärgert" ob des Nichterscheinens der ersten Gruppe zum vereinbarten Termin. In der Schilderung wird deutlich, dass auch in der zweiten Gruppe eine andere Zeitvorstellung herrscht, als sie erwartet hatte. Obendrein fließen die Informationen anders als die deutsche Studierende es gewöhnt ist. Sie hat mit immer neuen Überraschungen in kurzer Zeit zu kämpfen: In der ersten Gruppe weiß sie nicht, was die KommilitonInnen bereits erledigt haben und kann nicht nachvollziehen, warum diese sich am Ende zum vereinbarten Zeitpunkt nicht mit ihr treffen. In der zweiten Gruppe zeigt sie sich überrascht, dass die Arbeit noch nicht so weit vorangeschritten ist, wie ursprünglich von ihr erhofft. Es zeigt sich auch in anderen *critical incidents*, dass anders als erwartet verlaufende Informationswege innerhalb einer Gruppe zu einem hohen Hindernis für die deutschen Studierenden werden können.

Die obige kritische Interaktionssituation ist ein Beispiel für eine „narrativ-extensive Beschreibung" (da Silva 2010)[5]. Die Studierende erzählt die Episode ausführlich, beschreibt Umstände und geht auf ihre Gefühle ein. Häufig ist das Personalpronomen ‚ich' in narrativ-extensiven Beschreibungen anzutreffen. Dabei werden ausführlich vor- und nachgelagerte Ereignisse um den eigentlichen *critical incident* herum dargestellt, die einzelnen Beteiligten werden intensiv beleuchtet und der Leser erhält ein sehr umfassendes Bild von der jeweiligen Situation. Innerhalb solcher narrativ-extensiven Beschreibungen findet sich häufig auch die Darstellung von Emotionen der Beteiligten. Im vorgestellten Beispiel ist die Erzählerin auf Grund des Nichterscheinens ihrer KommilitonInnen „verwirrt" und „verärgert" und sie hatte „Angst" vor dem Abgabetermin, in der Erzählung wird implizit ihre Unruhe deutlich. Am Ende jedoch ging sie „beruhigt" in den Kurs und war „froh", dass sie und ihre Gruppe nichts präsentieren mussten. Emotionen sind ein wichtiger Bestandteil von Beschreibungen in *critical incidents*, da sie die inneren Zustände verdeutlichen, die die Beteiligten erlebten. Ohne die geschilderten Emotionen ließe sich kaum nachvollziehen, warum für die Erzählerin diese Situation eine *kritische* Situation wurde.

Beschreibungen von kritischen Interaktionssituationen stellen demnach hohe Anforderungen an die Studierenden: ein geeignetes Maß an Informationsdichte muss mit einer hohen Ausdrucks- und Schreibkompetenz verbunden werden, um dem externen Leser die persönlich erlebte Situation so darstellen zu können, dass dieser sie auch nachvollziehen kann.

Selbstanalyse der Studentin

Zunächst stelle ich eine gekürzte Fassung der Selbstanalyse der Studentin aus obigem ersten *critical incident* („Gruppe erscheint nicht zum vereinbarten Termin", CI 02/1) der Untersuchung voran:

> Die Beteiligten sind die beiden anderen Gruppenmitglieder, französische Mitstudenten [...und] ich allein. Meine Gruppenmitglieder haben im Prinzip nichts für diese Präsentation getan und ich habe die Arbeit allein gemacht. Sie haben sich nicht mit mir in Kontakt gesetzt, allerdings habe ich auch nicht gedrängt, da ich wusste, dass sich die typische deutsche Arbeitsweise von der typisch französischen unterschied. Beide Parteien haben also nicht effektiv zusammengearbeitet. Dass ich nicht ge-

---

[5] Im Gegensatz dazu stehen *critical incidents*, die durch eine „nüchtern-informative Beschreibung" dargestellt werden.

drängt habe, war allerdings auch meinerseits kein effektiver Beitrag zur Zusammenarbeit. Ich habe eigenständig gearbeitet und mir damit erhofft die anderen beiden an-
zuspornen. Ich habe mir also damit selbst die Rolle des Projektleiters zugeschrieben,
ohne die anderen zu informieren. Dies war schließlich nahezu unmöglich. Ich kann
also mit meiner typisch deutschen Arbeitsweise die deutsche Kultur in diesem
Ereignis voll und ganz widerspiegeln. [...] Edward T. Hall hat herausgefunden, dass
die Franzosen eher eine High Context-Kultur sind. Typische Verhaltensmuster dieser Kulturen sind unter anderem ein informeller Informationsfluss mit einer Hol-
schuld der Informationen, das heißt ich darf nicht erwarten, dass mich alle notwendigen Informationen ohne Probleme erreichen. Man sollte sich also diese Informationen selbst besorgen. Im Gegensatz dazu ist die deutsche Kultur eine Low Context-Kultur. Die Informationsweitergabe erfolgt hier formal und gezielt und es
herrscht eine Bringschuld, das heißt, den Mitarbeitern (in diesem Fall den Gruppenmitgliedern) müssen alle nötigen Informationen zugestellt werden. Dieser Kul-
turunterschied kann also als passend zu meinem beschriebenen Ereignis dargestellt
werden und gilt als Schlüsselproblem. Es wäre besser gewesen, dies zu beachten und
auch anzuwenden. Ich hätte die beiden Franzosen mehr drängen sollen etwas zu tun
und mit mir zu kommunizieren. Dazu hätte ich selbst auf sie zugehen sollen und
nicht erwarten, dass ich in alle Informationsflüsse automatisch eingebunden werde.
Außerdem hätte man die Rollen klar verteilen sollen, mit einem Projektleiter, der die
Projektprozesse koordiniert, überschaut und die interkulturelle Komponente bedacht
anwendet um Probleme zu lösen.

Ich möchte vorausschicken, dass diese studentische Selbstanalyse zwar typisch für
das gesamte untersuchte Material ist, jedoch trotzdem einen Extrempunkt innerhalb
der Bandbreite der verwendeten Analyseinstrumente darstellt. Die Studierenden, die
die insgesamt 87 *critical incidents* und deren Selbstanalysen eingereicht hatten, verwendeten zu einem Großteil Kulturstandards und Kulturdimensionen[6] (56%iger Anteil an allen genutzten Analyseinstrumenten). Darüber hinaus wurden allerdings auch
weitere Konzepte zur Selbstanalyse herangezogen: individuelle, ausschließlich auf
die Situation und die Interaktanten passende Analyse (10%), gesprächsanalytisch-
linguistische Herangehensweise (8%), Rollenverteilung (8%), generelle Aussagen
über Kultur, Land und Leute (6%), Kulturwissen (4%), Face-Konzept (3%), historische Perspektive (3%) und sonstige Analysen (3%). Die Bandbreite der genutzten
Analyseinstrumente ist demnach relativ weit gestreut, allerdings stechen mit 56% die
Kulturdimensionen und Kulturstandards besonders heraus.

---

[6]   Zur theoretischen Auseinandersetzung mit diesen Konzepten vgl. u.a. Thomas 1991 (Kulturstan-
      dards), Hofstede 1980 und Hall/Hall 1990 (Kulturdimensionen). Zur kritischen Würdigung vgl.
      u.a. Bolten 2001 und Demorgon/Molz 1996.

Im oben zitierten Beispiel wird dies deutlich. Zu Beginn fasst die Studentin noch einmal den aus ihrer Sicht bestehenden Status Quo zusammen: „Meine Gruppenmitglieder haben im Prinzip nichts für diese Präsentation getan und ich habe die Arbeit allein gemacht. Sie haben sich nicht mit mir in Kontakt gesetzt, allerdings habe ich auch nicht gedrängt [...]" (Zeilen 2-4). In der darauffolgenden Begründung distanziert sie sich selbst von ihren Gruppenmitgliedern und referiert dabei auf die Nationalkultur als Distinktionsmerkmal. „Typisch französisch" und „typisch deutsch" sind häufig auch in anderen *critical incidents* und deren Selbstanalysen anzutreffen. Die Nationalisierung des Konflikts verhilft den Studierenden in ihren Selbstanalysen, Differenzen aufzuzeigen und die Problemursachen mittels der Nationalkultur zu erläutern. Dazu werden häufig die Modelle ‚Kulturstandards' und ‚Kulturdimensionen' herangezogen.

In diesem Beispiel beginnt die Studentin ab Zeile 12 zunächst zu erläutern, wie sich Kulturen mit einem niedrigen Kontextbewusstsein von solchen mit einem hohen Kontextbewusstsein unterscheiden. Ab Zeile 18 setzt sie dieses Konzept nun mit ihrem Problem in Verbindung. Zunächst substituiert sie den Hall'schen Sprachgebrauch der ‚Mitarbeiter' mit ‚Gruppenmitgliedern', um dann die Kulturdimension ‚Kontext' auf ihr Problem anzuwenden. Sie erläutert selbstkritisch, welche Handlungen sie hätte unternehmen können oder welche Strategie die Gruppe hätte insgesamt einschlagen müssen, z.B. „mit einem Projektleiter, der [...] die interkulturelle Komponente bedacht anwendet [...]" (Zeilen 26-28). Von solch einer ‚Anwendung' der Kultur bzw. der Kulturstandards und Kulturdimensionen sprechen die Studierenden im gesamten Material häufig. Sie verstehen dabei die Erklärungsmodelle von Kultur als handlungsleitend, berücksichtigen aber nicht oder nur in Ansätzen, dass Kultur interaktiv zwischen zwei oder mehr Individuen hergestellt wird. Mit anderen Worten: durch die häufig anzutreffende Entscheidung der Studierenden für Kulturstandards und Kulturdimensionen, sehen sie Kultur in ihren Selbstanalysen als ‚statisch'[7] an. Die Sichtweise, dass Menschen Kultur erst in Gesprächen und gemeinsamen Handlungen herstellen, also Kultur ‚dynamisch' ist, klammern sie in ihren Selbstanalysen aus.

---

[7] Der statische Kulturbegriff beschreibt Kultur als eine starre Einflussgröße auf den Menschen, wohingegen beim dynamischen Kulturbegriff der Mensch und seine Interaktion mit anderen die Kultur beeinflusst und immer wieder neu entstehen lässt (vgl. u.a. von Helmolt 1997, 16).

Lösungsvorschläge der Studentin

Die einzelnen Lösungsvorschläge aus dem gesamten Material sind untereinander sehr heterogen. Daher beziehe ich mich bei der Vorstellung der Ergebnisse hinsichtlich der eigenen Lösungsvorschläge hier nur auf die Vorschläge der Studentin zu oben dargestelltem Problem. (Die Zeilen 1 bis 10 beinhalten die Vorschläge für den oben dargestellten *critical incident* CI 02/1; Zeilen 10 bis 15 die für beide im Rahmen der Seminararbeit zu schildernden *incidents* gemeinsam):

> Das Ergebnis dieses Ereignisses ist als durch und durch negativ zu betrachten, da das Problem nie gelöst wurde. Ich hatte nach dem Ereignis keinen Kontakt mehr zu den beiden Franzosen und ich habe den Kontakt auch nicht gesucht, da ich verärgert war, weil ich nicht in die Gruppe integriert wurde und mich nicht auf die Gruppenmitglieder verlassen konnte. Ich habe auch nach dem Vorfall nicht daran gedacht die Situation zu besprechen, da auch diese Gruppe die Präsentation nicht vorstellen musste und damit in keine unangenehme Lage kam. Im Nachhinein hätten alle Mitglieder gemeinsam über das Problem und die Unterschiede unserer Arbeitsweise sprechen müssen um einen Kompromiss zu finden, allerdings war dies von den Franzosen offensichtlich auch nicht erwünscht. [...] Ich hätte bei beiden critical incidents mehr auf eine aktive Kommunikation innerhalb der Gruppe achten sollen. Im Nachhinein wurde in keiner der beiden Gruppen wirklich über das Problem geredet. In Zukunft werde ich versuchen, gravierende Probleme durch ein Gespräch zu verhindern, dies kostet allerdings sehr viel Mut und bedarf ein Einfühlensvermögen meinerseits.

Die Studentin zeigt im Nachhinein vorsichtige Lösungen auf, die ihrer Meinung nach zu einer Verbesserung der Situation geführt hätten. Ähnlich wie auch andere Studierende aus dem Gesamtmaterial schlägt sie den Dialog und die offene Aussprache über vorhandene Probleme vor. ‚Aussprache und Dialog' sind stark kulturell geprägte Lösungsvorschläge. Sie bezieht sich dabei ausdrücklich auf sich selbst, gleichzeitig wird auch im Nachhinein bei ihr Ärger deutlich und sie projiziert diesen Ärger auf die Gruppe(n) und deren Verhalten. Für sie gilt das Problem als „nicht gelöst", sodass es sie, deutlich spürbar, auch in der Nachbearbeitung des *incidents* emotional bewegt. Emotionen in Lösungsvorschlägen sind – im Gegensatz zu den Emotionen in den Beschreibungen – eher hinderlich, da sie nicht zu einer konstruktiven, für beide Gruppen zufriedenstellenden Lösung beitragen. Sie verhindern einen sachlichen Blick auf das Geschehen. Man könnte auch sagen: in den Beschreibungen des *incidents* spielen Emotionen eine wichtige Rolle, sie sollen dort geäußert und bearbeitet werden, wohingegen die Lösungsvorschläge postemotional angegangen werden sollten, um eine sachliche Lösung für das Kernproblem der Situation, nicht für die beteiligten Personen, zu finden.

Die Bewertung der vorgeschlagenen Lösung fällt zweigeteilt aus. Eigenkulturell gesehen erscheint ‚Dialog und Ansprache' als ein probates Mittel. Interkulturell hingegen ergibt sich ein vielschichtiges Bild, da ein offenes Ansprechen von Problemen mehrere Aspekte voraussetzt. Zum einen müssen alle Mitglieder der Gruppe ein Problem erst einmal erkannt haben, zum anderen müssen sie empfänglich für die direkte Ansprache sein. Sind sie es beispielsweise nicht oder sieht nur ein Beteiligter ein Problem in der Sache, könnten solche situationsentschärfenden Versuche als verschärfend wahrgenommen werden. Ein Beispiel aus einem anderen *critical incident* zum Thema Gruppenarbeit verdeutlicht, wie unterschiedlich die Wahrnehmungen der Teilnehmer sind. Nach einer Gruppenbesprechung berichtet eine Studentin folgende Episode (CI 28/2):

> [...] Mit einer der beiden Kommilitoninnen ging ich anschließend zur nächsten Vorlesung. Auf dem Weg dorthin berichtete sie mir, wie gut und effizient unsere Besprechung gewesen wäre. Ich hingegen war etwas verwirrt über diese Aussage. Deswegen bat ich sie, mir noch einmal die wichtigsten Daten und Vorgehensweisen zu erklären.

Die Kommilitonin, eine Gastkulturangehörige, empfand die Besprechung als „gut und effizient", währenddessen die deutsche Studentin „verwirrt" über diese Aussage war. In der hier aus Platzgründen nicht dargestellten Beschreibung des *incidents* erklärt sie, wie unstrukturiert ihr die Besprechung vorkam und dass sie daher kaum Informationen aufnehmen konnte. Umso erstaunter zeigt sie sich dann im obigen Zitat über die zufriedene Reaktion ihrer Kommilitonin.

Dadurch wird deutlich, dass sowohl Beobachtungen als auch Lösungsvorschläge nicht nur aus der eigenkulturellen Sicht zu bewerten sind, sondern auch auf ihre Kulturadäquatheit hinsichtlich der Gastkultur überprüft werden müssen. Somit ergibt sich ein erster zirkulärer Prozess, der dem Individuum hilft, seine Handlungen beständig an die Reaktionen seiner Interaktionspartner anzupassen. Würde also der von der Studentin aus CI 02/1, deren Gruppenmitglieder nicht erschienen sind, erwähnte Vorschlag der direkten Ansprache des Problems zu einer Verschärfung desselben führen, müsste sie erneut überlegen, wie sie mit dem nun entstandenen Problem umgeht.

Einen zweiten zirkulären Reflexionsprozess deutet eine weitere Studentin (CI 21/1)
an. Sie hat eine mögliche Lösung für ähnlich gelagerte *critical incidents* in der Zukunft gefunden, kann diese aber nicht anwenden, da sie sich gegen ihre Gewohnheiten richtet:

> Ich [hätte] ein viel intensiveres Informationsnetzwerk mit I. und J. [den Kollegen,
> vds] aufbauen müssen. D.h. ich hätte mich nach Beendigung von Besprechungen
> nach deren Inhalten und Ausgängen erkundigen sollen und noch viel mehr Teil des
> Teams werden sollen. Außerdem hätte ich mich auch bei dem beteiligten Produkt-
> manager erkundigen können, so dass ich von allen Seiten meine Informationen ein-
> geholt hätte. Auf diese Art und Weise wäre ich über alle Änderungen auf dem Lau-
> fenden gewesen und hätte mir eine stressige und unwissende Zeit ersparen können.
> Wiederum würde mir diese Handlung hinsichtlich meines Kulturverständnisses wohl
> eher schwer fallen, da ich das Gefühl hätte, mich in Sachen einzumischen, die mich
> nichts angehen und es den Anschein machen könnte, dass ich aus reiner Neugier
> handle.

Die Studentin schafft es, ihre gefundenen Lösungen („intensiveres Informationsnetz-
werk", „nach Inhalten und Ausgängen erkundigen", „noch viel mehr Teil des Teams
werden") auf ihre Adäquatheit hinsichtlich ihrer eigenen Kultur zu überprüfen. Dabei
kommt sie zu einem Schluss, auf den auch andere Studierende hinweisen: Die gefun-
dene Lösung steht in Widerspruch zur eigenen gewohnten Handlungsweise und löst
dadurch wiederum Irritationen aus. Hier deutet sich ein Kreislauf an, der im extremen
Fall zur Handlungsunfähigkeit führt: die Studierenden befinden sich in einer kritischen Interaktionssituation, finden auch eine Lösung, diese steht aber im Gegensatz
zu den gewohnten eigenen Handlungen und bleibt demnach nur eine theoretische
Möglichkeit. Der ursprüngliche *critical incident* kann dadurch nicht gelöst werden.

Lösungsvorschläge retrospektiv zu geben ist daher ein besonders schwieriges Unter-
fangen. Sie können – wie oben gesehen – nur bis zu einem gewissen Grad ausgeführt
werden. Das Ergebnis dieser Lösungen kann aus heutiger Sicht nur erahnt, jedoch
nicht mehr überprüft werden, da die Reaktionen der Interaktionspartner fehlen. Zu
dem gleichen Ergebnis kommt die Untersuchung auch bei der Betrachtung der anderen vorgeschlagenen Lösungen im Material. Unter anderem möchten die Studierenden in Zukunft vorher überlegen, welche Kulturstandards und Kulturdimensionen
zum Tragen kommen könnten, um sich darauf vorzubereiten oder sie möchten sich
schlicht und ergreifend besser der jeweiligen Situation anpassen. Interessanterweise

fanden 26 Studierende keine oder keine weiteren Lösungen ihrer kritischen Interaktionssituationen. Dieses Phänomen kann auf zwei Ursachen zurückgeführt werden: Zum einen lösten die Studierenden die jeweilige Situation vor Ort und sehen diese Lösung auch in der Rückschau noch als die adäquate an („keine weitere Lösung"). Diejenigen, die gar keine Möglichkeit fanden, können ihren *incident* bis heute nicht erklären und somit auch keine Lösungswege anbieten.

Bewertung der Ergebnisse

Die Ergebnisse der Analyse des Gesamtmaterials unterstreichen die Notwendigkeit, Studierenden, die aus dem Ausland zurückkommen, ein entsprechendes Seminar anzubieten. In solch einem Rückkehrerseminar erhalten sie die Möglichkeit, ihre Erlebnisse zu berichten und zu reflektieren. Ausgehend von den Ergebnissen der hier vorgestellten Untersuchung werden die Studierenden und ihre Lehrenden einen deutlichen Fortschritt hinsichtlich der Hinzugewinnung interkultureller Kompetenzen, wie oben bereits angedeutet, feststellen können.

Die Lehrveranstaltung, in welcher das untersuchte Gesamtmaterial entstand, nutzte zu diesem Zwecke die eingangs vorgestellte *Critical Incident Technique*. Sie erweist sich als eine besonders wirksame Methode, um die Studierenden zu einer Reflexion ihrer Erlebnisse zu bewegen. In den Beschreibungen der *critical incidents* durchleben die Studierenden erneut die Situation. Sie sind gezwungen, sich mit den Beteiligten erneut auseinanderzusetzen und werden feststellen, dass sie nach wie vor sehr viele Details kennen. Die Beschreibung hilft ihnen, tiefer in das, in der Regel missglückte, Geschehen von damals einzudringen. Damit erreichen sie bereits eine erste Stufe kritischen Nachdenkens: Sie erinnern sich an ihre Beobachtungen und erkennen eventuelle Probleme und Schwierigkeiten der Situation. Die Analyse ergab, dass es besonders wichtig ist, Emotionen darzustellen. Ohne Emotionen wird dem Leser das Kritische eines *critical incidents* nicht ohne weiteres bewusst. Emotionen verhelfen aber auch dem bzw. der Studierenden selbst, noch einmal die Situation aus seiner bzw. ihrer Sicht zu erleben. Wie oben gezeigt, ist es an dieser Stelle besonders wichtig, die Emotionen in den Beschreibungen ‚auszuleben', damit die Analyse umso sachlicher möglich wird (im Rahmen einer Selbstanalyse ist dies nur bedingt möglich, da persönlich erlebte Situationen oft kritisch bewertet und vor allem immer subjektiv analysiert werden[8]).

Die *Critical Incident Technique* wurde für das vorliegende Material ein wenig abgeändert, da für die Bewertung der Geschehnisse Selbstanalysen, und nicht – wie sonst üblich – externe Bewertungen, eingesetzt wurden. Die Studierenden zeigten sich in ihren Analysen sehr kreativ und nutzten verschiedenste Instrumente, um dem eigentlichen Problem der persönlich erlebten Situationen näher zu kommen. Wie auch im oben gezeigten Beispiel, nutzten sie dabei auffallend oft (in mehr als jeder zweiten Analyse) Kulturstandards und Kulturdimensionen. Diese beiden Konzepte unterscheiden vor allem auf der Ebene von Nationalkulturen das Verhalten von Menschen. Sie arbeiten mit quantitativen und qualitativen Kategorien, in die sich die jeweils betrachteten Kulturen einordnen lassen. Zweifelsohne haben die Arbeiten von Hofstede, Hall, Thomas und anderen Vertretern dieser Konzepte einen wichtigen Beitrag zur Weiterentwicklung der interkulturellen Kommunikation geliefert. Die Diskussion läuft mittlerweile jedoch auf Kulturbegriffe hinaus, die unabhängig von der nationalen Zugehörigkeit der Agierenden sind. Da die Nation als Referenzwert fehlt, konzentrieren sich immer mehr Autorinnen und Autoren auf die Interaktion als eigentlichem Nukleus, in welchem Kultur grundsätzlich erst einmal hergestellt wird.[9] In der Konzentration auf die Interaktion liegt die Chance, die einzelnen Beteiligten viel intensiver in die Analyse kritischer Situationen einzubeziehen. Zwar ist die Gefahr einer „Übergeneralisierung" (Bolten 2001, 130) und Stereotypisierung der Einzelnen immer noch nicht gebannt, sie ist jedoch deutlich geringer als bei der Analyse einzig und allein auf der Ebene der Nationalkultur. Dies unterstreichen Demorgon und Molz noch einmal, indem sie darauf verweisen, dass „Individuen [...] nie ‚monokulturell' [sind]" (Demorgon/Molz 1996, 63). Nutzen die Studierenden im vorliegenden Material nun im Vergleich mit anderen Methoden überdurchschnittlich oft Kulturstandards und Kulturdimensionen als Analysemittel, setzen sie sich genau dieser Kritik aus. Besonders an diesem Punkt hat die interkulturelle Lehre in einem Nachbereitungsseminar die Möglichkeit, korrigierend einzugreifen. Kulturstandards und Kulturdimensionen sind keineswegs rundum abzulehnen, doch sind sie *eine mögliche* Einflussva-

---

[8] Vgl. auch ähnliche Anmerkungen Berkenbuschs bei eigenen, selbstaufgenommenen Gesprächen und insbesondere ihrer Analyse (Berkenbusch 2009, 10).
[9] Siehe u.a. die Kulturdefinition von Helmolts (1997, 16).

riable auf das Verhalten der Menschen neben vielen anderen. Ausgehend von der Feststellung, dass Kultur von Menschen hergestellt wird, ist es notwendig, dass sich auch die Analyse auf das Individuum konzentriert und Kultur als beeinflussende Variable als nachrangig ansieht. Für die interkulturelle Lehre zeichnet sich hier auch an anderer Stelle ein Hinweis ab: es scheint sich zu bewahrheiten, dass die Praxisnähe und „direkte Lösungsrelevanz" (Krewer 1996, 149) der Kulturstandards und Kulturdimensionen sich stark in das Gedächtnis von Studierenden einprägen. Methoden, die die Vielschichtigkeit einer Interaktionssituation anerkennen, sind auf Grund ihrer Komplexität schwieriger zu erlernen. Es ergibt sich daraus die Konsequenz für Lehrende, interaktionistische Analyseinstrumente stärker in den Mittelpunkt zu rücken und diese intensiv zu trainieren.

Eine zweite Trainingsmöglichkeit zeichnet sich bei den *critical incidents* ab, für die keine oder keine weitere Lösung gefunden wurde. Diese Situationen können in der Gruppe diskutiert werden, um ggf. gemeinsam – mit Hilfestellung der Lehrenden – eine Lösung zu finden. So würde sich der Kreis wieder zur *Critical Incident Technique* schließen, die letztendlich auch Lösungen für kritische Situationen anbietet, welche von Externen in Gruppendiskussionen erarbeitet wurden.

Die von den Studierenden erbrachten Lösungsvorschläge können als zukünftige Handlungsoptionen angesehen werden. Sie sind demzufolge Ideen, wie in ähnlichen Situationen anders gehandelt werden könnte, um gegebenenfalls mit erneut auftretenden Problemen besser umgehen zu können. Daraus kann die Schlussfolgerung gezogen werden, dass die Studierenden mit ihren persönlichen Auslandserfahrungen, den nachgelagerten Analysen und den teils zusätzlich gefundenen Lösungen ihre Handlungsmöglichkeiten, auch und besonders in interkultureller Hinsicht, erweitert haben.

Literatur

Berkenbusch, Gabriele (2009): Konversationsanalyse als methodischer Zugang zum interkulturellen Lernen – Bericht über ein extracurriculares Projekt zum forschenden Lernen [34 Absätze]. In: Forum Qualitative Sozialforschung / Forum: Qualitative Social Research, Art10, 1, 33. Online: http://www.qualitative-research.net/index.php/fqs/article/view/1233/2680.

Bolten, Jürgen (2001): Kann man Kulturen beschreiben oder erklären, ohne Stereotypen zu verwenden? Einige programmatische Überlegungen zur kulturellen Stilforschung. In: Jürgen Bolten/Daniela Schröter (Hg.): Im Netzwerk interkulturellen Handelns: Theoretische und praktische Perspektiven der interkulturellen Kommunikationsforschung (S. 128-142). Sternenfels: Wissenschaft und Praxis.

Bracht, Oliver/Engel, Constanze/Janson, Kerstin/Over, Albert/Schomburg, Harald/Teichler, Ulrich (2006): The Professional Value of ERASMUS Mobility. Final Report, revised version. Kassel: International Centre for Higher Education Research, Universität Kassel. Online: http://ec.europa.eu/education/programmes/llp/erasmus/doc/evalcareer.pdf [Zugriffsdatum: 24.12.2008].

Chell, Elizabeth (1998): Critical Incident Technique. In: Gillian Symon/Catherine Cassell (Eds.): Qualitative Methods and Analysis in Organizational Research: A Practical Guide (pp. 51-72). London u.a.: Sage.

DAAD/HIS (Hg.) (2009): DAAD BMBF 3. Fachkonferenz zur Auslandsmobilität. Internationale Mobilität im Studium 2009. Wiederholungsuntersuchung zu studienbezogenen Aufenthalten deutscher Studierender in anderen Ländern. Online: http://www.his.de/pdf/21/Konferenz_2009-05-14.pdf [Zugriffsdatum: 16.05.2009]

Demorgon, Jacques/Molz, Markus (1996): Bedingungen und Auswirkungen der Analyse von Kultur(en) und interkulturellen Interaktionen. In: Alexander Thomas (Hg.): Psychologie interkulturellen Handelns (S. 43-86). Göttingen: Hogrefe.

Flanagan, John C. (1954): The Critical Incident Technique. Psychological Bulletin, 51 (4), 327-359.

Hall, Edward T./Hall, Mildreed R. (1990): Understanding Cultural Differences. Yarmouth: Intercultural Press.

Halualani, Rona Tamiko (2008): How Do Multicultural University Students Define and Make Sense of Intercultural Contact? A Qualitative Study. International Journal of Intercultural Relations, 32 (1), 1-16.

Helmolt, Katharina von (1997): Kommunikation in internationalen Arbeitsgruppen. München: Iudicium.

Helmolt, Katharina von (2007): Interkulturelles Training: Linguistische Ansätze. In: Jürgen Straub/Arne Weidemann/Doris Weidemann (Hg.): Handbuch interkulturelle Kommunikation und Kompetenz. Grundbegriffe – Theorien – Anwendungsfelder (S. 763-773). Stuttgart, Weimar: Metzler.

Hofstede, Geert (1980): Culture's Consequences: International Differences in Work-Related Values. Beverly Hills: Sage.

Krewer, Bernd (1996): Kulturstandards als Mittel der Selbst- und Fremdreflexion in interkulturellen Begegnungen. In: Alexander Thomas (Hg.): Psychologie interkulturellen Handelns (S. 147-164). Göttingen: Hogrefe.

Silva, Vasco da (2010): Critical Incidents in Frankreich und Spanien. Eine Evaluation studentischer Selbstanalysen. Stuttgart: ibidem. [In Vorbereitung]

Thomas, Alexander (Hg.) (1991): Kulturstandards in der internationalen Begegnung. Saarbrücken: Breitenbach.

Thomas, Alexander (1993): Psychologie interkulturellen Lernens und Handelns. In: Alexander Thomas (Hg.): Kulturvergleichende Psychologie. Eine Einführung (S. 377-424). Göttingen: Hogrefe.

Weidemann, Doris (2004): Interkulturelles Lernen. Erfahrungen mit dem chinesischen „Gesicht": Deutsche in Taiwan. Bielefeld: transcript.

Die Problematik des Rückkehrschocks bei studienbezogenen Auslandsaufenthalten

Andrea Richter

Zusammenfassung

Berufliche Auslandsaufenthalte stellen in den Lebensläufen junger Akademiker heutzutage keine Seltenheit mehr dar. Ein Studiensemester in Frankreich, Großbritannien oder den USA ist ein unverzichtbares Muss im Kampf um die besten Arbeitsplätze. Es gibt mittlerweile etliche Studien, die die positiven Auswirkungen solcher Aufenthalte bestätigen. So steigen die Flexibilität und die Offenheit für Neues. Allerdings ist die Phase direkt nach der Rückkehr aus dem Ausland ein bis jetzt kaum beachtetes Forschungsgebiet, obwohl sie doch eine wichtige Station im persönlichen Entwicklungsprozess während und nach einem Auslandsaufenthalt darstellt. Aus diesem Grund wurden Studenten der Westsächsischen Hochschule Zwickau, die je zwei Auslandssemester absolvierten, zu ihren Erfahrungen der Rückkehr nach Deutschland interviewt. Bemerkenswert ist, dass für viele diese Phase eine der einschneidendsten und emotionalsten darstellte. Stärker meist noch als die oft zitierte Kulturschock-Phase im Ausland. Die Ergebnisse der Studie zeigen, dass zukünftig die Nachbereitung von Auslandsaufenthalten stärker im Mittelpunkt stehen muss, um einem ‚Rückkehrschock‘ entgegenzuwirken.

Einleitung und Fragestellung

Um mit der Entwicklung einer globalisierten Welt Schritt halten zu können, werden verstärkt Forderungen nach einer globalen Erziehung und Bildung, nach einer Anpassung des Unterrichts und der Lehrpläne an die geänderten Gegebenheiten laut. Eine der vielen Möglichkeiten des globalen Lernens besteht darin, für einige Zeit ins Ausland zu gehen, um fremde Kulturen und Lebensweisen kennenzulernen. Dabei geht es um die Adaption von Werten und Verhaltensweisen, aber auch um Abgrenzung vom ‚kulturell Anderen‘. Denn die Wahrnehmung des ‚Fremden‘ ist für die Ausbildung eines individuellen Selbstbewusstseins genauso bedeutsam wie für die Konstruktion kollektiver Identitäten (Bertels/de Vries/Nolte 2007). So stellen Studien- und Arbeitsaufenthalte in anderen Ländern heute keine Seltenheit mehr dar und werden von den meisten Unternehmen positiv im Curriculum eines potentiellen Bewerbers bewertet, da allgemein davon ausgegangen wird, dass sich ein erfolgreich bewältigter

Auslandsaufenthalt persönlichkeitsfördernd auf den Betroffenen auswirkt, so z.b. auf
dessen Flexibilität im Berufsleben. Die Erwartungen von Studenten an einen längeren
Aufenthalt in einer fremden Kultur sind hoch und betreffen nicht nur die Erhöhung
der beruflichen Chancen. Für viele ist der Auslandsaufenthalt im Nachhinein betrachtet die ‚schönste Zeit' ihres Lebens.

Laut einer Studie des deutschen statistischen Bundesamtes waren im Jahr 2005
75.800 deutsche Studenten an ausländischen Hochschulen eingeschrieben (Vgl. 2004:
66.500). Der Deutsche Akademische Austauschdienst (DAAD) veröffentlichte im
Jahr 2007 die Studie „Internationale Mobilität im Studium – Studienbezogene Aufenthalte deutscher Studierender in anderen Ländern". In dieser quantitativen Untersuchung wurden über 5.000 Studierende hinsichtlich ihrer Motive, Erfahrungen und
Interessen bezüglich studienbezogener Auslandsaufenthalte befragt. Die Bewertung
des Auslandsaufenthaltes ist dabei überwiegend positiv: 82% der Befragten geben an,
gut mit der Mentalität der Einheimischen zurechtgekommen zu sein und 81% stimmen der Aussage zu, dass sie viel von einer anderen Arbeits- und Lebenskultur kennen gelernt hätten. Weitere Befunde dieser Befragung sind nachstehend wiedergeben:

Aussage	Zustimmung in Prozent[1]
Ich fühlte mich gut integriert	70
Ich konnte mich gut in der Landessprache ver-ständigen	69
Ich konnte alle geplanten Leistungsnachweise erwerben	68
Ich konnte mich an allen gewünschten Lehr-veranstaltungen/Aktivitäten beteiligen	66
Ich wurde sehr gut betreut	63
Ich habe wichtige fachliche Inhalte vermittelt bekommen	49
Ich habe viel für meine künftige Berufstätigkeit gelernt	44

Tabelle 1: Erfahrungen studienbezogener Auslandsaufenthalte (Heublein et al. 2007)

---

[1] Vorgelegt wurden jeweils Skalen von 1 (trifft überhaupt nicht zu) bis 5 (trifft völlig zu). Die an-
gegebenen Prozentzahlen beziehen sich auf den addierten Anteil der Befragten, die jeweils '4'
oder '5' angekreuzt hatten.

Die Studie liefert wichtige Erkenntnisse über die Beurteilung des Auslandsaufenthaltes aus Sicht von Studierenden. Über Lernprozesse, eventuell aufgetauchte Probleme im Ausland und die Zeit nach der Rückkehr gibt sie allerdings keine Auskunft. Hinter Statistiken stehen immer Menschen mit individuellen Lebensläufen und Erfahrungen. Bei der Wahl meiner Forschungsfrage interessierte mich deshalb die persönliche Meinung eines jeden Einzelnen. Ein besonderes Augenmerk legte ich auf die Fragestellung, welche Fragen und eventuellen Schwierigkeiten die Rückkehr in das Heimatland aufwies.

Durchführung und Methode

Grundlage der Datenerhebung waren die Prinzipien der qualitativen Sozialforschung. Bei der Auseinandersetzung mit meiner Forschungsthematik war es mir wichtig, die Menschen zu Wort kommen zu lassen. Ziel war es, Lebenswelten von ,innen heraus' – aus der Sicht der von mir befragten Studienteilnehmer – zu beschreiben (Flick 2007, 14).

Um Daten für meine Forschung zu gewinnen, wählte ich die Methode des problemzentrierten Interviews. Sie lässt die Befragten im offenen Gespräch möglichst frei zu Wort kommen, ist aber auf eine bestimmte Problemstellung konzentriert, auf die der Interviewer im Gespräch immer wieder zurückkommt. Bei dieser Methode wird die Problemstellung im Vorfeld analysiert und in verschiedene Teilaspekte untergliedert. Diese werden durch Interviewfragen abgebildet, die dann in einem Interviewleitfaden zusammengestellt werden (Mayring 1999, 50). Mein Interviewleitfaden gliederte sich in vier erzählgenerierende Hauptteile. Die hier vorgestellten Ergebnisse zur Problematik der Rückkehr beziehen sich auf Aussagen zum dritten Interview-Teil.

Stichprobengrößen, die auch im Rahmen einer Diplomarbeit angemessen auswertbar sind, beginnen laut Helfferich (2005) bei N = 6. Aus diesem Grund befragte ich sechs Studentinnen und Studenten der Westsächsischen Hochschule Zwickau (WHZ). Jeder der Befragten hatte im Wintersemester 2006 und im Sommersemester 2007 zwei Auslandssemester in Spanien, Frankreich bzw. China absolviert. Diese sind innerhalb der Studiengänge, die die Teilnehmer besuchen obligatorisch im Curriculum verankert und fester Bestandteil des Studiums. Alle Interviews zeichnete ich mit Hilfe eines Aufnahmegerätes auf und sicherte diese in elektronischer Form.[2] Um das Gesprächsverhalten für die Bearbeitung des aufgenommenen Datenmaterials dauerhaft verfügbar zu machen (Kowal/O'Connel 2007), fertigte ich Transkripte der Interviews an. Die gewonnenen Texte stellen die Basis für die Auswertung im Rahmen meiner Diplomarbeit dar. Die Methode der Auswertung, die ich gewählt habe, lehnt sich an die von Schmidt (2007, 447) an.

Nachfolgend werden die Ergebnisse meiner Befragung vorgestellt und mit existierenden Forschungsbefunden in Bezug gesetzt. Bezeichnenderweise beziehen sich Forschungsarbeiten zur Rückkehrproblematik fast ausschließlich auf den Kontext internationaler Personaleinsätze – Erkenntnisse über Studierende sind spärlich.

Die Problematik des Rückkehrschocks

Immer noch herrscht der weitverbreitete Irrglaube vor, dass die Rückkehr nach einem längeren Auslandsaufenthalt in die ‚altvertraute' Umgebung und Heimat ohne nennenswerte Probleme abläuft. Die wenigen Studien und Erhebungen, die es bisher zu dieser Thematik gibt, zeigen jedoch, dass es vielen Heimkehrern genauso schwer fällt, sich wieder an die Gegebenheiten in ihrem Heimatland anzupassen, wie es vorher im Gastland der Fall war (Kühlmann/Stahl 1995, 177).

Zur Abbildung der Rückkehrproblematik erweiterten Gullahorn und Gullahorn 1963 die bekannte U-Kurve des Kulturschock-Modells zur W-Kurve (Gullahorn/Gullahorn in Schreiner 2007). Im U-Kurven-Modell wird der Verlauf des Kulturschocks beschrieben. Dabei wird die Zeit auf der vertikalen Achse und die Zufriedenheit auf der horizontalen Achse abgebildet. Mit „U" ist die grafische Form beschrieben, welche die Kurve annehmen kann. Das Modell postuliert, dass der Auslandsaufenthalt mit einem Hochgefühl beginnt, sich dann aber die Zufriedenheit mit dem einsetzenden Kulturschock drastisch verschlechtert (Kurve sinkt nach unten). Nur im Laufe des längeren Aufenthaltes im Ausland steigt laut dem Modell die Zufriedenheit wieder. Das W-Kurven-Modell erweitert das U-Modell um die Phase der Rückkehr in die Heimat. Diese kann ähnlich wie der Kulturschock in der Fremde verlaufen und bildet

---

[2] SPA-1, SPA-2: befragte Studenten des Studiengangs Diplom-Wirtschaftshispanistik, FRA-1, FRA-2: befragte Studenten des Studiengangs Diplom-Wirtschaftsfrankoromanistik, CHI-1, CHI-2: befragte Studenten des Studiengangs Diplom-Wirtschaftssinologie.

erneut eine U-Kurve. In der Gesamtbetrachtung liegen somit zwei U-Kurven in der grafischen Darstellung nebeneinander, weswegen diese auch W-Modell genannt wird.

Dieses Modell geht davon aus, dass sich Menschen, die nach einem Auslandsaufenthalt heimkehren, danach in einem Stimmungshoch befinden. Sie werden von der Freude darüber dominiert, lang entbehrte Annehmlichkeiten zu genießen, Beziehungen und Freundschaften wiederzubeleben und stillgelegte Hobbys wiederaufnehmen zu können. Oft sind sie mit einem Gefühl des Stolzes und der Zufriedenheit, den Auslandsaufenthalt und die damit verbundenen Anstrengungen und Schwierigkeiten erfolgreich überwunden zu haben, erfüllt.

Auch die Studenten meiner Studie bestätigen dies. Besonders in der letzten Etappe ihrer Zeit im Ausland, nach ca. sieben Monaten, wie die Person FRA-1 berichtet, erleben sie die Vorfreude auf zu Hause.

> Weil da war noch nicht so richtig das Ende in Sicht (vom Auslandsjahr), aber irgendwie hat es mich dann gejuckt doch irgendwie, dass es zurückgeht. (FRA-1, Z: 79)

Und auch die erste Zeit nach der Rückkehr ist geprägt von einem Stimmungshoch die vertraute Umgebung wiederzusehen und der Erkenntnis, diese aufregende Zeit allein überstanden und gemeistert zu haben.

> Es war spannend wieder zu sehen, wieder da zu sein. (SPA-2, Z: 152)

> Du hast das tatsächlich geschafft. [...] Das muss sich auch so langsam erstmal setzen. (SPA-2, Z: 154)

Nach einer gewissen Zeit wird den heimkehrenden Studenten jedoch bewusst, dass nicht nur sie selbst, sondern sich auch die Verhältnisse in deren Heimat während ihres Fernseins verändert haben. Sie sehen sich nun Wiederanpassungsforderungen gegenüber, die sie so nicht erwartet hatten. Daraus resultiert oftmals eine sinkende Zufriedenheit und auch eine Verschlechterung der psychischen Verfassung der zurückgekommen jungen Menschen. Dies kann in einem Tiefpunkt gipfeln, dem zweiten Kulturschock, den man auch als „culture shock in reverse" (Murray, J.A. in Kühlmann 1995, 179) oder „reentry-shock" bezeichnet.

Die interviewten Studenten schildern verschiedene emotionale Eindrücke, die sie in der Zeit ihrer Rückkehrphase durchlebt haben. Fast allen ist das Gefühl des ‚Sich-

Verloren-Fühlens' gemein, welches darin zum Ausdruck kommt, dass sie sich oft traurig und allein fühlen. Die Erzählperson CHI-2 beschreibt ihre Ankunft folgendermaßen:

> Aber man kommt halt zurück und hat so das Gefühl, da ist alles stehen geblieben und man selber ist irgendwie weiter gegangen und jetzt soll man einfach da anknüpfen, wo man ein Jahr vorher aufgehört hat (CHI-2, Z: 176).

Es ist schwer, sich wieder in dieses Leben einzufinden und sie meint:

> ich fand das ganz schrecklich […] ich hab mich auch richtig […] niedergeschlagen gefühlt (CHI-2, Z: 179)

Die Person FRA-2, die kurz nach der Rückkehr aus dem Ausland das Studium wieder aufgenommen hatte, sieht es ähnlich: „es ging ja gleich so zack zack zack und dann ging das Studium los " (FRA-2, Z: 244), und deswegen „hatte ich nicht so viel Zeit […] um rumzusitzen und drüber nachzudenken " (FRA-2, Z: 245). Auch hier überwiegen die Gefühle der Sehnsucht nach dem Gastland: „ich war mehr traurig als glücklich" (FRA-2, Z: 247) und „ich wär lieber noch dort geblieben, wenn ich die Wahl gehabt hätte" (FRA-2, Z: 251).

Die Rückkehrer finden sich auf einmal in einer ‚neuen' alten Gesellschaft zurück, in deren Strukturen und Verhaltensregeln sie sich wieder zurechtfinden müssen. Dinge, die im alltäglichen Leben im Ausland normal waren, existieren auf einmal nicht mehr oder haben einen anderen Stellenwert.

> Das sind so viele Sachen […] die plötzlich weg sind. Sei es der Busplan oder das Baguette. (FRA-1, Z: 158).

> Es ist alles anders. Der Kaffee wird anders getrunken. (FRA-1, Z: 160).

Dies kann zu Verwirrung und einem Durcheinander der Emotionen führen:

> jetzt kommt man nach Hause und denkt so: Was macht ihr nur mit mir und warum macht ihr das so und warum versteh ich das nicht mehr, Mann? (FRA-1, Z: 163).

Für die Studenten ist dieses Gefühlschaos nur schwer zu verstehen:

> weil ich das nicht so erwartet habe, dass es so schlimm ist für mich. Weil ich mich gefreut habe (auf die Rückreise nach Deutschland), die ganze Zeit (FRA-1, Z: 80).

Nach und nach lernen die RückkehrerInnen sich wieder an die Gegebenheiten im beruflichen und privaten Umfeld zurechtzufinden. Es beginnt der Prozess der Wiederanpassung, der mit seinen Merkmalen auch von Hirsch (1992) dargestellt wurde.

Phase A: Naive Integration	Phase B: Reintegrationsschock	Phase C: Echte Integration
Merkmale: Freundliches, oberflächliches Verstehen. Bereitwilligkeit und Offenheit für neue Erfahrungen. Allgemeiner Optimismus, Euphorie des ‚wieder zu Hause seins‘	Merkmale: Erste Euphorie bröckelt ab. Man fühlt sich von den Kollegen nicht verstanden. Der Freundeskreis ist nicht mehr vorhanden. Alles hat sich verändert. Rückzug in die Resignation, Überheblichkeit, Ärger, Unzufriedenheit. Man fühlt sich nicht zu Hause.	Merkmale: Aufbau realistischer Erwartungen. Anpassung ohne Selbstaufgabe. Erweiterung des Verhaltensspektrums und Wiedererkennen alter Verhaltensmuster.
Bis 6 Monate nach der Rückkehr	Zwischen 6 und 12 Monate nach der Rückkehr	Ab 12 Monate nach der Rückkehr

Tabelle 2: Phasen des Wiedereingliederungsprozesses (Hirsch 1992, 285-298)

Die Abfolge dieses Prozesses bei der Rückkehr ist jedoch abhängig von der Person, der Rückkehrsituation, den Integrationshilfen und kann somit stark variieren. Es gibt verschiedene Faktoren, die den Verlauf der Wiedereingliederung beeinflussen können. Zum einen wäre die Dauer der Auslandsentsendung zu nennen. Bei einem Auslandseinsatz von unter vier Jahren wird davon ausgegangen, dass sich die Probleme bei der Reintegration in Grenzen halten, wohingegen bei längerem Einsatz die Gefahr z.B. für entsandte Arbeitnehmer besteht, dass Teile des Fachwissens veralten und der Mitarbeiter sich in seinem Verhalten mehr und mehr an die Werte und Normen des Gastlandes anpasst (Kühlmann 1995, 179).

In den geführten Interviews wird ersichtlich, dass es auch für die zurückgekehrten Studenten nicht leicht war, sich problemlos und schnell wieder in den deutschen Alltag zu integrieren, obwohl ihre Verweildauer nur ein Jahr betrug.

Der Erzählperson CHI-2 sagt: „dass ich sehr lange gebraucht hab, um irgendwie wieder so in diesen deutschen Trott rein zu kommen" (Z: 230) und „ich fand's unheimlich schwer, [...] wieder rein zu kommen" (Z: 237). In Bezug auf die ganze Heimkehrsituation meint sie: „ich hab mich überfordert gefühlt" (Z: 235).

Andere Studenten dagegen bedauern es, so schnell ihren ‚Alltagstrott' wiedergefunden zu haben: „ich fand es halt schade, dass man zu schnell sich wieder an alles gewöhnt" (FRA-2, Z: 261) und: „Du bist zu schnell wieder als wärst du nie weg gewesen." (FRA-2, Z: 262). Doch das vermeintlich Vertraute kann auch täuschen:

> Und jetzt kommt man wieder zurück, meint man. Aber es ist doch irgendwie alles anders (FRA-1, Z: 143).

Auch die vorausgegangene Integration im Gastland spielt für die Rückkehrsituation eine wichtige Rolle. Auslandsentsandte, die sich in der neuen Kultur gut eingelebt und integriert haben, müssen mit nachhaltigeren Problemen bei der Reintegration rechnen. Dies gilt insbesondere für Personen, die zum ersten Mal eine längere Zeit im Ausland verbracht haben (Kühlmann 1995, 179). So zeigt z.B. der Fall der interviewten Person SPA-1, welche im Gastland in ihrer Wohngemeinschaft in einer Art zweiter Familie gelebt hatte, die massiven Rückkehrschwierigkeiten.

Besonders bezeichnend für den Rückkehrschock werden von Rückkehrern neben Zeit- und Klimaumstellungen immer wieder die Desorientierungs- und Frustrationserfahrungen genannt. Sie erleben die psychische Belastung, den allgemein gültigen Werten und Normen, Lebenseinstellungen und Interessen der Daheimgebliebenen nicht mehr zu entsprechen. Auch von einem Verlust des ursprünglichen Freundes- und Bekanntenkreises berichten Rückkehrer immer wieder (Winter 1996, 367).

Das Gefühl des Verloren-und Alleinseins kennen auch die Befragten. Insbesondere mit den gesamten Erfahrungen, die sie im Laufe des Auslandsjahrs gesammelt haben und welche sie gern vermitteln möchten, fühlen sie sich allein gelassen.

> Man hat irgendwann das Gefühl, man hat so gar keinen, mit dem man so die Erfahrung teilen kann (CHI-2, Z: 156).

Auch von Veränderungen im Freundeskreis wird berichtet. So erzählt z.B. die befragte Person SPA-1 von tiefgreifenden Problemen in ihrem Freundeskreis nach ihrer Rückkehr. Im Interview war ihr die starke emotionale Beteiligung an diesem Thema immer noch anzumerken, da sie nicht genau wusste, wie sie die Veränderung in Worten ausdrücken sollte und ob nun sie oder ihr Freundeskreis sich verändert hatte:

> der Freundeskreis hatte sich halt weiterentwickelt und – oder ich sag mal – ist halt irgendwo stehengeblieben und du hast dich halt im Ausland weiterentwickelt. (SPA-1, Z: 269)

Die Gründe dafür benennt sie so:

> (Du) hast andere Sachen gemacht. Hast andere Wertevorstellungen. Hast andere Sichtweisen bekommen. Und gehst zurück und dann ist alles so wie früher. (SPA-1, Z: 272)

In der Literatur gibt es mehrere Ansätze zur Erklärung der Wiedereingliederungsproblematik. Zum einen erlebt der Rückkehrer eine Inkonsistenz seiner, durch die Erinnerung verklärten, Erwartungen an die Heimat und den real angetroffenen Verhältnissen. So erscheinen ihm vertraute Dinge unerwartet fremd und fremde Dinge unerwartet vertraut. Dieses Wechselspiel von Bekanntem und Fremdem kann ein Gefühl der Disharmonie und Verwirrung auslösen. Dieses wird dadurch verstärkt, dass von der zurückgekehrten Person erwartet wird, dass sie sich durch ihren längeren Auslandsaufenthalt verändert hat, gleichzeitig soll sie aber sich selbst treu geblieben sein und sich sofort wieder in die Rolle der ehemaligen Freundin, des Bekannten oder des Kollegen einfügen. Das kann dazu führen, dass sich der Rückkehrer sozial isoliert und von seinen Freunden abgelehnt fühlt (Winter 1996, 368).

Im Ausland wird die Vorfreude auf das Zuhause in Deutschland oft von einer romantisierenden Sichtweise beeinflusst, was dazu führen kann, dass sich die Studenten die Heimat positiver vorgestellt haben, als sie in Wirklichkeit ist. So passierte es z.B. SPA-1, die sagt: „ich bin mit komplett falschen Erwartungen zurückgekommen" (Z: 173), weil: „du hast im Hinterkopf [...] hier ist alles schön, ist alles geordnet" (Z: 175), aber „du hast nicht im Hinterkopf, ach ja, die Leute waren ja hier unfreundlich [...] sehr auf Organisation bestürzt" (Z: 176), „sowas hab ich halt in der Zeit dann irgendwie vergessen" (Z: 178).

So sind dann auch die Überlegungen vor der Rückreise ganz von Unsicherheit geprägt: „Was wird da jetzt auf dich zukommen?" (SPA-1, Z: 171) und gehen in totale Verwirrung bei der Ankunft über:

Ich wusste nicht mehr, wer ich bin, was ich war oder wie die Leute so sind. (SPA-1, Z: 172)

Und jetzt kommt man nach Hause und denkt so, was macht ihr nur und warum macht ihr das so und warum versteh ich das nicht mehr, Mann? (FRA-1, Z: 163)

Ein weiterer Ansatz für die Erklärung des Phänomens des umgekehrten Kultur-schocks ist in der vermeintlichen Ähnlichkeit der An- und Abreisesituation zu finden. Diese weisen aber, trotz der Vergleichbarkeit, große Unterschiede auf. So ist die Aus-reise in der Regel wesentlich gründlicher geplant, gewissenhafter vorbereitet, mit größeren finanziellen Möglichkeiten verknüpft (z.b. durch vorheriges Sparen bzw. ein Stipendium für das Auslandsstudium) und auch mit höheren Status- und Gewinn-erwartungen verbunden. Zur Vorbereitung auf einen längeren Auslandsaufenthalt, wie z.b. ein Studium, werden zahlreiche Infobroschüren und Seminare über das zu bereisende Land, die Risiken und die dort üblichen Gegebenheiten und Verhaltens-weisen angeboten. Im Moment der Ausreise liegt die Vorbereitungszeit meist nicht lang zurück und das Wissen aus den vorbereitenden Seminaren und interkulturellen Trainings ist noch allgegenwärtig und abrufbar.[3] Dem Auslandsreisenden steht eine aufregende, erfahrungsreiche, mit gewissen Privilegien ausgestattete Lebensphase bevor, von der er sich u.a. berufliche und schulische Erfolge, neue Anreize für seine Art zu leben und auch ein ‚Wachstum seiner Persönlichkeit' erhofft. Wenn davon ausgegangen wird, dass z.b. der Student freiwillig an einem längeren studienbezoge-nen Auslandsaufenthalt teilnimmt, kann man ihm eine hohe Leistungsmotivation, ei-ne überdurchschnittlich ausgeprägte Umstellungsbereitschaft und wenig Berührungs-ängste und positive Gefühle und Einstellungen gegenüber der fremden Gastkultur unterstellen (Winter 1996, 369 f.).

Von der Problematik der unterschiedlichen Ausgangspositionen bei Ab- und Rückrei-se, berichtet auch SPA-1: „ich hatte ein riesengroßes Problem, als ich zurückkam", „da hatte ich mehr Probleme [...] als wo ich nach Spanien bin" (Z: 165).

Durch die Vorbereitung auf das Auslandsjahr im Rahmen des Studiums sagt sie:

in Spanien hatte ich weniger Probleme, weil ich wusste, [...] es ist eine neue Kultur und du musst dich da dran gewöhnen (SPA-1, Z: 166).

---

[3] In das Curriculum des Studiums sind vorbereitende Lehrveranstaltungen wie z. B. Interkulturelle Trainings, Landeskunde, Sprachvermittlung und Erfahrungsaustausche mit ehemaligen Aus-landsstudenten integriert.

Durch die Erwartungshaltung, in ein anderes Land mit anderer Mentalität zu gehen, wird neuen unbekannten Phänomenen oft mit der Einstellung begegnet: „das liegt an der Kultur" (SPA-1, Z: 183), und der Ausreisende ist demzufolge mental auf eventuelle Schwierigkeiten vorbereitet. Was jedoch im Falle der Rückkehr nicht zutrifft, da davon ausgegangen wird, dass alles vertraut und bekannt ist.

Im Gegensatz dazu kommen die Rückkehrprobleme meist unerwartet, da kaum spezielle Wiedereingliederungstrainings oder allgemeine psychologische Beratungen und Vorbereitungen auf die Rückkehr stattfinden bzw. angeboten werden. Zwar wurden in den letzten Jahren in Deutschland verstärkt Maßnahmen zur Erleichterung der Reintegration ergriffen, dies kann jedoch nicht darüber hinwegtäuschen, dass zusammenfassend betrachtet die Rückkehrproblematik eher verdrängt oder die Bearbeitung derselben hinausgezögert wird (Winter 1996, 375).

Eine Möglichkeit der Bearbeitung der gemachten Erfahrungen im Ausland sahen die Studenten im Austausch der Erlebnisse mit Gleichgesinnten. So war z.b. CHI-2 froh, als Studium wieder begann, denn „da konnte man sich beieinander wieder ein bisschen – ja – ausweinen" (CHI-2, Z: 167).

Die Aufarbeitung mit Menschen, die den gleichen Erfahrungshintergrund haben wie man selbst und die einen ohne nähere Erläuterung der Tatsachen verstehen, scheint sehr wichtig für die psychische Bewältigung des Auslandsjahres.

> Man hat ja auch so bestimmte Sachen erlebt (CHI-2, Z: 169).

> Ein Witz oder Musik oder [...] Insider-Sprüche die halt nur Leute wissen und kennen, die mit dabei waren. (CHI-2, Z: 170)

So ist es auch für mich selbst sehr wichtig gewesen, nach meinem Auslandsaufenthalt immer wieder über meine Gefühle, meine Erinnerungen und auch meine Traurigkeit und Ängste mit Menschen, die den gleichen Erfahrungshintergrund haben, zu reden. Dadurch wurde mir erst bewusst, dass es auch den anderen Studenten ähnlich ging wie mir und dass meine Gefühlslage nicht unnormal war. CHI-2 macht im Interview auch den Vorschlag, die Aufarbeitung des Auslandsjahres stärker in das Studium und das Curriculum zu integrieren, da sie sich danach von der Hochschule ziemlich allein gelassen fühlte. Das Curriculum sieht Auslandsvor- und Auslandsnachbereitung vor. Die Frage ist hier allerdings, welche Erwartungen die Studierenden in dieser Hinsicht genau an die Lehrenden haben.

Bezogen auf die Interviews birgt die Zeit nach der Rückkehr nach Deutschland also ein ebenso großes, wenngleich nicht noch größeres Konfliktpotenzial, als die Zeit im Ausland selbst. Durch das fehlende Wissen, die ungenügende Vorbereitung auf den Rückkehrschock und die mangelnde Aufarbeitung des Auslandsjahres finden sich die Studenten in einer emotionalen Zwickmühle zwischen einerseits der verklärten Vorfreude auf daheim und andererseits der Konfrontation mit der Realität am Heimatort. So gibt es keine eindeutigen Lösungen, wie mit dem Rückkehrschock umgegangen werden kann, da dieses Thema sehr komplex ist und auch jede Person anders darauf reagiert. Doch stimme ich mit dem in der Fachliteratur vertretenen Standpunkt (z.B. Harris/Moran 2004, 177) überein, dass bei einem tieferen Verständnis anderer Kulturen und einer genauen Berücksichtigung der eigenen Lern-und Veränderungsprozesse im Verlauf der Wiedereingliederung Reserven für eine Neuordnung des Alltags in der Heimat, für neue soziale und politische Interessen, für einen bewussteren reflektierten Lebensstil und für die Ausbildung der Persönlichkeit frei werden.

Winter meint dazu sehr treffend:

> Deshalb muss man wirklich und nachdrücklich in die innere und äußere Heimat zu-
> rückkehren, deshalb ist die Kunst des Zurückkehrens auch der Schlüssel zum mög-
> lichst vorurteilsfreien Begreifen des Fremden, deshalb schließt umgekehrt richtiges
> interkulturelles Lernen auch das Heimkehrenkönnen (und Heimkehrenwollen) ein.
> (1996, 378).

Zusammenfassung der Ergebnisse

> du hast dein normales Leben [...] Und dann kommt eine Klammer auf, dann ist das
> Auslandsjahr, Klammer zu, dann geht das normale Leben weiter. (FRA-2: Z: 279)

Zusammenfassend ist zu sagen, dass das ‚Erlebnis Ausland' trotz oder vielleicht gerade wegen aufgetretener Probleme und Schwierigkeiten von allen Interviewten abschließend als eine positive Erfahrung bewertet wird, die sie nicht missen möchten.

Den Kulturschock in der Form, wie Oberg ihn mit seinem Modell beschrieben hat, erlebten die von mir befragten Studenten nur teilweise, bzw. wiesen sie nur einzelne Symptome der genannten Phasen auf. Viel schwerer als der Kulturschock wog für die Mehrzahl der interviewten Personen der Rückkehrschock. Die unvorbereitete Konfrontation mit dem in der Erinnerung idealisierten Zuhause, führte zu Verunsicherung und Gefühlsschwankungen, da sich viele noch im Ausland oft eine falsche Vorstellung von der Heimkehr gemacht hatten. Insbesondere das häufig als mangelhaft empfundene Interesse an den Erlebnissen der Studenten im Ausland von Seiten des persönlichen Umfeldes irritierte die Befragten sehr und führte teilweise zu erheblichen Abgrenzungen von demselben. Die Effekte des Rückkehrschocks auf das weitere Leben, die Veränderung der Einstellungen und der Psyche der Befragten waren zum Zeitpunkt der Studie noch nicht abzusehen, da die Befragung zeitnah zur Rückkehr erfolgte. Die Integrationsphase, die sich gemäß der Darstellung nach Hirsch an den Integrationsschock anschließt, konnte bei den befragten Studenten nicht beobachtet werden.

Aufgeworfene und weiterführende Forschungsfragen

Aus der vorliegenden Studie und den behandelten Themenkomplexen ergeben sich eine Reihe von Fragen bzw. weiteren Forschungsansätzen. Da das Thema der Rückkehr ins Heimatland für die Studenten eine wichtige Rolle gespielt hat, interessiert es mich, ob schon während der letzten Zeit im Ausland eine systematische Vorbereitung auf die bevorstehende Heimkehr erfolgen sollte. Was könnten Bestandteile einer solchen Vorbereitung sein, und wie kann die Hochschule helfen, mit der Situation des Rückkehrschocks zurechtzukommen? Welche Rolle spielt sie bei der Aufarbeitung der Auslandszeit und welche Unterstützung kann und sollte sie geben?

Obwohl das Thema des Auslandseinsatzes und der sich aus ihm ergebenden Folgen in den letzten Jahren verstärkt Interesse erfahren hat, gibt es immer noch vergleichsweise wenig aussagekräftige Studien und Untersuchungen dazu. Ich sehe auf diesem Gebiet eine Vielzahl von spannenden Forschungsmöglichkeiten. Insbesondere mit Hilfe der Methode der qualitativen Sozialforschung, die einen tiefen und zusammenhangübergreifenden Einblick in die Thematik gewährt und so das Verständnis für die Problematik der Rückkehrer verstärken kann. Mit Hilfe der Erkenntnisse dieser Forschungsmethodik können Studenten und Mitarbeiter, die ins Ausland gehen, noch besser auf den Aufenthalt und die anschließende Rückkehr vorbereitet werden, da sie einerseits sehr persönliche Einblicke in individuelle Befindlichkeiten erlaubt und diese Befindlichkeiten sich andererseits als gar nicht so individuell herausstellen, sondern als exemplarisch.

Literatur

Bertels, Ursula/de Vries, Sandra/Nolte, Nina (Hg.) (2007): Fremdes Lernen – Aspekte interkulturellen Lernens im internationalen Diskurs. Münster: Waxmann.

Flick, Uwe/Kardorff, Ernst V./Steinke, Ines (Hg.) (2007): Qualitative Forschung – Ein Handbuch. Reinbek bei Hamburg: Rowohlt.

Harris, Philip R./Moran, Robert/Moran, Sarah (2004): Managing Cultural Differences – Global Leadership Strategies for the 21st Century. Amsterdam/Heidelberg (u.a.): Elsevier.

Helfferich, Cornelia (2005): Die Qualität qualitativer Daten – Manual für die Durchführung qualitativer Interviews. Wiesbaden: VS Verlag für Sozialwissenschaften.

Heublein, Ulrich/Hutzsch, Christopher/Schreiber, Jochen/Sommer, Dieter (2007): Internationale Mobilität im Studium. Studienbezogene Aufenthalte deutscher Studierender in anderen Ländern. DAAD, Deutscher Akademischer Austausch Dienst [Hg.]. Bonn: Referat Information für Deutsche über Studium und Forschung im Ausland.

Hirsch, K. (1992): Die Reintegration von Auslandsmitarbeitern. In: Niels Bergemann/Andreas L.J. Sourisseaux (Hg.): Interkulturelles Management (S. 285-298). Heidelberg: Physica.

Kowal, Sabine/O'Connell, Daniel C. (2007): Zur Transkription von Gesprächen. In: Uwe Flick/Ernst v. Kardorff/Ines Steinke (Hg.): Qualitative Forschung – Ein Handbuch. Reinbek bei Hamburg: Rowohlt Taschenbuch Verlag.

Kühlmann, Torsten M. (Hg.) (1995): Mitarbeiterentsendung ins Ausland – Auswahl, Vorbereitung, Betreuung und Wiedereingliederung. Göttingen: Verlag für angewandte Psychologie.

Kühlmann, M. Torsten/Stahl, Günter K. (1995): Die Wiedereingliederung von Mitarbeitern nach einem Auslandseinsatz: Wissenschaftliche Grundlagen,. In: Torsten Kühlmann (Hg.): Mitarbeiterentsendung ins Ausland (S.177-227). Göttingen: Verlag für angewandte Psychologie.

Mayring, Philipp (1999): Einführung in die qualitative Sozialforschung. München: Psychologie Verlags Union.

Schreiner, Karin (2007): Die Situation des Kulturschocks und die Situation der Trailing Spouse. Frankfurt am Main/London: IKO – Verlag für interkulturelle Kommunikation.

Schmidt, Christiane (2007): Analyse von Leitfadeninterviews. In: Uwe Flick/Ernst v. Kardorff/Ines Steinke (Hg.): Qualitative Forschung – Ein Handbuch. Reinbek bei Hamburg: Rowohlt Taschenbuch Verlag.

Winter, Gerhard (1996): Reintegrationsproblematik – Vom Heimkehren in die Fremde und vom Wiedererlernen des Vertrauten. In: Thomas Alexander (Hg.): Psychologie interkulturellen Handelns. Göttingen/Bern/Toronto/Seattle: Hogrefe.

Zu Gast in China – Erfahrungen von deutschen Studenten in chinesischen Gastfamilien

Gwendolin Lauterbach

Zusammenfassung

Gastfamilienaufenthalte im Ausland werden immer beliebter und die Teilnehmer versprechen sich in der Regel wertvolle Erfahrungen sowie daraus entstehende Lernvorteile; das
Zusammenleben stellt Gäste sowie Gastfamilien jedoch auch häufig vor Herausforderungen.
Gastfamilienaufenthalte in China wurden bisher noch kaum untersucht und waren deshalb
Inhalt meiner Diplomarbeit, die sich interkulturellem Lernen von deutschen Gästen in chinesischen Gastfamilien widmete und mit Hilfe einer Längsschnittstudie mehrere Einzelfälle
untersuchte. Dieser Beitrag stellt die Bedeutung von Gastfamilienaufenthalten in China und
die während des Aufenthaltes von den Gästen gemachten Erfahrungen in den Mittelpunkt
und reflektiert, inwieweit interkulturelle Lernprozesse stattgefunden haben.

Einleitung

Was weiß man bisher über Gastfamilienaufenthalte in der Volksrepublik China? Da
das Land aufgrund der fremden Sprache, fremder Traditionen und Bräuche für Westler nach wie vor ‚Exotenstatus' besitzt, verdienen sie zusätzliche Aufmerksamkeit.
Die leitenden Fragen meiner Untersuchung waren demnach folgende: Welche Erfahrungen macht man in chinesischen Gastfamilien? Wie erlebt man diese Zeit, was fällt
schwer – was fällt leicht?

Die ausländischen – in diesem Falle die deutschen – Gäste versprechen sich in der
Regel positive Auswirkungen verschiedenster Art, so wollen sie z.B. etwas über
Land, Leute und Kultur lernen. Inwiefern ist das möglich? Was und wie im Rahmen
von Gastfamilienaufenthalten gelernt wird, kann ganz unterschiedlich sein. Die Forschung zu interkulturellem Lernen im Allgemeinen und im Bezug auf Gastfamilienaufenthalte im Besonderen weist nach wie vor Defizite auf. Der Betrachtung von
Lernprozessen, die während des Kulturkontaktes, im Zusammenleben mit einer chinesischen Familie, stattfinden, kommt deshalb eine besondere Bedeutung zu.

Gastfamilienaufenthalte: ein vernachlässigtes Thema der Austauschforschung

Wenn von Gastfamilienaufenthalten die Rede ist, handelt es sich im Allgemeinen um die Unterbringung ausländischer Besucher in einer Familie im Gastland. Obwohl umgangssprachlich und wissenschaftlich häufig verwendet, ist der Begriff Gastfamilienaufenthalt nicht eindeutig geklärt und zeichnet sich durch eine Vielzahl an Formen aus: Es gibt die Möglichkeit eines Au-Pair-Aufenthaltes, eines Aufenthaltes im Rahmen von Schüler- oder Studentenaustauschprogrammen oder einer Unterkunft in einer Gastfamilie ohne speziell definierten Kontext. Letztere Unterbringungsmöglichkeit wird in diesem Beitrag untersucht und im Folgenden mit dem Begriff ‚Gastfamilienaufenthalt' bezeichnet.

Gäste verschiedener Altersgruppen entschließen sich zu solchen Aufenthalten, sie wohnen unterschiedlich lang in Gastfamilien, haben vielfältige Erwartungen und Ziele und üben währenddessen verschiedene Tätigkeiten aus. Diese sind sowohl privater als auch beruflicher Natur und umfassen vor allem Sprachkurse, Praktika, Berufstätigkeit und Reisen (vgl. Lauterbach 2009). In den meisten Fällen wird der Familienaufenthalt über einen Dritten, in der Regel eine Organisation, vermittelt. Solche Vermittler haben wesentlichen Einfluss auf die Gestaltung des Aufenthaltes: Sie bieten oftmals mehr Sicherheiten, haben jedoch auch Regelwerke und setzen Kosten fest.

Das Leben in einer fremden Familie im Gastland stellt eine besondere Form des Kulturkontaktes dar, den Gäste sowie Gastfamilien häufig mit dem Wort ‚intensiv' beschreiben (Wetzel 2004, 91; Nothnagel 2005, 84). Obwohl das Zusammenleben vielseitig gestaltet werden und der Grad der Teilnahme am Familienalltag unterschiedlich ausfallen kann, bedeutet das Leben in einer Gastfamilie meist eine beständige Auseinandersetzung miteinander. Im täglichen Zusammenleben werden viele Aspekte des Privatlebens geteilt. Schnittstellen verschiedener Lebensweisen sind dabei zahlreicher und durchdringender als bei den meisten anderen Kulturkontakten während des Auslandsaufenthaltes. Damit stellt das Alltagsleben für beide Seiten eine Herausforderung an den Umgang miteinander dar. Besonders für den Gast ist die emotionale Einbindung in die Welt der Gastfamilie oft tiefgreifend, da die Familie im meist noch unbekannten Gastland Lebensmittelpunkt ist und Orientierung bietet (vgl. Wetzel 2004; Fuß/Busse/Langenhoff 2004).

Zum Thema Auslandsaufenthalt mit Familienunterkunft gibt es eine Vielzahl von Ratgebern, die kulturallgemein oder auf einzelne Länder zugeschnitten sind, Erfahrungsberichte sowie rechtliche Literatur (vgl. Gry Troll 2008; Terbeck 2009 et al.). Zudem finden sich bei Vermittlungsorganisationen viele allgemeine und programmatische Informationen für die Zeit im Ausland und in der Gastfamilie. Aufgrund der Anzahl und Bedeutung von Organisationen, die sich auf Austausch- und Au-Pair-Programme spezialisieren, liegt der Schwerpunkt der populärwissenschaftlichen Literatur auf Schüler- bzw. Studenten- und Au-Pair-Austausch. Eine wissenschaftliche Auseinandersetzung mit dem Thema Gastfamilien erfolgt in geringerem Maße und ist zugleich fast ausschließlich auf Austauschprogramme zugeschnitten, was mit Größe und Forschungsmöglichkeiten der Vermittlungsorganisationen zusammenhängt. Zahlreiche Studien wurden von YFU (Youth for Understanding) und AFS (American Field Service) – zwei großen Anbietern auf dem Markt der Austauschprogramme – durchgeführt. In der Austauschforschung steht die Untersuchung von Auswirkungen der Austauscherfahrungen im Mittelpunkt, da das pädagogische Erkenntnisinteresse sowie die Frage nach Legitimation der Programme einen hohen Stellenwert einnehmen (vgl. Zeutschel 2004).

In der Austauschforschung herrscht eine ‚positive Wirkungshypothese' vor, die besagt, dass sich Gäste aufgrund ihres Gastfamilienaufenthaltes verändern und diese Veränderungen als prinzipiell positiv und andauernd zu interpretieren sind (Bachner/Zeutschel 2009, 14). Verschiedene Studien zeigen vielfältige positive Veränderungen auf, wie z.B. Wissenserwerb, Reflexion des eigenkulturellen Orientierungssystems, internationales Bewusstsein, Sprachkompetenz (auf kognitiver Ebene); Selbstbewusstsein, Offenheit, Toleranz (auf affektiver Ebene); Kommunikationsbereitschaft und Weitergabe von Erfahrungen (auf verhaltensbezogener Ebene) (vgl. Thomas 2004). Eine wichtige Stellung nimmt in allen Studien die Fremdsprachenkompetenz ein. Auch potentielle Gäste scheinen die Hypothesen der Forschung zumindest intuitiv zu teilen. Das Forschungsfeld weist jedoch folgende Defizite auf:

Schwerpunkt: Die Studien beschäftigen sich a) fast ausschließlich mit Austauschprogrammen und konzentrieren sich b) nicht auf den Gastfamilienaufenthalt, sondern analysieren den Auslandsaufenthalt insgesamt.

Ausrichtung: Die bisherigen Untersuchungen zeichnen sich durch quantitative Fragebogenstudien mit großer Stichprobe sowie durch Pre-/ Post-Test-Untersuchungen aus, die nicht auf die Erfassung von Veränderungs*prozessen* gerichtet sind.

Ungleichmäßigkeit: Untersuchungsteilnehmer stammen aus verschiedenen Ländern, die Aufenthaltsdauer ist unterschiedlich lang und wird meist nur thematisiert im Sinne einer Proportionalität zwischen Aufenthaltsdauer und Auswirkungsstärke.

Voreingenommenheit: Studien über Austauschaufenthalte werden im Allgemeinen von der vermittelnden Organisation bzw. unter ihrer Schirmherrschaft durchgeführt, wobei das Ziel die Legitimation der Programme darstellt.

Regionale Beschränkungen: Studien über Gastfamilienaufenthalte in China liegen bisher noch nicht vor.

Eine Konzentration auf Gastfamilienaufenthalte von Deutschen in China und eine qualitative Herangehensweise erscheint deshalb geboten. Dabei besteht zum Verständnis der Situation von Gastfamilienaufenthalten in China die Notwendigkeit, das Familienleben in der Volksrepublik näher zu beleuchten.

Faktoren chinesischen Familienlebens

Noch im Jahre 1995 lebte ca. ein Viertel der chinesischen Bevölkerung in drei Generationen unter einem Dach. Diese Form des Zusammenlebens kann neben Großeltern, Eltern und Kindern auch andere Verwandte umfassen. Einen wichtigen Einfluss auf die familiäre Zusammensetzung hat die Tradition, dass jung verheiratete Paare zu den Eltern des Ehemannes ziehen (Cartier 1995, 307f.). Dies steht im Einklang mit dem Wunsch nach gegenseitiger Unterstützung, vor allem in Bezug auf die Betreuung der Kinder und die Fürsorge für die Älteren. Auch die Verankerung konfuzianischer Tugenden, insbesondere der Kindespietät und der allgemein gebotene Respekt gegenüber älteren Menschen spielen im heutigen Familienleben nach wie vor eine Rolle (vgl. Chen 2003). Ebenso ist Harmonie im Familienleben ein zentraler Wert, wie auch das chinesische Sprichwort „Family prospers in harmony" ausdrückt (Lew 1998, 57).

Die Größe chinesischer Familien ist im Zuge der Einführung der modernen Marktwirtschaft und der Ein-Kind-Politik in den letzten Jahrzehnten jedoch weiter gesunken und Haushalte mit drei Personen nehmen immer mehr zu (vgl. Cartier 1995).

Damit verändert sich zwar das oben beschriebene Gefüge, gegenseitige Unterstützung und Respekt gegenüber Älteren nehmen in der sozialen Ordnung Chinas aber noch immer einen wichtigen Platz ein. Als Schwellenland hat China einen im Vergleich zu Industrieländern niedrigeren Lebensstandard und geringe Sicherheit in der Altersvorsorge zu bieten. Zusammen mit den Wünschen, aus einer Masse von ca. 1,3 Mrd. Menschen hervorzustechen, eine gute Ausbildung und positive Zukunftsaussichten im Wettbewerb um Arbeitsplätze und Einkommen zu erhalten, ergibt sich in chinesischen Familien die folgende Situation: Hoffnungen, aber auch Druck von Eltern sowie Großeltern lasten auf dem meist einzigen Kind in der Familie, das durch Fleiß und harte Arbeit in Zukunft ein gutes Leben führen und zur Stütze der Eltern werden soll (ebd., 313). Demnach findet sich in Familien oft die Konstellation des Zusammenlebens von drei bis fünf Personen – von Vater, Mutter, Kind; und von Zeit zu Zeit den Großeltern. Dem Kind wird besondere Fürsorge und Nachsicht, aber auch Strenge im Wahrnehmen von Bildungspflichten zugedacht. Dabei ist zudem von Bedeutung, dass Kinder unter der Autorität und Erziehung der Eltern stehen, bis sie verheiratet und damit selbstständig geworden sind. Auch heute noch haben viele Eltern z. B. wichtiges Mitspracherecht bei der Wahl der zukünftigen (Ehe-)Partner ihrer Kinder, auch wenn die Bedeutung arrangierter Ehen in den letzten Jahrzehnten deutlich gesunken ist (Yi/Hsiung 1997, 25).

Die eben genannten Faktoren chinesischen Familienlebens sind auch für den ausländischen Gast von Bedeutung. Zwar gibt es noch keine umfangreichen Studien über Gastfamilienaufenthalte in China, aber eine erste, explorative Untersuchung zeigt, dass Gäste bezogen auf das Familienleben den Einfluss der Ein-Kind-Politik, aber auch der Traditionen spüren: So werden der Respekt von Jüngeren gegenüber Älteren, das Leben einer modernen Ein-Kind-Familie oder Generationenunterschiede als auffallend erachtet (Lauterbach 2009).

Kurz sollen an dieser Stelle auch noch die am häufigsten auftretenden Differenzen und Probleme von Deutschen in chinesischen Gastfamilien beschrieben werden, die aus Unterschieden zum chinesischen Familienleben erwachsen können: Als Gast*kind*, sofern man nicht verheiratet oder ebenso alt ist wie die Gasteltern, wird man in der Regel auch als solches behandelt. Daraus ergeben sich, wie meine letzte Umfrage unter Gästen zeigte (ebd.), für diese die Probleme mangelnder Privatsphäre sowie der Freiheits- und Unabhängigkeitsbeschränkung. Weitere auftretende Differenzen beziehen sich auf Essgewohnheiten und sprachliche Verständigung. Diese sind jedoch weniger dem chinesischen Familienleben, als Gastfamilienaufenthalten im Ausland allgemein zuzuschreiben.

Zielsetzung und Methode

Dieser Beitrag stellt ausgewählte Befunde meiner Diplomarbeit vor, die darauf zielte, Erfahrungen von Deutschen in chinesischen Gastfamilien zu erfassen und interkulturelle Lernprozesse zu analysieren. Dabei waren folgende Punkte von Bedeutung: Welche konkreten Erfahrungen machen die Gäste? Wie werden diese gemacht (durch Beobachtung, Interaktion, gedanklichen Austausch)? Wie empfinden die Gäste diese Erfahrungen (positiv, negativ)? Welche persönlichen und situativen Bedingungen sind wichtig für den Gastfamilienaufenthalt? Welche Veränderungen geschehen bei den Gästen aufgrund der Erfahrungen? Welche Schlussfolgerungen lassen sich hieraus für die interkulturellen Lernprozesse im kognitiven, affektiven und verhaltensbezogenen Bereich ziehen? Aus Platzgründen konzentriert sich dieses Kapitel auf typische Erfahrungssituationen von Deutschen in chinesischen Gastfamilien. Eine umfassende Darstellung der Vorgehensweise und Ergebnisse findet sich bei Lauterbach (2010).

Im Mittelpunkt der Studie stand die Befragung von Gästen mit Hilfe offener, qualitativer Interviews. Ein längsschnittliches Forschungsdesign, welches in der qualitativen Forschung und besonders im Bereich interkulturellen Lernens bisher nur selten Verwendung gefunden hat (siehe aber Weidemann 2004), sollte Veränderungen in Sicht- und Handlungsweisen durch wiederholte Erhebungen dokumentieren, auch wenn dies im zeitlichen Rahmen einer Diplomarbeit nur ansatzweise möglich ist (Flick 2007, 255f). Ein Interview mit einer ‚Kulturexpertin' gab außerdem Aufschluss darüber, ob Erfahrungssituationen als interkulturell (und damit kulturtypisch) anzusehen sind und wurde zur Validierung meiner Interpretationen herangezogen. Alle acht Interviews mit den Gästen wurden auf Audioträger aufgezeichnet und vollständig transkribiert; zum Experteninterview wurden Notizen angefertigt. Mit Hilfe einer Auswertungsstrategie, die Theorie- und Regelbezug mit einem offenen Charakter verbindet und sich somit auf die qualitative Inhaltsanalyse nach Mayring (2000), die Grounded Theory

(Böhm 2007) und die Analysetechniken für qualitative Interviews (Schmidt 2007; Lucius-Hoene/Deppermann 2004) stützt, wurde das Datenmaterial ausgewertet.

Bei der Gewinnung der Interviewpartner unterstützte mich die Gastfamilien- und Praktikumsvermittlung China Exchange Services (CES), die für mich bereits Gastfamilienaufenthalte in der Vergangenheit organisiert hatte und mir eine weitere Gastfamilie, in der ich für die Dauer der empirischen Untersuchung lebte, vermittelte. Dies ermöglichte mir wichtiges Hintergrundwissen über Organisation und Ablauf von Gastfamilienaufenthalten am Zielort sowie den Zugang zu einer Schlüsselperson. Für die Untersuchung wurden Deutsche ausgewählt, die sich für einen von dieser Organisation vermittelten Gastfamilienaufenthalt in der chinesischen Stadt Qingdao entschieden hatten. Damit waren wichtige Kontextvariablen (z.B. Auswahl der Familien, Rahmenbedingungen der Vermittlungsorganisation) für alle Interviewpartner gleich. Zum Zeitpunkt der ersten Befragung lebten meine Interviewpartner seit ca. ein bis zwei Monaten in einer Gastfamilie. Damit sollte sichergestellt sein, dass die Interviewpartner schon ausreichend Erfahrungen gemacht hatten, um über das Zusammenleben berichten zu können. Da diese Gastfamilienaufenthalte in der Regel eine Dauer von ca. einem bis fünf Monaten umfassen, erschien ein späterer Befragungszeitpunkt nicht angebracht. Zu jeweils zwei Untersuchungszeitpunkten wurden insgesamt vier Personen befragt, über die die nachfolgende Tabelle kurz Auskunft gibt:

Teilnehmer	Kurzvorstellung
Anna	23 Jahre, Studentin (Politikwissenschaft), Praktikum in Qingdao Aufenthalt Gastfamilie: Zeitpunkt 1. Interview ca. 2 Monate; gesamt ca. 5 Monate. Vorerfahrungen / Vorkenntnisse China: Ja
Damaris	27 Jahre, Studentin (International Management), anfangs Sprachkurs und Praktikum, dann Freizeitgestaltung und Reiseplanung in Qingdao Aufenthalt Gastfamilie: Zeitpunkt 1. Interview ca. 1 Monat; gesamt ca. 3 Monate. Vorerfahrungen / Vorkenntnisse China: Nein
Frank	30 Jahre, Student (International Finance), Praktikum in Qingdao Aufenthalt Gastfamilie: Zeitpunkt 1. Interview ca. 2 Monate; gesamt ca. 3 Monate. Vorerfahrungen / Vorkenntnisse China: Ja
Thomas	22 Jahre, Student (Maschinenbau), Sprachkurs und Praktikum in Qingdao. Aufenthalt Gastfamilie: Zeitpunkt 1. Interview ca. 1 Monat; gesamt ca. 5 Monate. Vorerfahrungen / Vorkenntnisse China: Nein

Tabelle 1: Kurzvorstellung der Interviewteilnehmer

Ergebnisse

Meine Interviewpartner berichten von einer Vielzahl an Erfahrungen in ihren Gastfamilien. So groß wie ihre Anzahl, so groß ist auch das Spektrum, das sie umfassen:
Es gibt die großen, wichtigen Situationen, die das Zusammenleben stark prägen, aber
auch die kleinen Episoden, die hier und da auftauchen und erzählenswert sind. Die
Erfahrungen selbst reichen von ‚toll‘, ‚positiv‘ über ‚überraschend‘, ‚komisch‘ bis zu
‚unverständlich‘ und ‚schlimm‘. Manche werden als individuell, andere als typisch
chinesisch angesehen. Sie beziehen sich auf die aktiv gestaltete gemeinsame Zeit,
stärker aber noch auf Schnittstellen des täglichen Zusammenlebens. Das kann damit
zusammenhängen, dass Gewohnheiten der Gastfamilie und ihr Tagesablauf mehr Potential fremder Verhaltensweisen bieten, aber auch damit, dass bewusst initiierte gemeinsame Unternehmungen oder Vorhaben selten stattfinden. Viele Erfahrungen sind
durch Wiederholungshäufigkeit gekennzeichnet und Interviewpartner sprechen häufig davon, sich an bestimmte Verhaltensweisen ‚gewöhnt‘ zu haben. Zugleich fügen
sich konkrete Erfahrungen in der Gastfamilie in das Gesamtbild des Chinaaufenthaltes ein: Situationen innerhalb der Familie sind häufig auch außerhalb wieder zu finden oder werden mit typisch chinesischen Verhaltensweisen in Verbindung gebracht.
Somit stützt und vertieft der Familienaufenthalt die Erkenntnisse über den Chinaaufenthalt als Gesamterlebnis, wirkt aber auch moderierend auf die ‚Erfahrung China‘
ein.

Die fallübergreifende Analyse der Interviews ergibt mehrere zentrale Themen, die für
die Erfahrungen in chinesischen Gastfamilien charakteristisch waren. Diese sind: die
Problematik des abendlichen Ausgehens, die Bedeutung des Essens, der Mangel an
Informationen, die Bedeutung von Familie, das Bemühen um den perfekten Eindruck,
das mangelhafte Hinterfragen von Sachverhalten, die Behandlung von Ausländern,
das Gewähren von Privatsphäre und das Verbergen von Gefühlen. Um sicherzustel-
len, dass es sich bei diesen um interkulturelle und nicht um inter-individuelle Thematiken handelt, holte ich die Meinung einer Kulturexpertin ein. Bei dieser handelte es
sich um eine Chinesin, die selbst Erfahrungen im Ausland, mit Deutschen und anderen Nationalitäten, sammeln konnte und sich zudem beruflich mit Gastfamilienaufenthalten beschäftigt.

Bis auf die Erfahrung ‚Gewähren von Privatsphäre', die sich nicht als typisch chinesisch herausstellte, konnten bei allen anderen Erfahrungen kulturelle Ursachen gefunden werden.[1] Besonders die ersten vier wurden von der Expertin als wichtig und typisch für interkulturelle Begegnungen in Gastfamilien gewertet und werden nachfolgend dargestellt.[2] Um die kulturellen Zusammenhänge der Erfahrungssituationen anschaulich zu machen und diese mit den Interpretationen der Erfahrungen durch die Gäste zu vergleichen, wird zeitweise auf die Erklärungen der Expertin zurückgegriffen. Da ein Großteil der Verhaltensweisen, die die Gäste in ihren Gastfamilien beobachteten, von der Expertin als „typisch chinesisch" bewertet wurde, gibt dies zugleich einen Hinweis darauf, dass das Erleben interkultureller Erfahrungen in Gastfamilien wahrscheinlich ist.

Die Problematik des Ausgehens

In den Interviews wurde deutlich, dass das Thema Ausgehen bei allen vier Gästen eine Rolle spielt. Kenntnis über die Problematik des abendlichen Ausgehens erlangen fast alle bereits *vor* dem Gastfamilienaufenthalt: Es wurde meist von anderen Gästen, Freunden oder der Vermittlungsorganisation gehört, dass langes Weggehen am Abend in China ungewöhnlich ist und die Gasteltern mit einem ausgiebigen Ausgehverhalten ihrer Gastkinder Probleme haben könnten.

> Und (.) mh (.) aber, dann war das okay und äh, (.) ich bin deutlich später dann nach Hause gekommen als zwölf. (I: Ja) Aber sie [die Gastmutter] war zum Glück nich mehr wach, was mir andere schon prophezeit hatten. (Thomas I:2 37:39)

Zudem findet auch im Voraus eine Meinungsbildung statt: Die Gäste möchten sich in ihrem Ausgehverhalten nicht einschränken lassen. Dieses Thema berührt für sie den Aspekt der Freiheit und Selbstbestimmung, die Kompromissbereitschaft ist dahingehend gering.

Die eigentliche Erfahrung mit dem abendlichen Ausgehen verläuft jedoch bei jedem Gast unterschiedlich: Frank ist selten daheim und bemerkt lediglich, dass die Gasteltern anfangs häufig nachfragten, wann er zurückkomme. Anna empfindet ebenso wie Damaris in ihrer zweiten Gastfamilie keinerlei Probleme beim abendlichen Ausge

---

[1] Hierbei handelt es sich um Anpassungsleistungen der Gastfamilien: Ihnen wurde von der Vermittlungsorganisation geraten, ihren Gästen so viel Privatsphäre wie möglich zu geben.

[2] Eine ausführliche Darstellung dieser vier Themen findet sich bei Lauterbach (2010).

hen. Damaris kann in ihrer ersten Familie zwar auch lange weggehen, fühlt sich aber durch ständiges Nachfragen gestört. Thomas merkt im Laufe der Zeit immer deutlicher, dass die Gastmutter seine Ausgehzeiten einschränken möchte.

Gestaltet sich Ausgehen für die Gäste nicht als problematisch, so wird als Grund meist angegeben, dass sich die Gastfamilien an die Gewohnheiten ihrer ausländischen Gäste anpassen. Die Gäste sehen es als typisch an, dass man in China selten und nur für eine kurze Zeitdauer ausgeht. Für sie zeigt sich dies v. a. daran, dass die Gasteltern über lange Ausgehzeiten erstaunt sind.

> Und am nächsten Abend, da warn wir irgendwie weg und dann hat er mich gefragt, wann ich zurückgekommen bin. Dann meinte ich: Ja, so um drei. (I: Ja) Und weiß ich nich, die sin aus allen Wolken gefallen! (Damaris I 277:280)

Die Gäste realisieren, auch aufgrund der Reaktionen der Gasteltern, wie bemerkenswert ihr eigenes Ausgehverhalten erscheint und entwickeln ein Bewusstsein für ihr eigenkulturelles Verhalten.

Für sie besteht jedoch kaum die Notwendigkeit, die Hintergründe des fremdkulturellen Verhaltens genauer zu erforschen. Sie halten es zwar für nachvollziehbar, dass der Aspekt der Fürsorge beim Thema Ausgehen eine Rolle spielen kann. Dass sie in den Gastfamilien den Status eines Kindes haben, bringen sie möglicherweise nicht direkt mit dem Thema Ausgehen in Zusammenhang. Ein tieferer Einblick in die familiären Verhältnisse in China bleibt somit möglicherweise verwehrt: In China stehen die Kinder, solange sie noch zu Hause wohnen, unter der Autorität der Eltern, auch wenn sie das Erwachsenenalter bereits erreicht haben. Da sie sich auf Bildung und Zukunftsgestaltung konzentrieren sollen, wird es in der Regel nicht gut geheißen, wenn man Freizeitvergnügen als wichtiger erachtet.

Eine ausführlichere Auseinandersetzung mit der Thematik findet dann statt, wenn sich das abendliche Ausgehen für die Gäste in irgendeiner Form als problematisch darstellt. In diesen Fällen werden auch andere Verbindungen hergestellt: Thomas und Damaris bemerken, dass Missfallen und Sorge in Bezug auf Ausgehen von ihren Gasteltern meist nicht direkt ausgedrückt wird; diese Konfrontation mit indirekter Kommunikation macht den Umgang mit der Erfahrung Ausgehen schwieriger und unverständlicher.

Deswegen war mir halt auch nich klar, dass die sich halt gestern Abend da Sorgen gemacht hat, als ich da ne halbe Stunde später noch nich da war, (I: Ja) als ichs halt gesagt habe. (.) Muss man halt auch erstmal so hintersteigen, wann machen sie sich Sorgen und wann nich, oder zeigen sies überhaupt. (Damaris II 325:328)

Thomas nimmt in diesem Zusammenhang auch eine falsche Deutung vor: Da seine Gastmutter ihn nicht direkt mit ihrem Missfallen aufgrund seiner langen Ausgehzeiten konfrontiert, schlussfolgert er, dass sie nicht wirklich verstimmt ist und Chinesen im Allgemeinen sehr schnell verzeihen.

Das Thema ist zudem Ausgangspunkt für weitere Überlegungen der Gäste: So werden im Zusammenhang mit dem Ausgehen die hohe Bedeutung des Familienlebens, der Unterschied zwischen traditioneller und moderner Sichtweise bzw. der Generationenunterschied betrachtet.

Im weiteren Sinne erfolgt außerdem eine Anbindung an folgende Themen: Die Gäste knüpfen an das Verbringen von gemeinsamer Zeit mit der Gastfamilie als Gegenstück zum Ausgehen an. Sie thematisieren den Aspekt der Privatsphäre, da dieser eng in Verbindung mit Kontrolle steht. Zudem gehen sie auf eine Art Neugier ihrer Gasteltern ein, da diese im Zusammenhang mit dem abendlichen Ausgehen häufig genau über Erlebtes und Pläne informiert werden wollen.

Insgesamt wird deutlich, dass der restriktive Umgang mit dem Ausgehverhalten von den Gästen als störend empfunden wird. Eine Bereitschaft zu einer Verhaltensänderung in Bezug auf abendliches Ausgehen besteht nur dann, wenn die Anpassungsleistungen sehr gering sind. Damaris plant bspw. Pufferzeiten ein, wenn sie ihre abendlichen Rückkehrzeiten nennt, damit sich ihre Gastmutter bei einer möglichen Verspätung keine Sorgen macht.

Die Bedeutung des Essens

Viele Aspekte der fallübergreifenden Analyse stehen mit dem Thema Essen in Zusammenhang. Zwei der Gäste nennen die Bedeutung des Essens in China explizit, bei den anderen beiden machen ihre Erzählungen den Stellenwert des Essens im chinesischen Alltag deutlich.

Die Positionierung zu diesem Thema fällt sehr unterschiedlich aus, denn durch das Medium Essen wird auch eine Vielzahl an Aspekten kommuniziert. Es werden sowohl positive als auch negative Erfahrungen zur Sprache gebracht.

Einerseits kommt für die Gäste die Fürsorge zum Ausdruck, da die Gasteltern ihre Gastkinder rundum versorgt wissen wollen und dies auch hartnäckig verfolgen. Andererseits ist Essen auch Mittel indirekter Kommunikation, mit dem z.B. Missfallen ausgedrückt wird:

> Und dann fängt das Problem schon an. (I: Ja?) Ach, halb elf is Sperrstunde. (I: Hmmh) Was heißt Sperrstunde – ich komm zwar daheim rein, aber (..) na – chinesische Art zu zeigen, dass sie [die Gastmutter] es nich in Ordnung findet is, am nächsten Morgen das Frühstück is nich so toll. (I: Ja, das merkst du?) Oder es gibt, es gibt kein Frühstück, auch schon passiert. (Thomas II 14:17)

Ein weiterer Aspekt, der von Frank kritisch betrachtet wird, ist das Demonstrieren von Status und Wohlstand durch bspw. ein spendables Abendessen. Im Gegensatz dazu wird es von Anna und Thomas als positiv angesehen, dass Essen in China eine gemeinschaftliche Angelegenheit ist und in einem sehr kommunikativen und ausgedehnten Rahmen stattfindet. Besonders Thomas findet auch an den lockeren Essgewohnheiten Gefallen.

Beachtung verdient für die Gäste zudem das Essen selbst: Was auf den Tisch kommt, ist manchmal befremdlich. Bei Damaris wird z. B. deutlich, dass sie Gerichte als chinesischer einstuft, je fremder sie sind. Ungeachtet des konkreten Erfahrungsinhaltes werden häufig kurze, von den Gästen selbst erlebte Anekdoten erzählt:

> Na, das Beste war immer noch, weil die [Gastmutter] denkt halt ich wohne in Frankfurt. Tue ich nicht, aber das macht eigentlich nichts. Ich habe ihr nämlich erzählt, ich wohne in der Nähe von Frankfurt. (I: Ja) Hat sie aber nich verstanden. (Lacht kurz) Sie glaubt, ich wohne in Frankfurt. (.) Und als ich ihr halt erzählt habe, dass ich keinen Fisch esse, hat sie mich gefragt, ob Frankfurt denn nicht am Meer liegt. (Lacht) (I: Ja) (.) Ich mein, (.) und ich glaub wenn Frankfurt am Meer liegen würde, hätt ich noch größere Probleme. (I: Keine Ausrede) Hätt ich gar keine Ausrede, dass ich keinen Fisch esse. (Lachen beide) Ich mein, Qingdao liegt am Meer, die Leute essen hier Fisch. (I: Ja) Frankfurt liegt nicht am Meer, also ess ich keinen Fisch. Also chinesische Kausalität. (Lacht) Ich war sehr überrascht über die Frage, da hab ich gesagt so: Nein, Frankfurt liegt nicht am Meer. (Lacht) Na ja, das war irgendwie sehr witzig. (Damaris II 250:259)

Trotz der Diversität des Themas sehen die Gäste die Bedeutung des Essens insgesamt als übertrieben an und finden den Stellenwert nicht ganz nachvollziehbar. Das Bewusstsein der hohen Bedeutung lässt die Gäste jedoch ihre eigenen Handlungen rund um die gemeinsamen Mahlzeiten mit der Gastfamilie reflektieren. Sie stellen u.a.

Überlegungen an, ob eine Ablehnung der von den Gasteltern angebotenen Speisen angebracht ist und wie diese aufgenommen werden könnte. Das Verhalten der Gastfamilie selbst wird eingehender betrachtet und die Gäste realisieren, welche verschiedenen Aspekte mit dem Thema Essen in Zusammenhang stehen. Sie gelangen jedoch nicht zu einem tieferen Verständnis darüber, warum Essen in China so wichtig sein könnte:

> Aber gut, das is halt – ein Freund von mir, der kommt aus Indonesien, der versucht mir das zu erklärn, dass die Frauen sich halt nich wohl fühlen, irgendwie wenn se nich kochen, oder so. (I: Hm) Dass das halt so ne hohe Bedeutung hat, in Asien. (.) Und dann meinte er, das wär n bisschen kompliziert. (Damaris I 224:227)

Die Gäste setzen sich demnach mit den Teilaspekten auseinander; dass Handlungen rund um das Thema Essen oft landestypisch und deswegen anders sein können, genügt jedoch meist als Erklärung für fremdes Verhalten. Genaue Ursachen, wie die herausragende Bedeutung des Essens als Kommunikationsmedium oder der Mangel (guten) Essens in vergangenen Zeiten werden nicht direkt angeführt.

Der Mangel an Informationen

Drei der vier Gäste thematisieren, dass ihre Gastfamilien sie kaum über Veränderungen oder bevorstehende Pläne informieren. Thomas erlebt dies in einigen wenigen Situationen. Sowohl bei Anna als auch bei Frank nimmt dieser Aspekt aber einen hohen Stellenwert im Zusammenleben mit der Gastfamilie ein. Dass für sie wichtige Dinge nicht oder spät kommuniziert werden, ist für die drei Gäste unverständlich; für Anna und Frank stellt es immer wieder eine neue Herausforderung dar: Sie werden mit diesem für sie schwer nachvollziehbaren Verhalten wiederholt konfrontiert und können sich nur schwer daran gewöhnen.

Der Informationsmangel bezieht sich für die Gäste auf Situationen, die von Veränderungen im Alltagsleben (z. B. langer Bekanntschaftsbesuch); über Pläne der Familie selbst (z. B. Geschäftsreise oder Wochenendausflug) bis hin zu gemeinsamen Ausflugs- oder Ausgehplänen reichen, die nicht oder erst kurz vorher direkt kommuniziert werden. Sowohl bei Anna als auch bei Frank ist eine persönliche Kränkung aufgrund der für sie unangemessenen Art und Weise des Verhaltens ihrer Gasteltern erkennbar.

Und ähm, vor allen Dingen war das dann auch so n bisschen merkwürdig, weil sie
sich, also für mich wars, ich war ja grad noch neu irgendwie in der Familie, und
dann ham sie halt so gesagt: Ja, wir können dich jetz mal nich mitnehmen. Also so,
auch so mit so nem Lachen im Gesicht, so bei uns würde man das einfach anders rü-
berbringen. Also dann (I: Hm) würde man so sagen, ja so: Tut uns leid, aber geht
jetz leider nich und so. Und da würde man das schon so am Tonfall merken. Aber
das war so, so: Ja wir fahrn weg und du bleibst hier, ja? So vergnüg dich mal selber.
(Anna I 311:316)

Anna, Frank und auch Thomas sehen diese Verhaltensweisen als typisch chinesisch
an. Grund dafür kann sein, dass sie außerhalb der Gastfamilie ähnliche Situationen
erleben, aber auch, dass sich ihnen diese Erfahrung als besonders befremdlich darstellt. Die Wiederholungshäufigkeit bei Frank und Anna bestätigt sie in ihrer Einstellung, dass es sich um etwas Kulturelles handelt.

Trotz ähnlicher, ausschließlich negativer Empfindungen in Bezug auf den Mangel an
Informationen gehen die Gastkinder unterschiedlich damit um: Da die Gäste direkt
mit dieser negativen Erfahrung konfrontiert sind, sehen sie sich gezwungen, in irgendeiner Weise zu reagieren.

Frank tut dies bewusst durch Unterlassen von Handlungen, die eigentlich dazu bei-
tragen könnten, unangenehme Situationen zu vermeiden: Er vermutet z. B., dass die
Gastfamilie ein gemeinsames Abschiedsessen plant und weiß, dass er vor der langen
Reise nicht essen gehen möchte, bespricht dies jedoch nicht mit seinen Gasteltern.

Wär ja alles kein Problem, wenn se das vorher sagen würden, aber ich bin mir eben
sicher, dass se das dann am Abend sagen würden. [...] Aber, gut da eben keine
Kommunikation, oder zumindest nich in (.) so, so was wir an Kommunikation äh,
für Kommunikation halten, das es halt nich wirklich stattfindet so, (I: Hm) (.) wird
das wohl in so einem (.) Desaster enden, sag mer mal so. (I: Ja) (.) Aber gut, ich
mein mir is das auch völlig egal. (Frank II 138:145)

Anna hingegen erwirbt aktiv neue Handlungsweisen, um sich auf das Verhalten der
Gasteltern einzustellen. Dies geschieht aufgrund ihrer Erkenntnis, dass die Gasteltern
ihre Planungen bereits zeitig abschließen. Obgleich es ihr schwer fällt, entwickelt und
kommuniziert Anna ihre eigenen Pläne deshalb so früh und deutlich wie möglich, um
Überschneidungen mit den Vorhaben der Gastfamilie und plötzliche, negative Überraschungen zu vermeiden.

Trotz des starken Differenzerlebens und der Versuche damit umzugehen, begnügen sich die Gäste mit der Zuweisung zu einer typischen Verhaltensweise. Sie beschäftigen sich zwar mit dem Verhalten ihrer Gasteltern, es bleibt ihnen jedoch unverständlich, weshalb sie nicht hinreichend informiert werden. Frank versucht an einer Stelle, den Mangel an Informationen zu erforschen, indem er ihn mit der Frage nach Gruppenzugehörigkeit in Zusammenhang bringt. Seine Schlussfolgerung, dass er wohl nicht zur Gruppe gehöre und deswegen auch nicht informiert wird, markiert jedoch Anfang und Ende seiner Überlegungen.

Ein tieferes Verständnis der Hintergründe könnte aber dazu beitragen, die negative Empfindung dieser Erfahrung abzuschwächen und eine ablehnende Haltung zu reduzieren: Es ist wahrscheinlich nicht der Fall, dass die chinesischen Familien *nicht* kommunizieren, sondern dass sich ihre Art der Kommunikation nur nicht auf eine *direkte* Mitteilung von Sachverhalten, sondern eher auf eine Information über Kontext bezieht.

Somit ist in Franks Fall zudem fraglich, ob er die Erfahrung richtig deutet: Ist das Fehlen von Informationen wirklich darauf zurückzuführen, dass er nicht zur Gruppe gehört? Womöglich nimmt er eine Kommunikation nur nicht wahr, da er Zusatzinformationen benötigen würde – seine Gastfamilie Bekanntes jedoch voraussetzt.

Die Bedeutung von Familie

Der empfundene hohe Stellenwert von Familie im Leben von Chinesen wird explizit nur von zwei Gästen beschrieben. Frank und Thomas thematisieren das Familienleben wahrscheinlich deshalb nicht, weil die Familienmitglieder sehr selten gemeinsam zu Hause sind. Für Anna und Damaris stellt sich dieses Thema jedoch sehr unterschiedlich dar: Anna verbringt häufiger Zeit mit ihrer Gastfamilie und nimmt damit auch stärker am Familienleben teil. Sie empfindet die Bedeutung von Familie in China uneingeschränkt positiv; für sie kommt es ihren eigenen Vorstellungen nahe, dass die Familie in China an erster Stelle steht: Vorrangiger Aspekt chinesischen Familienlebens ist für sie der Zusammenhalt, aber auch das Gewähren von Freiraum. Besonders ein Unfall des Gastvaters zeigt ihr die Bedeutung von Familie in Bezug auf die gegenseitige Fürsorge. Insgesamt bewertet sie das Thema jedoch nur teilweise als kulturtypisch und nur deswegen als besonders auffallend, weil sie selbst ein intaktes Familienleben kaum kennt.

Damaris hingegen steht dem Thema kritisch gegenüber und äußert zum Teil auch ihre Ablehnung. Für sie zeigt sich die hohe Bedeutung von Familie v. a. im Umsorgen der Kinder und einer daraus resultierenden Unselbstständigkeit, die sie beobachtet. Bei dem für sie herausragend hohen Stellenwert, welcher der Familie in China eingeräumt wird, handelt es sich ihrer Meinung nach um eine typische Verhaltensweise.

> Also hier wird ja sehr viel Wert auf die Kinder gelegt, (I: Hm) also ich find der Sohn, das is so n verwöhntes Einzelkind, das geht überhaupt nich. (Lachen beide kurz) Also ich mein, ich bin selber Einzelkind, ja. Aber ich möcht nich sagen, bin ich so verwöhnt. Also die ähm, (.) ich find nich, dass sie ihre Kinder zur Selbstständigkeit erziehn. (I: Hm) Das is mir bei dem halt schon sehr früh aufgefalln. (I: Hm) Also dieses ganze − extrem viel Wert auf diesen Familienzusammenhalt legen. (Damaris I 159:164)

Damaris' Erfahrungen sind Ausgangspunkt für die Wahrnehmung weiterer Aspekte: V. a. zum Thema Unselbstständigkeit kann sie viele Situationen beschreiben und bringt diese weiterführend damit in Verbindung, dass in China wenig hinterfragt sowie kritisiert wird und werden kann.

Neben dem Aspekt der gegenseitigen Fürsorge stimmen Anna und Damaris außerdem darin überein, dass die Ehe in China besonders wichtig ist. Wie Damaris erfährt, liegen die Gründe dafür u. a. in den Problemen und fehlenden Sicherheiten für die Kinder unverheirateter Paare.

Eine traditionelle Denk- und Lebensweise wird weiterhin von beiden als Einfluss auf die heutige Bedeutung der Familie in China angesehen. Da in Annas Gastfamilie drei Generationen unter einem Dach leben, hält das Dazukommen der Großmutter besonders für sie interessante Aspekte des Familienlebens, wie z.B. die Bedeutung der Großeltern für die Erziehung der Kinder, bereit.

Sie sieht das Familienleben ihrer Gastfamilie gar als Vorbild für ihren späteren Lebensabschnitt an, dies weist auf eine wichtige Veränderung für sie hin. Im Allgemeinen werden die Erfahrungen im Zusammenhang mit dem Familienleben jedoch von ihr weniger hinterfragt als von Damaris − wahrscheinlich auch, da Anna die Bedeutung von Familie nicht zwingend als kulturell betrachtet:

> Als wenn man jetzt eben in ner Familie wohnt, wos eben feste Strukturn und Regeln meistens auch gibt, (I: Hm) also jetzt nich nur kulturell bedingt, sondern das is ja da auch, dann auch von Familie zu Familie eben verschieden. (I: Ja) Also, das merkt

man ja jetz, das wirst du sicherlich auch dann merken, so. (Lachen beide kurz) Dass halt jeder irgendwie auch von uns jetz in ner ganz andern Familie untergebracht is und das eben ja, intern einfach nochmal ganz anders abläuft. Auch wenn wir, auch wenns alles chinesische Familien und alles Qingdao Familien sind, lebt trotzdem jeder anders. (Anna I 84:90)

Schlussfolgerungen

Bei dem Thema *Ausgehen* handelt es sich um eine Erfahrung, die gerade im Rahmen von Gastfamilienaufenthalten bedeutsam werden kann, und die außerhalb des Familienlebens kaum als konflikthaft erlebt wird. Besonders wichtig ist den Gästen in Bezug auf dieses Thema der Erfahrungsaustausch mit anderen Gastkindern. Negative Erlebnisse sind in diesem Zusammenhang besonders erzählenswert. Insgesamt setzen sich die Gäste jedoch selten mit den kulturellen Hintergründen zu den Einschränkungen im Ausgehverhalten auseinander und gelangen nur zu einem oberflächlichen Verständnis der Handlungszusammenhänge.

Das Leben in einer Gastfamilie ermöglicht im Zusammenhang mit dem Thema *Essen* viele Einblicke, die sonst verwehrt bleiben könnten: Zwar ist die Erfahrung von Status, Geselligkeit und Lockerheit auch außerhalb des Zusammenlebens mit Gastfamilien gut möglich; Situationen, in denen Fürsorge ausgedrückt wird, kommen wahrscheinlich seltener vor und werden als weniger hartnäckig wahrgenommen, da eine Beständigkeit kaum gegeben ist. Zudem ist Essen ein wichtiger Bestandteil gemeinsamer Zeit zwischen Familie und Gast und damit Ausgangspunkt für das Wahrnehmen neuer Aspekte. Die Erfahrungen im Zusammenhang mit dem Thema stammen vorrangig aus Interaktionen mit der Gastfamilie und sind in irgendeiner Weise überraschend oder irritierend. Die Gäste eignen sich konkretes Wissen über die Vielseitigkeit des Themas Essen selbst an, ergründen kulturelle Hintergründe jedoch kaum.

Situationen, in denen ein *Mangel an Informationen* vorkommt, sind im chinesischen Alltag allgemein auffindbar. Das Zusammenleben mit einer Familie zeichnet sich aber in der Regel durch Abhängigkeiten und Verbindlichkeiten aus. Das Teilen vieler Alltagsaspekte lässt bei den deutschen Gästen den Wunsch nach Informiertheit aufkommen. Da dies nicht stattfindet, hinterlässt diese Erfahrung einen tiefen Eindruck und kann dazu führen, dass man sich in die Familie nicht integriert, sondern von wichtigen Vorgängen ausgeschlossen fühlt. Die Erfahrungen selbst werden von den Gästen als ausschließlich negativ empfunden und v. a. in Bezug auf die eigenen

Interaktionen mit den Gasteltern thematisiert. Die Gäste versuchen zwar, durch unterschiedliche Reaktionen das Verhalten der Gasteltern für sich selbst tragbar zu machen, zu einem Verständnis gelangen sie jedoch nicht.

In Bezug auf das Thema *Familie* ist neben der eigenen Teilnahme besonders die Beobachtung von Bedeutung: Da man sich als Gast in eine Familie mit festen Gewohnheiten und Strukturen begibt, können verschiedene Aspekte des Familienlebens durch Beobachtung erschlossen werden. Die Empfindungen der Erfahrungen sowie die ausgelösten Veränderungen sind bei diesem Thema sehr verschieden. Kenntniserweiterung sowie Verständnis der Gäste in Bezug auf politische und soziale Hintergründe für das Familienleben in China sind hier gegeben. Besonders Annas Ausführungen geben außerdem Hinweis auf familieninterne, aber auch übergreifende familiäre Werte, also eine Art Familienkultur, die sich nicht mit einer im Allgemeinen als Kultur angesehenen Nationalkultur deckt.

Fazit

Erfahrungen entstehen durch Interaktionen, Austausch und Beobachtungen. Die Ergebnisdarstellung hat gezeigt, dass eine höhere Anzahl negativer Erfahrungssituationen als positiver genannt wird. Es ließen sich Veränderungen bei den Gästen aufgrund der genannten Erfahrungen feststellen, meist waren diese jedoch nicht sehr tiefgreifend. Die Gäste eigneten sich zwar konkretes kulturspezifisches Wissen über die Zusammenhänge der Erfahrungen in den Gastfamilien an, sowohl bei positiven als auch negativen Erfahrungen wurden kulturelle Hintergründe der Erfahrungen jedoch selten komplett verstanden. Für umfassende Veränderungen waren sowohl der Gastfamilienaufenthalt als auch die Längsschnittstudie wahrscheinlich zu kurz angelegt. Zudem ist ein möglicher Einfluss einer Familienkultur in Betracht zu ziehen – angenommene oder tatsächliche ‚gemeinsame' familiäre Werte könnten Einfluss auf die Wahrnehmung kultureller Differenz und damit auf Veränderungen haben.

Von einer ‚positiven Wirkungshypothese' kann in diesen Gastfamilienaufenthalten aber nicht generell gesprochen werden. Zwar nannten alle Gäste positive Auswirkungen und bereuten den Gastfamilienaufenthalt nicht. Viele der Erfahrungen lösten jedoch auch negative Empfindungen aus; auch weitreichendere Veränderungen wären zum Teil wünschenswert gewesen. Inwiefern stattgefundene Veränderungen auch als langfristig zu bezeichnen sind, bleibt noch zu klären.

Gleichermaßen ist die Intensität eines solchen Kulturkontaktes nicht eindeutig zu klären: Die hohe Wahrscheinlichkeit *interkultureller* Erfahrungen während eines Familienaufenthaltes legt dies zwar nahe, meist fand aber keine tiefgehende Einbindung in das Familienleben statt und erschien auch nicht unbedingt gewünscht. Die Gäste hatten in der Regel wenig Kontakt mit der Gastfamilie. Wahrscheinlich ist, dass das Alter der Gäste und der Entschluss zu einem Gastfamilienaufenthalt, der den Gästen im Rahmen des Auslandsaufenthaltes nicht so bedeutsam erschien, dazu beitrugen. Obwohl die Interviewteilnehmer ihrem Gastfamilienaufenthalt selbst innerhalb ihres gesamten Chinaaufenthaltes bewusst nicht übermäßig viel Bedeutung beimaßen, hat sich ergeben, dass er im Bezug auf Veränderungen während des Chinaaufenthaltes doch durchaus Gewicht hatte und einprägsame Erfahrungen gemacht wurden.

Wie die fallübergreifende Analyse deutlich macht, hängt dies wahrscheinlich damit zusammen, dass die Erfahrungen – wie Ausgehen, Essen, Mangel an Informationen und Familienleben – innerhalb der chinesischen Familie starken Eindruck hinterließen; wiederholt gemacht und als ‚hartnäckig' empfunden wurden: Die Besonderheit von Gastfamilienaufenthalten liegt also nicht in einer Intensität des Zusammenlebens, sondern in einer Intensität, die sich aus *Kontinuität* ergibt und damit differente Erfahrungen auffallend macht und als Lernmotor wirkt.

Literatur

Bachner, David J./Zeutschel, Ulrich (2009): Students of Four Decades. Participants' Reflections on the Meaning and Impact of an International Homestay Experience. Münster, New York, München u. a.: Waxmann.

Böhm, Andreas (2007): Theoretisches Codieren: Textanalyse in der Grounded Theory. In: Uwe Flick/Ernst von Kardorff/Ines Steinke (Hg.): Qualitative Forschung. Ein Handbuch (S. 475-485). Reinbek bei Hamburg: Rowohlt.

Cartier, Michel (1995): Nuclear Versus Quasi-Stem Families: The New Chinese Family Model. Journal of Family History, 20 (3), 307-327.

Chen, Hanne (2003): Konfuzianismus erleben. Rappweiler: Reise Know-How.

Flick, Uwe (2007): Design und Prozess qualitativer Forschung. In: Uwe Flick/Ernst von Kardorff/Ines Steinke (Hg.): Qualitative Forschung. Ein Handbuch (S. 252-265). Reinbek bei Hamburg: Rowohlt.

Fuß, Theo/Busse Gerd/Langenhoff, Georg (2004): Gelernt, an sich zu glauben. In: Ulrich Zeutschel (Hg.): Jugendaustausch – und dann…? Erkenntnisse und Folgerungen aus Wirkungsstudien und Nachbetreuungsangeboten im internationalen Jugendaustausch (S. 63–74). Bergisch-Gladbach: Thomas-Morus-Akad. Bensberg.

Gry Troll, Susanne (2008): Alles über Arbeitsaufenthalt, Au-Pair, Sprachreisen, Praktikum, Studienaufenthalt, Homestay, Erlebnisreisen im Ausland. Ehingen: Troll.

Lauterbach, Gwendolin (2009): Deutsche in China: Erfahrungen in Gastfamilien. Eine Fragebogenstudie. Zwickau: Unveröffentlichte Projektarbeit.

Lauterbach, Gwendolin (2010): Zu Gast in China – Interkulturelles Lernen bei Aufenthalt von Deutschen in chinesischen Gastfamilien. Stuttgart: ibidem. (In Vorbereitung)

Lew, William (1998): Understanding the Chinese Personality. New York: The Edwin Mellen Press.

Lucius-Hoene, Gabriele/Deppermann, Arnulf (2004): Rekonstruktion narrativer Identität. Ein Arbeitsbuch zur Analyse narrativer Interviews. Wiesbaden: VS Verlag für Sozialwissenschaften.

Mayring, Philipp (2000): Qualitative Inhaltsanalyse. Grundlagen und Techniken. Weinheim, Basel: Beltz.

Nothnagel, Steffi (2005): Spuren eines Auslandsaufenthaltes im Leben und in Lebensentwürfen junger Erwachsener. Eine qualitative Untersuchung von Erzählungen über Au-Pair Auslandsaufenthalte. Chemnitz: Unveröffentlichte Magisterarbeit.

Schmidt, Christiane (2007): Analyse von Leitfadeninterviews. In: Uwe Flick/Ernst von Kardorff/Ines Steinke (Hg.): Qualitative Forschung. Ein Handbuch (S. 447-456). Reinbek bei Hamburg: Rowohlt.

Terbeck, Thomas (2009): Handbuch Fernweh. Der Ratgeber zum Schüleraustausch. Selm-Cappenberg: Weltweiser.

Thomas, Alexander (2004): Interkulturelles Lernen im Lebenslauf. In: Ulrich Zeutschel (Hg.): Jugendaustausch – und dann…? Erkenntnisse und Folgerungen aus Wirkungsstudien und Nachbetreuungsangeboten im internationalen Jugendaustausch (S. 31-46). Bergisch-Gladbach: Thomas-Morus-Akad. Bensberg.

Weidemann, Doris (2004): Interkulturelles Lernen. Erfahrungen mit dem chinesischen ‚Gesicht': Deutsche in Taiwan. Bielefeld: transcript.

Wetzel, Birgit (2004): Austauscherfahrung – und was kommt dann? In: Ulrich Zeutschel (Hg.): Jugendaustausch – und dann...? Erkenntnisse und Folgerungen aus Wirkungsstudien und Nachbetreuungsangeboten im internationalen Jugendaustausch (S. 91-96). Bergisch-Gladbach: Thomas-Morus-Akad. Bensberg.

Yi, Chin-Chun/Hsiung, Ray-May (1997): Der Einfluss von sozialen Netzwerken auf die Partnerwahl und bildungshomogame Eheschließungen in Taiwan: Eine Analyse von Heiratsvermittlern. In: Bernhard Nauck/Ute Schönpflug (Hg.): Familien in verschiedenen Kulturen (S. 25-43). Stuttgart: Enke.

Zeutschel, Ulrich (Hg.) (2004): Jugendaustausch – und dann...? Erkenntnisse und Folgerungen aus Wirkungsstudien und Nachbetreuungsangeboten im internationalen Jugendaustausch. Bergisch-Gladbach: Thomas-Morus-Akad. Bensberg.

75 Meter schwimmen: Kritische Fallgeschichten in der interkulturellen Lehre

Doris Fetscher

> Der Frosch im Brunnen weiß
> nichts vom großen Ozean.
> (Sprichwort aus Japan)

Zusammenfassung

In der interkulturellen Lehre wird häufig mit kritischen Fallgeschichten gearbeitet. Eine wichtige Lehr- und Lernmethode besteht in der Formulierung von plausiblen Hypothesen darüber, wie es zu einer kritischen Situation kommen konnte. Im Fokus steht hier nicht der Erwerb von Faktenwissen wie zum Beispiel Kulturstandards, sondern die Entwicklung eines multiperspektivischen, analytischen Blicks auf die interkulturelle Situation in ihrer Komplexität und Dynamik. Die Studierenden erhalten hierfür ein spezifisches Instrumentarium. Der folgende Beitrag ist eine Lehrforschung, in der an Hand von 98 Klausuren und 294 gebildeten Hypothesen untersucht wird, wie die Studierenden dieses Instrumentarium anwenden. Aus dem Ergebnis können Rückschlüsse auf eine Optimierung der Didaktik interkultureller Lehre gezogen werden.

Fallgeschichte und Daten

Im Mittelpunkt dieses Beitrags steht eine japanisch-deutsche interkulturelle Fallgeschichte mit dem Titel „75m schwimmen", die im SS 2007 im Rahmen eines Interkulturellen Trainings für Studierende des Studiengangs Software-Engineering an der Universität Augsburg erhoben wurde. Die Fallgeschichte wird hier exakt so wiedergegeben wie sie ein männlicher, deutscher Seminarteilnehmer aufgeschrieben hatte. In der Interkulturellen Forschung und Lehre werden gewöhnlich die Termini „Critical Incident" und die deutsche Übersetzung „Kritische Interaktionssituation" verwendet. Mit meiner Entscheidung für „kritische Fallgeschichte" oder „kritische interkulturelle Fallgeschichte" möchte ich die wichtige Tatsache betonen, dass es sich um eine Erzählung einer kritischen Interaktionssituation in ihrer Rohfassung handelt und eine Didaktisierung noch nicht stattgefunden hat.

75 Meter schwimmen

Bei einem internationalen Jugendaustausch, an dem auch Japanische Jugendliche be-
teiligt waren, ist folgendes passiert: Wir waren mit einer 16-jährigen Japanerin am
See beim Schwimmen. Auf dem Infoblatt der Internationalen Organisation hatte die
Japanerin bei der Frage, ob sie Schwimmerin sei die Angabe 75m gemacht. Alle Japaner hatten hier eine Angabe in Metern gemacht.

Wir schwammen also gemeinsam los und die Japanerin kam mit. Aber ungefähr
nach 75 Metern konnte sie nicht weiter und drohte zu ertrinken. Wir mussten sie
reihum in einer sehr anstrengenden und nicht ungefährlichen Aktion ans Ufer retten.

Ich habe nie verstanden, warum sie nicht gesagt hat, dass sie nicht schwimmen kann
und warum sie dann so weit auf den See mit hinausgeschwommen ist. Sie hat sich
und uns dadurch ernsthaft in Gefahr gebracht.

An der Westsächsischen Hochschule Zwickau wurde diese Fallgeschichte ein Jahr
später von vier Gruppen von Studierenden im Studiengang Languages and Business
Administration sowie im Diplomstudiengang Wirtschaftsfrankoromanistik im Sommersemester 2008 in einer Klausur im Fach Interkulturelles Training bearbeitet. Bei
der Korrektur der 98 Klausuren fiel mir auf, dass die Studierenden das Spektrum der
unterrichteten analytischen Zugriffsmöglichkeiten auf eine solche Fallgeschichte nur
sehr begrenzt anwenden konnten. Ich nahm diese Beobachtung zum Anlass, um genauer zu untersuchen, welches die in erster Linie angewandten Verfahren waren und
erhoffte mir so einen Rückschluss darauf, welche Verfahren in der Lehre noch stärker
als bisher reflektiert und geübt werden müssten. Auch hoffte ich, Antworten darauf
finden zu können, weshalb bestimmte analytische Verfahren kaum angewendet werden konnten. Der Beitrag kann methodisch im Bereich der Lehrforschung verortet
werden, eine auf dem Gebiet der interkulturellen Lehre bisher noch wenig etablierte
Disziplin.[1] Die Möglichkeit der Evaluation Interkultureller Trainingsmaßnahmen
wird dagegen breiter diskutiert. Einen fundierten Überblick gibt Ehnert (2007, 439-
450) im Handbuch Interkulturelle Kompetenz. Lehrforschung, wie sie hier verstanden
werden soll, setzt sich mit der Wechselwirkung von Lehren und Lernen auseinander
als einem Prozess, in dem Lernende und Lehrende in wechselseitiger Abhängigkeit
interagieren. Vorrangiges Ziel der Lehrforschung ist es, Bedingungen und Verlaufs-

---

[1] In sehr etablierten Bereichen interkulturellen Lehrens kann man vereinzelt und ansatzweise auf
Lehrforschungen stoßen, wie zum Beispiel bei Bauer (2002) oder Schlehe (2006).

gesetzmäßigkeiten von Lehr- Lernprozessen zu erforschen, um zu einer Optimierung des Lehr- und Lernprozesses beitragen zu können.

Kritische Fallgeschichten in der interkulturellen Lehre

Interkulturelle Fallgeschichten werden in der interkulturellen Lehre in unterschiedlichster Weise verwendet. Ein kritischer Überblick über die Geschichte der Implementierung von Critical Incidents in die Interkulturelle Lehre findet sich zum Beispiel in Layes (2007, 384-390). Im vorliegenden Band gibt auch Vasco da Silva eine kurze Zusammenfassung. Ein entscheidender Schritt in der Implementierung war die Übertragung der Methode in den deutschen Forschungskontext durch Alexander Thomas. Während im Culture Assimilator von Fiedler, Mitchell und Triandis noch die Masse der zu bearbeitenden Incidents ausschlaggebend für die Ausbildung einer fremdkulturellen Perspektive beim Lerner sein sollte, war und ist im Ansatz von Thomas die Herausarbeitung von und Sensibilisierung für Kulturstandards zentral. Um sicher stellen zu können, dass sich in den Geschichten auch tatsächlich standardisierte Verhaltensweisen abbilden, sollen Experten der beteiligten Kulturen zu dem Ereignis befragt werden und letztere auch bestätigen. Solche Fallgeschichten sind damit für den Einsatz in interkulturellen Trainings besonders geeignet. Sie vermitteln dann sowohl Faktenwissen über die jeweiligen standardisierten Verhaltensweisen sowie über die interkulturelle Dynamik in der kritischen Situation. Dabei ist im Idealfall sogar die Dynamik mit einem hohen Wahrscheinlichkeitsgrad vorhersagbar. In dem Trainingsprogramm „Beruflich in Südkorea" (2004, 18) beschreiben Brüch und Thomas das Vorgehen folgendermaßen:

> Für die Publikation dieses Trainings wurden Situationen ausgewählt, die für die konflikthafte Interaktion zwischen koreanischen und deutschen Arbeitskräften beispielhaft sind. Die Episoden beschreiben also immer Begegnungssituationen, in denen sich die Koreaner anders verhalten, als Deutsche das erwarten, woraus sich Schwierigkeiten und Konflikte ergeben. Nach jeder dieser kurzen Geschichten bekommen Sie verschiedene, plausibel erscheinende Interpretationen für das Verhalten der Koreaner angeboten. Bei jeder Antwortalternative stufen Sie zunächst auf der Skala „trifft überhaupt nicht zu" und „trifft voll zu" ein, für wie plausibel Sie sie halten. Anschließend bearbeiten Sie die Erklärungen zu den Antwortalternativen. Sie enthalten neben der Information, wie zutreffend die jeweilige Antwort ist, zusätzlich relevante Informationen über das Leben und den Arbeitsalltag in Korea.

In der interkulturellen Lehre und im interkulturellen Training werden vor allem solche Critical Incidents eingesetzt. Es handelt sich dann um didaktisch nachbereitete
Erzählungen. Die Geschichte wird meist in der dritten Person statt in der ersten aufgeschrieben und der Konflikt wird auf die standardisierten Verhaltensweisen hin, für
die sensibilisiert werden soll, zugespitzt. Der Culture Assimilator wird heute mit
Recht in vielfältiger Weise sowohl theoretisch als auch methodisch kritisiert (Layes
2007, 385ff). Der Hauptkritikpunkt besteht im Vorwurf, das Trainingsverfahren setze
auf die Methode der programmierten Unterweisung und basiere insofern auf einer
behavioristischen Auffassung des Lernprozesses, auf deren Basis die Bewältigung
der Vielschichtigkeit und Dynamik interkultureller Situationen auf keinen Fall trainiert werden könne.[2] In der bereits zitierten Evaluationsforschung interkultureller
Trainings ist die Evaluierung des Culture Assimilator entsprechend ein zentrales
Thema (siehe hierzu Layes 2007, 445)

Sowohl in Trainings als auch in der Hochschullehre wird der Culture Assimilator
immer noch zentral eingesetzt. Aber kritische Fallgeschichten werden auch in anderer
Weise verwendet. In Trainings bittet man die Teilnehmer zum Beispiel sich gegenseitig in der Gruppe kritische Situationen zu erzählen oder sie aufzuschreiben. Die Teilnehmer diskutieren dann ihre Erlebnisse und erarbeiten mit Hilfe des Trainers Hypothesen darüber, wie es zu der kritischen Situation kommen konnte. Der Fokus liegt
hier nicht auf der Erarbeitung eines richtigen Backgrounds, der manchmal gar nicht
zur Verfügung stehen kann, weil keiner der Teilnehmer über ausreichend kulturspezifisches Wissen verfügt, sondern auf der analytischen Annäherung an die kritische Situation. Dabei besteht die Kompetenz, die trainiert wird und später auch pankulturell
eingesetzt werden kann, in einem möglichst multiperspektivischen und systematischen Vorgehen bei der Hypothesenbildung. Dieses Vorgehen wurde auch in dem

---

[2] Fetscher/Hinnenkamp formulieren bereits 1994 Lernziele für ein interkulturelles Training, in
    dem der situative Aspekt kritischer Situationen besonders berücksichtigt werden soll. Zentral
    sind hier: 1. Das eigene Verhalten und die eigenen Interpretationen mit dem Verhalten und den
    Interpretationen des Partners in Beziehung zu setzen. 2. Methoden und Techniken erkennen ler-
    nen und analysieren lernen, die man selbst und der Partner in der Kommunikation anwendet. 3.
    Emotionale Zustände wie Stress, Angst oder Unsicherheit als situationsimmanent zu erkennen
    und zu akzeptieren. 4. Lernen, dass kulturelle und soziale Faktoren aufs engste miteinander ver-
    knüpft sind und erkennen, dass solche Faktoren (Statusunterschied, unterschiedlich verteilte
    Rechte und Pflichten, Macht u.a.) für die wahrgenommene Interkulturalität ebenfalls verantwort-
    lich sein können (S.72f).

von mir durchgeführten Unterricht trainiert und sollte in der Klausur umgesetzt werden.

Eine weitere Möglichkeit sich mit Fallgeschichten in der Hochschullehre auseinander zu setzen stellt Vasco da Silva in seinem bereits zitierten Beitrag und ausführlicher in seiner Untersuchung zur Evaluation studentischer Selbstanalysen (da Silva 2010) vor. Hier sollten die Studierenden kritische Situationen, die sie während des Auslandsaufenthalts selbst erlebt hatten, aufschreiben und analysieren und dabei das in der interkulturellen Lehre vermittelte analytische Wissen und Faktenwissen anwenden.

Studierende im Fach Interkulturelle Kommunikation sollen im Laufe ihres Studiums die beschriebenen Verfahren theoretisch kennen und kritisch hinterfragen lernen. Sie sollen darüber hinaus in der Praxis eigene Analysekompetenzen erwerben und schließlich in der Lage sein, im Rahmen interkultureller Trainingsbausteine verschiedene didaktische Umsetzungen zu konzipieren. In der von mir untersuchten Aufgabenstellung stand die Entwicklung eigener Analysekompetenz als vorrangiges Lernziel im Mittelpunkt.

Aufgabenstellung und Erwartungshorizont

Im Unterricht war am Beispiel mehrerer Fallgeschichten die Bildung von schlüssigen Hypothesen über die möglichen Ursachen, die zu der kritischen Situation geführt haben könnten, geübt worden. Diese Hypothesenbildung kann auch bei geringem kulturellen Hintergrundwissen über die beteiligen Kulturen zu guten Ergebnissen führen. Dabei hat sich die Berücksichtigung folgender Variablen aus der Perspektive aller Beteiligter für die Hypothesenbildung als sehr produktiv erwiesen:

- *Soziologische Variablen*: Alter, Geschlecht, Status, Gruppenzugehörigkeit, Religionszugehörigkeit.

- *Kommunikative Variablen*: Sprachkenntnisse, nonverbale Kommunikation, paraverbale Kommunikation, Proxemik, Beziehung der Beteiligten zueinander, Facework, Interaktionsgeschichte, Qualität und Quantität von Informationen.

- *Situative Variablen*: Situative Dynamik, Kontext.

- *Institutionelle Variablen*: Beteiligte Institutionen, institutionalisierte Rituale.

- *Individuelle Variablen*: Körperliche und psychische Verfasstheit.

Die Berücksichtigung dieser Variablen führt zu einem multiperspektivischen Blick auf die Geschichte und ermöglicht eventuell das Aufbrechen von kategoriellen Fixierungen, eine grundlegende Voraussetzung für interkulturelles Lernen. Die Sammlung erhebt keinen Anspruch auf Vollständigkeit. Interkulturelles Lernen impliziert eine Offenheit für die Bereitstellung immer neuer Variablen.

Für die Klausur war der Erwartungshorizont außerdem um Faktenwissen zum Thema „Gesicht wahren" und Formen der „Indirektheit", hier spezifisch „Ja–Nein–Sagen" erweitert worden. Dies war an Hand einer chinesisch-deutschen kritischen Situation ausführlich besprochen worden. Außerdem sollte die Perspektive aller beteiligten Personen berücksichtigt werden. Die oben genannten Variablen waren alle vorgestellt worden, konnten aber in den besprochenen Fällen nicht alle zur Anwendung kommen. Die situative Dynamik sollte besonders berücksichtigt werden, wobei es vor allem darum ging, unterschiedliche Verhaltens- und Deutungsmuster in Relation zueinander zu setzen. Weiterhin sollten die Hypothesen in sich logisch und schlüssig formuliert sein. Die Aufgabenstellung in der Klausur lautete:

> „Lesen Sie aufmerksam die folgende Fallgeschichte. Bilden Sie drei plausible Hypothesen, warum es zu dieser gefährlichen Situation kommen konnte."

Ergebnisse

Insgesamt wurden von den 98 Studierenden ca. 294 Hypothesen gebildet. Nachdem viele Studierende Teilaspekte einer Hypothese in einer anderen Hypothese wiederholten oder auch zwei Hypothesen in eine Antwort packten, ist eine exakte Angabe der Zählung bei den am häufigsten genannten Hypothesen nicht möglich. Bei den Hypothesen, die nur sehr selten genannt wurden, ist eine exakte Zählung dagegen einfacher. Die Untersuchung verliert meines Erachtens durch dieses Problem nicht an Aussagekraft. Natürlich kommen auch unsinnig und unlogisch formulierte Hypothesen vor, die gar nicht berücksichtigt werden können. Im Folgenden werde ich versuchen die Hypothesenbildungen zu kategorisieren und an exemplarischen Beispielen vorzustellen.

Gesicht wahren

Die meisten Hypothesen wurden explizit oder implizit innerhalb des Themenkomplexes „Gesicht wahren" gebildet. In ca. 80 Prozent aller Klausuren wurde argumentiert, dass die Japanerin nicht zugeben wollte, dass sie Nichtschwimmerin ist, weil sie ihr Gesicht nicht verlieren wollte.

Die Japanerin wollte ihr Gesicht nicht verlieren. Japaner sind in der Regel sehr strebsam und arbeiten/lernen viel. Sie wollte hinter den anderen Jugendlichen nicht zurück stehen und sich bloßstellen und hat deshalb diese Angabe gemacht. (H1/62)[3]

Der Japanerin war es unangenehm zuzugeben, dass sie nicht schwimmen kann und hat, wie ihre japanischen Freunde auch, einfach eine Meteranzahl hingeschrieben, um sich nicht bloß stellen zu müssen. Denn eigentlich kann sie nicht richtig schwimmen und wäre deshalb auch fast ertrunken. (H1/94)

Hypothesen dieser Art setzen voraus, dass die Japanerin nicht zugeben wollte, dass sie nicht „richtig" schwimmen kann. Damit wird weiter voraus gesetzt, dass jemand der 75m schwimmen kann, ein Nichtschwimmer ist.

Nein-Sagen

Am zweithäufigsten sind Hypothesen zum Problem des Nein-Sagens und des Gruppendrucks, dem die Jugendliche ausgesetzt ist. Wie bereits erwähnt, ist bei den häufig genannten Hypothesen eine Zählung sehr schwierig, weil viele Argumente miteinander vermischt werden.

Die Japanerin möchte es aus Höflichkeit unbedingt vermeiden „nein" zu sagen und schwimmt deshalb mit, obwohl sie weiß, dass sie nicht gut schwimmen kann. (H2/53)

In Japan gibt man nicht offen (also explizit) zu, dass man etwas nicht kann, sondern man versucht es zu umschreiben. (H1/89)

Gruppendruck

Die Japanerin wollte mit den Deutschen mithalten und nicht zugeben, dass sie nicht lange (weit) schwimmen kann. (H2/89)

---

[3] Die Angabe in Klammer bedeutet: 2. Hypothese aus der Klausur Nr.52. Alle folgenden Beispiele werden ebenso gekennzeichnet.

Auf Grund des starken Wir-Gefühls in Japan wollte die Japanerin nicht aus dem Rahmen fallen und nach 36,5m (die Hälfte der Strecke, die sie ja insgesamt schafft) umkehren. Dadurch sagte sie weiter nichts und nahm dadurch das Risiko in Kauf. (H2/93)

Auch in diesen Hypothesen wird versucht, das Verhalten der Japanerin mit Hilfe eines im Unterricht besprochenen standardisierten Verhaltens zu erklären. Ein direktes „Nein", eine direkte Ablehnung könnte als unhöflich gelten. Diese Argumentation setzt ebenfalls die Auffassung voraus, dass die Japanerin eigentlich eine Nichtschwimmerin bzw. eine sehr schlechte Schwimmerin ist.

Das Kategorienproblem Meterangabe

Von ca. 70 % der Studierenden wird völlig richtig auf das Kategorienproblem verwiesen, dass in Japan andere Angaben gemacht werden, um zu bezeichnen, ob jemand Schwimmer ist oder nicht. Die meisten dieser Hypothesen führen jedoch nicht weiter aus, weshalb dies von der deutschen Organisation und den Studierenden nicht wahr- und entsprechend nicht ernst genommen wird.

In Japan macht man andere Angaben um zu bezeichnen ob jemand Schwimmer ist oder nicht. Man gibt genau an, wie weit man schwimmen kann. (H2/65)

Japaner geben auf die Frage, ob sie schwimmen können oder nicht, grundsätzlich eine Angabe in Metern, da dies ausreichend Information übermittelt. Außerdem gibt es die Konvention: 75 m = Nichtschwimmer. (H2/89)

Im Fall der letzten Hypothese wird explizit formuliert, dass 75m mit „Nichtschwimmer" gleichzusetzen ist. Ein weiteres Beispiel erfasst das Problem auch metasprachlich deutlicher:

Die Studenten kategorisieren nur in Schwimmer oder Nicht-Schwimmer. Die Japanerin kategorisiert jedoch die Schwimmfähigkeit in Metern (basierend auf Kraft und Ausdauer beim Schwimmen). Diese unterschiedlichen Kategorisierungen führen zu Fehleinschätzungen. (H3/8)

Gemischte eindimensionale Hypothesenbildungen

Alle bereits zitierten Hypothesenbildungen kann man als eindimensional bezeichnen. Sie setzen noch nicht das Verhalten der beteiligen Personen und Institutionen in Relation zueinander. Darunter fallen zum Beispiel auch viele der Hypothesen darüber, dass das Infoblatt nicht richtig verstanden wurde, wobei hier nicht berücksichtig wird, dass alle Japaner eine Angabe in Metern gemacht haben, ein Umstand der deutlich gegen diese Hypothese spricht.

> Die Japanerin hat die Frage falsch verstanden und sich nicht getraut nachzufragen. (H1/15)

Weitere eindimensionale Hypothesen führen in der Fallgeschichte nicht erwähnte Gründe dafür an, weshalb die Japanerin nicht weiter schwimmen kann. Auch sie gehen davon aus, dass die Angabe 75 m nicht ernst zu nehmen ist:

> [...] weil Japaner nie in offenen Gewässern schwimmen und sie deshalb in Panik gerät. (H2/75)

> Die Japanerin konnte sehr wohl schwimmen, hatte aber zufällig nach 75 m einen Krampf im Bein, von dem der Erzähler nichts weiß. Daher dachte er im Nachhinein, sie könne nicht schwimmen. (H3/93)

> [...] oder sie verträgt das schwere deutsche Essen nicht und hat deshalb Probleme. (H3/77)

Die situative Dynamik und das In-Relation-Setzen von Wissen und Handlungen

Nur in ca. 80 von ca. 294 Hypothesen, also in weniger als 30% der gebildeten Hypothesen, wird die situative Dynamik berücksichtigt und werden die unterschiedlichen Verhaltens- und Deutungsmuster in Relation zueinander gesetzt. Im folgenden Beispiel wird dargestellt, dass die Japanerin ihr Handeln auf die Annahme stützt, ein gemeinsames Wissen über ihre Angaben zur Schwimmfähigkeit sei vorhanden.

> Die Japanerin ist aus Vertrauen zur Richtigkeit ihrer Angaben und dem damit verbundenen Vertrauen zu ihren Mitschwimmern noch weiter auf den See geschwommen, da sie dachte… ‚Die anderen werden schon wissen was sie tun. Ich habe korrekte Angaben gemacht'. (H3/36)

In den nächsten Beispielen werden stereotype Annahmen über Japaner in Relation zum Verhalten der Japanerin gesetzt. Das zweite Beispiel ist besonders komplex, weil es Annahmen über Stereotype der Japaner über Deutsche berücksichtigt.

> Japaner sind bekannt für ihr ‚understatement'. Das wussten die anderen Jugendlichen. So gingen sie davon aus, die Japanerin könne gut genug für die geplante Strecke schwimmen. (H3/17)

Japaner haben gelernt, dass die Deutschen sehr genau sind und sehr viel mit Zahlen beschreiben. So haben sie die Strecke angegeben, die sie glauben schwimmen zu können. (H2/44)

Fokussierung der Perspektive der Deutschen

Alle bereits zitierten Hypothesen fokussieren das abweichende Verhalten der Japanerin. Explizit aus der Perspektive der Deutschen werden insgesamt nur 10 Hypothesen gebildet. In manchen Fällen wird allerdings mit der Perspektive der Japanerin begonnen und dann auf die Perspektive der Deutschen eingegangen. Der Ausgangspunkt bleibt aber der Blick auf die Japanerin. Diese Fälle wurden deshalb bei der Zählung nicht berücksichtigt.

> Für Deutsche ist es unverständlich, dass man nur 75m schwimmen kann und nicht weiter. Es gehört nicht mit in ihr Kategorienwissen rein. Sie sind davon ausgegangen, dass 75m ein klares ‚Ja' bedeutet. (H3/22)

> Die Studenten hatten die Angaben der Japanerin und der anderen Japaner als Scherz aufgefasst und gingen davon aus, dass alle Japaner schwimmen können und haben sich sonst über die Angaben keine Gedanken gemacht. (H2/43)

In dem bereits zitierten Beispiel, welches das Kategorienproblem auch metasprachlich erfasst, werden beide Perspektiven gleichberechtigt berücksichtigt.

> Die Studenten kategorisieren nur in Schwimmer oder Nicht-Schwimmer. Die Japanerin kategorisiert jedoch die Schwimmfähigkeit in Metern (basierend auf Kraft und Ausdauer beim Schwimmen). Diese unterschiedlichen Kategorisierungen führen zu Fehleinschätzungen. (H3/8)

Berücksichtigung der Variablen „nonverbaler und paraverbaler Kommunikation"

Nur eine einzige Hypothese berücksichtigt die nonverbale und paraverbale Kommunikation.

> Japaner sagen nie verbal „Nein". Sie hat wahrscheinlich mehrmals versucht nonverbal oder paraverbal auszudrücken, dass sie nicht schwimmen kann. (High-Context-Kultur) Die Deutschen haben das aber wahrscheinlich nicht bemerkt. (Low-Kontext-Kultur). (H3/7)

Berücksichtigung der Variable „Institution"

Nur in 4 Hypothesen wird die Variable „Institution" berücksichtigt und die Rolle der internationalen Organisation hinterfragt. Der Status des Infoblattes, durch das sich die internationale Organisation hier in erster Linie manifestiert, wurde von niemandem hinterfragt. Lediglich auf mögliche, bereits genannte Sprachprobleme war eingegangen worden.

> Die internationale Organisation verletzt hier ihre Aufsichtspflicht und auch ihre Sorgfaltspflicht, weil sie nicht in das Geschehen eingreift bzw. nicht anwesend ist und auch, weil sie den anderen Jugendlichen keine klaren Instruktionen gegeben hat. (H2/79)

Berücksichtigung soziologischer Variablen

Auch wichtige soziologische Variablen, die hier eine Rolle spielen könnten, wurden nur selten genannt. Dazu gehört zum Beispiel die Frage nach den sozialen Rollen, wie der des Gruppenleiters, dem Alter oder dem Geschlecht. Der Faktor Alter wurde zum Beispiel nur dreimal in Zusammenhang mit der Frage nach der Verantwortung berücksichtigt.

> Vielleicht ist sie aber auch auf Grund ihrer Minderjährigkeit oder weil die anderen Deutschen für sie eine Autorität waren mitgeschwommen und hat sich blind auf sie verlassen. (H3/22)

> Sie ging davon aus, dass die anderen auf sie achten und sie darauf hinweisen, wenn sie ihr angegebenes Limit fast erreicht hat, weil in Japan von Älteren mehr Verantwortung übernommen wird. (H2/34)

Im Ergebnis zeigt sich eindeutig, dass das im Unterricht vermittelte kulturspezifische Faktenwissen am häufigsten in eindimensionalen Hypothesenbildungen eingebracht werden konnte. Gut erkannt wurde das Kategorienproblem bezüglich der Meterangabe. Kaum zurück gegriffen wurde auf das Spektrum der verschiedenen Variablen. In 30% der Hypothesen fand ein In-Relation-Setzen statt. Diese Hypothesen sollen im Folgenden reziproke Hypothesen genannt werden. Kaum realisiert wurden Hypothesenbildungen, die die Perspektive der Deutschen fokussierten. Auffällig war außerdem, dass die Kategorie Schwimmer – Nichtschwimmer kaum hinterfragt wurde. Der Großteil der Hypothesenbildungen setzte selbstverständlich voraus, dass die Angabe 75m mit Nichtschwimmer gleichzusetzen ist.

Schwimmerin oder Nichtschwimmerin? – Hinterfragen der eigenen Kategorien

Von keinem der Studierenden wurde hinterfragt wie sinnig oder unsinnig die Frage nach „Schwimmer" oder „Nichtschwimmer" eigentlich ist. Diese Frage, die man in Deutschland auf vielen Fragebögen finden kann, scheint aus deutscher Sicht völlig berechtigt und eindeutig. Die Vermutung liegt nahe, dass dahinter ein stark konventionalisierter, gemeinsamer impliziter Wissensbestand steht, denn nähere Erläuterungen waren anscheinend nicht nötig und wurden auch von keinem der Studierenden eingefordert. Aus den folgenden Hypothesen geht dies eindeutig hervor:

> Missverständnis, weil die anderen die Angaben in Metern nicht deuten konnten und dachten, sie könnte 100% schwimmen. In Deutschland ist es ja nun einmal so: Entweder man kann schwimmen oder nicht. Etwas dazwischen gibt es nicht! In Japan wahrscheinlich doch. (H2/65)

> In Japan gibt es wohl keine allgemeinen Fortschrittsstufen wie in Deutschland, an denen zu sehen ist wie fortgeschritten man im Schwimmen ist. Die Rede ist von Ausweisen wie „Seepferdchen", „Delphin", „Silber und Gold-Ausweis". (H1/79)

> Für die Deutschen ist Schwimmer gleich Schwimmer – es gibt also keine Festlegung, welche Strecke man schwimmen kann. Darum war die Angabe 75m unrelevant, weil man sich darunter nichts vorstellen kann. (H1/81)

An Hand des zweiten Beispiels ist besonders schön zu erkennen, dass eine mögliche differenziertere Wahrnehmung auf Basis der in Deutschland existierenden Fortschrittstufen von der Kategorisierung Schwimmer bzw. Nichtschwimmer so überlagert wird, dass es sogar zu einer widersprüchlichen Aussage kommt, zumal auch die deutschen Schwimmabzeichen an bestimmte Streckenvorgaben gebunden sind. Sehr schön formuliert das dritte Beispiel, dass die fremde, eigentlich viel präzisere Kategorisierung, deshalb gar nicht wahrgenommen werden kann. „Darum war die Angabe 75m unrelevant, weil man sich darunter nichts vorstellen kann."

Exkurs – Schwimmabzeichen in Deutschland.

Für die Bezeichnungen „Schwimmer" und „Nichtschwimmer" gibt es auf dem Formular keine klare Definition. Ein Blick auf die deutschen Schwimmabzeichen kann hier möglicherweise Aufschluss geben. Beim sogenannten „Seepferdchen" handelt es sich um ein Frühschwimmerabzeichen, das noch nicht als Schwimmabzeichen gilt, sondern als eine auf das Schwimmen vorbereitende Prüfung, z.b. Sprung vom Beckenrand, mindestens 25 Meter Schwimmen sowie einen Gegenstand mit den Händen aus schultertiefem Wasser herausholen. Das deutsche Jugendschwimmabzeichen in Bronze dagegen verlangt einen Sprung vom Beckenrand und mindestens 200 Meter Schwimmen in höchstens 15 Minuten sowie das Herausholen eines Gegenstandes aus 2 m Tiefe. Ein Blick auf die Seite des Deutschen Schwimm-Verbandes (http: //www. dsv.de/, Stand 20.12.09) zeigt eine große Palette genau differenzierter Schwimmabzeichen auf verschiedenen Niveau-Stufen für Jugendliche und Erwachsene, dabei fällt auf, dass das erste bereits zitierte Schwimmabzeichen in Bronze eine Strecke von 200 m voraussetzt. Könnte es also sein, dass ein deutscher Schwimmer 200 m schwimmen können muss, während ein japanischer Schwimmer sich schon mit 75 m zu den Schwimmern zählt? Scheitern deshalb die deutschen Studierenden daran, die Angabe 75 m überhaupt ernst nehmen zu können? Oder bedeutet „Schwimmer sein" in Deutschland noch etwas anderes, was sich auch über die bloße Meterangabe noch nicht erschließt. Mit großer Wahrscheinlichkeit diente das Infoblatt der internationalen Organisation auch dazu die Haftungsfrage für den Fall eines Unglücks abzuklären. Zumindest ist dieses Verfahren bei Jugendreisen üblich, wobei im Normalfall die Erziehungsberechtigten solche Selbstauskünfte unterzeichnen. Das Haftungsproblem wird nur in einer einzigen Hypothese erkannt.

Haftung

> […] sie dachte vielleicht, dass sie nach 75m aus dem Wasser geholt wird. Problem ist also, dass sie nicht wusste, dass sie ihre Kräfte selbst abschätzen und danach handeln musste. (H1/62)

In dieser Hypothese wird in sachlicherer Weise angesprochen, was der Studierende in seiner Fallgeschichte mit Empörung und als Vorwurf formuliert:

> Ich habe nie verstanden, warum sie nicht gesagt hat, dass sie nicht schwimmen kann und warum sie dann so weit auf den See mit hinausgeschwommen ist. Sie hat sich und uns dadurch ernsthaft in Gefahr gebracht. (Fallgeschichte siehe oben)

In beiden Äußerungen wird einmal direkt und einmal indirekt als selbstverständlich vorausgesetzt, dass die Japanerin die Situation selbst richtig hätte einschätzen müssen und somit alleine die Verantwortung für die gefährliche Situation trägt. Beide Aussagen basieren auf folgendem Haftungsverständnis, das der deutschen Rechtssprechung zu Grunde liegt:[4]

> Eine besondere gesetzliche Regelung hat die Einsichtsfähigkeit bei der Haftung Minderjähriger erfahren. Minderjährige, die das siebte Lebensjahr vollendet haben, haften nur dann für einen Schaden, wenn sie bei der Begehung der unerlaubten Handlung, die zur Erkenntnis der Verantwortlichkeit erforderliche Einsichtsfähigkeit besaßen.

> Das bestimmt § 828 Absatz 1 des Bürgerlichen Gesetzbuches (BGB).

> Erforderlich ist die allgemeine intellektuelle Fähigkeit des Jugendlichen, die Gefährlichkeit und Tragweite seines Handelns einschätzen zu können.

> Lag die erforderliche Einsichtsfähigkeit des Minderjährigen bei der Verursachung des Schadens vor, haftet er bei Vorliegen der weiteren Schadensersatzvoraussetzungen selbst für den von ihm verursachten Schaden.

> http://www.rechtslexikon-online.de/Einsichtsfaehigkeit.html/ (Stand 13.12.09)

Das Bürgerliche Gesetzbuch sieht demnach vor, dass ein Minderjähriger bereits ab dem vollendeten siebten Lebensjahr bei gegebener Einsichtsfähigkeit für verursachte Schäden haftbar gemacht werden kann. Dabei kommt es jedoch zu einem in der deutschen Rechtsprechung ungeklärten Konflikt zwischen Einsichtsfähigkeit und Steuerungsfähigkeit (früher Zurechnungsfähigkeit). Die folgende Zusammenfassung dieses Konflikts, den Stephen Loheit 2008 in seinem Buch „Die Deliktsfähigkeit Minderjähriger" ausführlich diskutiert, macht die historische und kulturelle Dimension des Sachverhalts deutlich.

> Bis heute ist das zugrunde liegende Verhältnis zwischen § 828 BGB (Einsichtsfähigkeit) und § 276 BGB (Steuerungsfähigkeit) jedoch weitestgehend ungeklärt. Dem Wortlaut des § 828 BGB und seiner durch das Vernunftrecht der Aufklärung und die

---

[4] „Einsichtsfähigkeit: Fähigkeit zu erkennen, dass eine Handlung nicht rechtens ist. Die (abstrakte) Einsichtsfähigkeit ist von der (konkreten) Schuld bei der jeweiligen Handlung zu unterscheiden. Die Einsichtsfähigkeit ist Voraussetzung für die Schuld im Strafrecht und die Vorwerfbarkeit im Ordnungswidrigkeitenrecht (subjektive Zurechenbarkeit bzw. Schuldfähigkeit) sowie das Verschulden im allgemeinen Schuldrecht (Zurechnungsfähigkeit) und im Deliktsrecht (Deliktsfähigkeit). Ohne Einsichtsfähigkeit kann grundsätzlich niemand für seine Handlung verantwortlich gemacht werden." (http://www.rechtslexikon-online.de/Einsichtsfaehigkeit.html, Stand 13.12.09)

Rezeption römischen Rechts geprägten Entstehungsgeschichte folgend konnten sich Gesetzgeber und Rechtsprechung vor allem der wiederholten Forderung nach einer Einbeziehung der Steuerungsfähigkeit in die Prüfung der individuellen Reife nicht anschließen. Damit widersprechen Gesetzeswortlaut und Rechtsprechungspraxis modernen entwicklungspsychologischen Erkenntnissen und führen in praxi zur Haftung der noch nicht genügend entwickelten Minderjährigen, die vom ‚Durchschnitt' des Verkehrs abweichen. Und dies, obgleich der Gesetzgeber diese Minderjährigen gerade in verstärktem Maße vor einer haftungsrechtlichen Inanspruchnahme bei reifebedingten Mängeln durch die Normierung des § 828 BGB zu schützen gedachte. (http://www.verlagdrkovac.de/3-8300-3714-7.htm, Stand 13.12.09)

Es wird jetzt deutlich, dass wir es hier mit einem komplexen juristischen Problem zu tun haben. Wäre die Japanerin ertrunken, wer würde dann die Haftung übernehmen? Nach deutscher Rechtsauffassung könnte die Japanerin selbst verantwortlich gemacht werden. Diese Auffassung vertritt implizit auch der größte Teil der Studierenden. Könnte und müsste man nicht im Falle eines Prozesses interkulturell bedingte Steuerungsunfähigkeit nachweisen? Hätte die Japanerin wissen können und müssen, dass sie selbst für ihr Verhalten die Verantwortung trägt. Impliziert „Schwimmer sein" in Deutschland tatsächlich, dass man die eigene Schwimmleistung selbst einschätzen kann? Dann wäre auch verständlich, dass keine differenzierte Meterangabe nötig ist.

Bereits für das bronzene Schwimmabzeichen muss neben diversen Regeln zur Selbstrettung folgende Baderegel gelernt werden: „Überschätze im freien Gewässer nicht Kraft und Können." Dies ist ein weiteres Indiz dafür, dass vorausgesetzt wird, dass ein Schwimmer die Verantwortung für seine Schwimmleistung selbst übernehmen muss. Liegt auch dieser Regel bereits eine Rechtsauffassung zu Grunde, die weitgehend auf der individuellen Verantwortung und Einsichtsfähigkeit basiert?

In japanischen Schwimmbädern dagegen scheint eine autoritative Reglementierung Usus zu sein. Christoph Neumann, (2006, 32f.) schreibt in seinem Buch „Darum nerven Japaner: Der ungeschminkte Wahnsinn des japanischen Alltags" über das Schwimmen in Japan:

> Die […] Erleichterung, daß zumindest im Schwimmbad nichts anders ist als zu Hause, wird spätestens nach einer knappen Stunde jäh zerstört. Jedes öffentliche Schwimmbad zwingt die Schwimmer nämlich alle dreißig bis fünfzig Minuten zur gemeinschaftlichen Erholungspause […]. Ein gellender Pfiff des gestrengen Bademeisters ertönt – und wehe, bei drei sind nicht alle auf den Bänken am Rand. Dort sitzt man dann müßig die fünf bis zehn Minuten Pause ab und erholt sich eben, wie

verordnet. Wer nicht still sitzt, etwa weil er die Zeit nutzen möchte, um Ausgleichs-
gymnastik zu machen, wird sofort von einem weiteren Pfiff zur Räson gebracht.
Pech, wenn man erst sieben Minuten vor Beginn der Pause angefangen hat zu
schwimmen und eigentlich gerade so richtig in Fahrt gekommen ist. Aber schließlich weiß ja der Bademeister, was am besten für einen ist.[5]

Zur Überprüfung meiner und der von den Studierenden gebildeten Hypothesen habe
ich drei japanische Kolleginnen und eine deutsche DAAD-Lektorin, die 10 Jahre lang
in Japan gelebt hat, zu der Fallgeschichte befragt. Es ging mir dabei außerdem um
eine Darstellung eines authentischen Perspektivenwechsels, um die Frage, wie die
Befragten vorgehen würden und ob sie ihre Kategoriensysteme in Frage stellen würden und letztlich auch um die Frage, ob aus japanischer Sicht noch neue oder andere
Variablen relevant gemacht werden würden.

Japanische Einschätzungen

In den Einschätzungen der japanischen Kolleginnen finden sich die wichtigsten der
von den Studierenden herausgearbeiteten Hypothesen wieder. Im ersten Beispiel wird
sofort die in den deutschen Beiträgen dominante Einschätzung, jemand der nur 75 m
schwimmen kann, sei kein Schwimmer, in Frage gestellt. Ebenso wie in den deutschen Beispielen wird also auch hier der Fehler zunächst im Verhalten bzw. in der
Einschätzung des Anderen gesucht.

> Was der Verfasser schreibt: ‚Ich habe nicht verstanden, warum sie nicht gesagt hat,
> dass *sie nicht schwimmen kann*' ist nicht richtig. Sie kann schwimmen. Wenn man
> 75 Meter schwimmen kann, gilt [man] in Japan als Schwimmer. Das ist mehr als die
> Länge des großen Olympiaschwimmbeckens. Gilt 75 Meter in Deutschland nicht
> als ‚Schwimmen können'? Ich habe einige Deutsche gefragt, und auch sie waren der
> gleichen Meinung wie ich. Warum ist sie so weit auf den See mit hinausgeschwom-
> men? Möglich wäre: a) Sie war vorher nicht informiert und dachte, dass sie nur eine
> Runde drehen; b) Sie wurde direkt vorher informiert und hat sich nicht getraut zu-
> rück zu treten, weil sie kein ‚Spielverderber' sein wollte. Das passiert aber nicht nur
> bei den Japanern, denke ich; c) Sie kann normalerweise mehr schwimmen, oder zu-
> mindest glaubt sie es. Aus ‚japanischer Bescheidenheit' gab sie 75 Meter an. An

---

[5] Eindrücklich sind auch folgende Videos aus dem Tokyo Waterpark: http://www.youtu
be.com/watch?v=4RUxN6ekTe4 und http://www.youtube.com/watch?v=inA-36YRV0Y&feat
ure=related

dem Tag aber hatte sie eine schlechte Kondition und hat so tatsächlich nur 75 Meter geschafft.

Von der Seite der Veranstalter finde ich es aber nicht korrekt, dass sie eine Person, die vorher angegeben hat, nur 75 Meter schwimmen zu können, zum längeren Schwimmen mitnehmen. Das müsste eigentlich vorher geklärt werden. (Keiko T.)

Auch in der zweiten Kommentierung wird zunächst das Kategorienproblem Schwimmer – Nichtschwimmer besprochen. Dann wird eine Hypothese zum unterschiedlichen Umgang mit Zahlen gebildet, die in einer Klausur in Form des Vorurteils, Japaner könnten denken, dass Deutsche exakte Zahlenangaben wünschen, im Ansatz Berücksichtigung fand. Im letzten Abschnitt wird eine weitere wichtige Variable angesprochen. Wie viele Informationen werden in welcher Weise kommuniziert und erwartet? Aus den bereits erarbeiteten Gründen nehmen die meisten deutschen Studierenden kein Informationsdefizit an. Aus japanischer Perspektive liegt hier aber eindeutig ein solches vor.

- die Bedeutung ‚Schwimmer‘: Wenn jemand überhaupt gar nicht schwimmen kann, ist er kein Schwimmer. Alle, die mehr oder weniger schwimmen können, kann man als ‚Schwimmer‘ bezeichnen. Wenn es in Japan wäre, würde man vielleicht so gefragt: ‚Können Sie schwimmen? Ja/Nein – Wenn Ja, Wie lange ungefähr?‘

- der Umgang mit Zahlen: Wir Japaner gehen mit Zahlen nicht so wie die Deutschen um. Ich wurde von Deutschen oft gefragt, wie viel Kilometer meine Heimatstadt Fukuoka von Tokio entfernt ist. Ich konnte es damals nicht beantworten. Zumindest konnte ich sagen: ‚mit dem Shinkansen (Schnellzug) vielleicht ca. 5 Stunden‘. Ich hatte den Eindruck, die Deutschen gehen mit Zahlen gerne und exakt um. Zum Beispiel steht auf dem Bierkrug die Zahl 0.5l. In Japan sagt man da nur ‚dai‘ (groß). Wie viele Japaner können die Einwohnerzahl der eigenen Heimatstadt sagen?

Diese Japanerin hat wahrscheinlich nicht ernst über die Situation nachgedacht, wie gefährlich es sein kann. Außerdem haben wir Japaner eine Tendenz, anderen nicht so gerne Fragen zu stellen. Schließlich bekommen wir in Japan automatisch viele Informationen. Sie hätte eigentlich fragen müssen, wie lange sie ‚wirklich‘ schwimmen muss. (Hatsune S.)

Die nächste Kommentierung fokussiert die Haftungsfrage und damit indirekt das unterschiedliche Rechtsverständnis. Die Verantwortung liegt nicht bei der Schwimmerin sondern qua seiner Autorität beim Veranstalter.

Der Veranstalter dieser Schwimmaktion macht sich wegen fahrlässigen Handelns strafbar. Die Japanerin hat mit ihrer Angabe deutlich genug zum Ausdruck gebracht, dass sie nur 75 m schwimmen kann. Warum hat man dies nicht respektiert? Die Japanerin hat sich der höheren Gewalt (des Veranstalters) vertrauensvoll eingefügt. (Keiko O.)[6]

Die letzte Kommentierung der deutschen Kollegin bezieht sich zuerst auf die Variable Informationsqualität und -quantität und geht dann ebenfalls auf das Problem der Selbstverantwortung ein.

> Diese Situation kommt mir sehr bekannt vor und wundert mich nicht. Ähnliches passiert oft. Japaner sagen etwas *einmal*, aber Deutsche schätzen den Gehalt der Nachricht viel geringer ein. Es kommt mir als Beobachter dann immer so vor, als ob sie gar nicht zuhören.
> Deutsche halten es für selbstverständlich, dass jeder für sich selbst verantwortlich ist und in jeder Situation danach handelt, was für ihn persönlich das Beste ist. Für Japaner ist es darüber hinaus aber auch wichtig, bei Gruppenaktivitäten mitzumachen. Wie gesagt, die Japanerin hatte schon mitgeteilt, wie es um ihre Schwimmleistung bestellt ist. Wenn die Gruppe nun los schwimmt, schwimmt sie natürlich mit, weil sie, erstens, zu der Gruppe gehört und das Mitmachen nun im Vordergrund steht und, zweitens, die Gruppe über ihre Schwimmfähigkeit informiert ist. Die Verantwortung für sich selbst liegt jetzt bei der Gruppe, die ja nach japanischer Auffassung informiert ist. Die Gruppe verhält sich also widersinnig, nicht die einzelne Japanerin!! (Anne G., DAAD-Lektorin in Japan)

Die japanischen Kommentierungen bestätigen die Hypothesenbildungen der Studierenden weitgehend. Lediglich bezüglich der Qualität und Quantität der kommunizierten Informationen eröffnen die japanischen Beiträge noch einmal einen neuen Fokus auf eine bisher nicht hinterfragte Variable. Genau so wie in den deutschen Hypothesenbildungen wird „der Fehler" zunächst beim Anderen verortet. In allen Kommentierungen wird davon ausgegangen, dass die Japanerin eine Schwimmerin ist und dass die Institution die Verantwortung für die Sicherheit beim Schwimmen trägt, bzw. zumindest so weit in der Informationspflicht steht, dass die Japanerin die Möglichkeit gehabt hätte, die Situation vorab richtig einzuschätzen.

---

[6] Genauer zu überprüfen wäre an dieser Stelle welche Rolle die individuelle Einsichtsfähigkeit im japanischen Recht einnimmt. Dies übersteigt jedoch den Rahmen dieser Untersuchung.

Fazit

Einige wichtige Aspekte konnte ich in meinem Beitrag nicht diskutieren. So zum Beispiel die Tatsache, dass es sich bei dem Text um eine Narration handelt und dies in den Hypothesenbildungen ebenfalls berücksichtigt werden müsste. Die Erzählung lässt einige Fragen offen. Wir wissen zum Beispiel nicht genau wie viele deutsche Jugendliche dabei waren und wie viele von ihnen wussten, dass die Japanerin nur 75m eingetragen hatte. Auch wird nichts darüber gesagt, ob eine verantwortliche Person dabei war. Uns ist auch nicht bekannt, in welcher Sprache und wie sicher die Jugendlichen miteinander kommunizieren konnten.

Das größte Problem in der Analyse der Fallgeschichte „75 m Schwimmen" lag entsprechend der erhobenen Hypothesenbildungen im kritischen Hinterfragen der eigenen selbstverständlichen Kategoriensysteme. Was ist eigentlich ein Schwimmer? Das Faktenwissen über fremde, standardisierte Verhaltensweisen „größere Indirektheit", „Gesicht wahren" bzw. den Hotspot „Ja-Nein-Sagen" konnte von den Studierenden dagegen gut in eindimensionalen Hypothesenbildungen angewendet werden. Der Fokus in den untersuchten Hypothesenbildungen lag damit auf einer Betrachtungsweise, die man paraphrasieren könnte als „Ich muss herauskriegen, was bei der Japanerin nicht stimmt, oder besser gesagt, nicht so ist wie bei uns" und nicht „Ich muss heraus finden, was hier im Kontakt nicht stimmt bzw. was bei uns nicht klar, sondern widersprüchlich ist, aus Sicht der Japanerin". Mindestens 90% der Hypothesen wurden demnach von einem ethnozentrischen Standpunkt aus gebildet. Eine Überführung der unterschiedlichen Standards in ein In-Relation-Setzen der unterschiedlichen Verhaltensweisen, Wahrnehmungen und Deutungen fiel sehr schwer. Nur 30% der Hypothesen kann man als reziprok bezeichnen.

Aus meiner Untersuchung ergeben sich folgende Konsequenzen für die interkulturelle Lehre:

1. Die Liste der oben genannten Variablen muss konsequent zur Hypothesenbildung herangezogen und nach Bedarf erweitert werden.

2. Das Hinterfragen von Kategorien, vor allem der eigenen Kategorien, muss systematisiert werden.

3. Es muss verstärkt geübt werden, die Fallgeschichten aus der Perspektive aller Beteiligter zu betrachten. Zu diesem Zweck könnte häufiger mit Fallgeschichten ge-

übt werden, in denen keine Deutschen vorkommen. Auf diese Weise könnte für eine nicht ethnozentrische Herangehensweise sensibilisiert werden. Eine gute Quelle für solche Critical Incidents ist der Band von Bertallo/Hettlage/Perez/Reppas-Schmid/Scherer/Strickler/Thomas/Toh (2004), der viele Fallgeschichten aus Schweizer und internationaler Perspektive bietet.

4. Das Bilden von komplexeren Hypothesen, die das Handeln, die Wahrnehmungen und Deutungen der Beteiligten in Relation setzen, muss in mehreren Schritten geübt werden. Dafür sollte eine spezifische Progression entwickelt werden.

5. Es ist ohne Zweifel völlig richtig und notwendig, im Rahmen einer kulturspezifischen Ausbildung, wie in den Studiengängen an der Westsächsischen Hochschule Zwickau, für standardisierte Verhaltensweisen mit Hilfe eines Culture Assimilators zu sensibilisieren. Es muss jedoch ganz klar vermittelt werden, dass sich standardisierte Verhaltensweisen immer nur aus dem Unterschied zur eigenen kulturellen Perspektive erschließen und sie somit methodisch letztlich nur ein Resultat einer ethnozentrischen Perspektivierung sein können. Das impliziert keine bewusst eingenommene ethnozentrische Einstellung, sondern ein grundlegendes methodisches Problem. Wir müssten uns, um dieser Falle zu entgehen, die japanischen Standards nicht nur aus deutscher, sondern zum Beispiel auch aus chinesischer oder nigerianischer Perspektive ansehen. Bertallo et al. (2004, 30) formulieren außerdem kritisch zur Anwendung der klassischen Critical Incident Technique:

> Der Aufbau von CIs macht es nötig, die so genannten kritischen Ereignisse stark zu vereinfachen. Auch die Erläuterungen zu den Interpretationen unterliegen einer Umfangsbegrenzung, die es verunmöglicht, umfassend auf die Situation und ihre kulturellen oder kommunikationstheoretischen Hintergründe einzugehen. Damit werden CIs der Komplexität interkultureller Kontexte nicht gerecht. Es besteht die Gefahr, dass Lernende den CIs erneut Kulturschemata und Stereotypen entnehmen.

In der Arbeit mit interkulturellen Fallgeschichten in der Hochschullehre, sei es nun in didaktisierter Form eines Culture Assimilators oder, wie hier, in ihrer narrativen Rohfassung, sollte jede mögliche Flexibilisierung des Blickwinkels genutzt und geschult werden. Wir müssen keine Frösche im Brunnen bleiben. Dazu wird noch viel didaktische Entwicklungsarbeit nötig sein.

Literatur

Bauer, Ulrich (2002): Sommerschule für Interkulturelle Deutschstudien. Geschichte – Konzeptualisierung – Modellbildung. Ein Beitrag zur angewandten Lehrforschung interkultureller Germanistik. München: Iudicium.

Bertallo, Alain/Hettlage, Raphaela/Perez, Manuel/Reppas-Schmid, Monica/Scherer, Kathrin/Strickler, Martin/Thomas, Aurelia/Toh, Yumiko (Hg.) (2004): Verwirrende Realitäten. Interkulturelle Kompetenz mit Critical Incidents trainieren. Zürich: pestalozzianum.

Brüch, Andreas/Thomas, Alexander (2004): Beruflich in Südkorea. Trainingsprogramm für Manager, Fach- und Führungskräfte. Göttingen: Vandenhoeck & Rupprecht.

Ehnert, Ina (2007): Evaluation. In: Jürgen Straub/Arne Weidemann/Doris Weidemann (Hg.): Handbuch Interkulturelle Kommunikation und Kompetenz (S. 439-450). Stuttgart/Weimar: Metzler.

Fetscher, Doris/Hinnenkamp, Volker (1994): Interkulturelles Kommunikationstraining und das Managen der interkulturellen Kommunikation. Sprache und Literatur 74, 67-89.

Layes, Gabriel (2007): Kritische Interaktionssituation. In: Jürgen Straub/Arne Weidemann/Doris Weidemann (Hg.): Handbuch Interkulturelle Kommunikation und Kompetenz (S. 384-390). Stuttgart/Weimar: Metzler.

Loheit, Stephan (2008): Die Deliktsfähigkeit Minderjähriger. Insbesondere das Verhältnis von Einsichts- und Steuerungsfähigkeit. Schriften zum Versicherungs-, Haftungs- und Schadensrecht, Bd.18, Hamburg: Dr. Kovac.

Neumann, Christoph (2006): Darum nerven Japaner: Der ungeschminkte Wahnsinn des japanischen Alltags. München: Piper.

Schlehe, Judith (2006): Transnationale Wissensproduktion: Deutsch-indonesische Tandemforschung. In: Boike Rehbein/Jürgen Rüland/Judith Schlehe (Hg.): Identitätspolitik und Interkulturalität in Asien (S. 167-190). Ein multidisziplinäres Mosaik. Reihe: Southeast Asian Modernities. Bd. 1. Münster: Lit-Verlag.

Silva, Vasco da (2010): Critical Incidents in Frankreich und Spanien. Eine Evaluation studentischer Selbstanalysen. Stuttgart: ibidem. (In Vorbereitung)

Auslandsentsendungen von Dual Career Couples

Ulrike Smolny

Zusammenfassung

Vor dem Hintergrund steigender internationaler Mobilitätsanforderungen ist das Ziel dieses Artikels, die Zielgruppe der Doppelkarrierepaare mit besonderem Augenmerk deren Bedürfnisse zu untersuchen und eine Analyse differenzierter Unterstützungsmaßnahmen für Dual Career Couples bei einer internationalen Entsendung vorzunehmen. Grundlage hierfür bilden neben der kurzen Illustration des aktuellen Forschungsstandes, die Darstellung ausgewählter Ergebnisse einer eigenen empirischen Studie. Für die methodische Vorgehensweise wurden qualitative Experteninterviews mit einer standardisierten Fragebogenstudie von Partnern entsandter Mitarbeiter kombiniert. Hervorgehoben werden in diesem Zusammenhang die Aussagen der befragten Partner zu ihrem persönlichen Partnerschaftsmodell und der Erwerbstätigkeit im Ausland sowie ihre persönlichen Anregungen und Wünsche für verbesserte Maßnahmen zur Unterstützung durch die entsendenden Organisation. Die empirischen Ergebnisse verdeutlichen die Bedeutung, die die befragten Partner der Fortsetzung der Erwerbstätigkeit beimessen und unterstreichen somit die Notwendigkeit ein Unterstützungskonzept seitens entsendender Organisationen zu offerieren.

Einleitung

Veränderungen auf wirtschaftlicher und gesellschaftlicher Ebene, ein Wertewandel in der Gesellschaft sowie die verbesserten Bildungs- und Berufschancen für Frauen haben zu der Entwicklung einer Partnerschaftsform beigetragen, die sich von dem traditionellen Rollenmodell mit dem Mann als „Familienversorger" und der Frau als „home maker" (Sekaran 1986, 2) abgrenzt und durch die Karriereaffinität beider Partner auszeichnet und sich durch dieses Merkmal von dem traditionellen Partnerschaftsmodell abgrenzt. Die so genannten Dual Career Couples (DCCs) sind vor die grundsätzliche Problematik der Vereinbarkeit des gemeinsamen Privatlebens mit zwei beruflich ambitionierten Laufbahnen gestellt. Entscheidendes Merkmal ist dabei, dass die Erwerbstätigkeit beider Partner nicht als ein notwendiges Kriterium für die tägliche Finanzierung betrachtet wird (Domsch/Ladwig 2000; vgl. dazu Sekaran 1986), sondern eine bedeutende Möglichkeit für die Selbstverwirklichung beider Partner darstellt (Krause-Nicolai 2005; vgl. dazu Schramm 2005). Ein besonders hohes Potenzial für Doppelkarrieren weisen Akademikerpartnerschaften auf, die heute sechs Prozent der zusammenlebenden Paare in Deutschland ausmachen (Solga/Wimbauer 2005).

Der prozentuale Anteil von Paaren, bei denen beide Partner erwerbstätig sind, steigt. Die Anzahl von Frauen mit einem akademischen Abschluss sowie die Zahl der Frauen in Führungspositionen ist ebenfalls ansteigend (vgl. dazu Statistisches Bundesamt 2008; ferner Bundesregierung 2008).[1] Die Quantifizierung von Doppelkarrierepaaren ist trotz dieser Angaben nur begrenzt möglich. Zwar wird eine statistische Erfassung der Erwerbsquote der Bevölkerung sowie des Familienstatus vorgenommen, jedoch werden Angaben hinsichtlich der persönlichen Einstellung gegenüber der Berufstätigkeit nicht erhoben (Ostermann 2002; ferner Statistisches Bundesamt 2008). Eine statistisch abgesicherte Aussage über die Verbreitung des Partnerschaftsmodells der DCCs in Deutschland ist daher nicht möglich. In Anlehnung an eine Berechnung von Ostermann[2] schätzen Domsch und Ladwig den Anteil der DCCs in Deutschland jedoch auf 5-8 Prozent (2000). Schulte nennt einen prozentualen Anteil von 15-20 Prozent aller berufstätigen Paare (2002).[3]

Die für das Personalwesen zunehmend an Bedeutung gewinnende Zielgruppe der DCCs verdeutlicht eine Diskrepanz zwischen den sich wandelnden Wertvorstellungen der Gesellschaft und dem ökonomischen System (Domsch/Ladwig 2000). Der internen Koordination der zwei beruflichen Laufbahnen mit dem gemeinsamen Familienleben des DC-Paares stehen externe Strukturen von Organisationen gegenüber, die diese Planungsaufgabe „kaum berücksichtigen" (Corpina 1996, 77).

---

[1] Der absolute Anteil von Frauen in Führungspositionen liegt nach der Hoppenstedter-Analyse bei Großunternehmen in Deutschland, die einen Jahresumsatz von mindestens 20 Mio. Euro und eine Beschäftigungsanzahl von mindestens 200 Arbeitnehmern aufweisen, bei 8,2% (Bundesregierung 2008).

[2] Vgl. [dazu] Ostermann 2002, 53ff. Nach Ostermann gibt es einen Anteil von DCCs von 5-8% aller in Deutschland lebenden Paare, bei denen beide Partner einer Erwerbstätigkeit nachgehen. Sie verwendet für diese Berechnung der Indikatorwerte Daten aus dem „Goldthorpe Klassenlagenschema" und Angaben zu dem „Einkommen beschäftigter Ehepaare". Ostermann gibt zu bedenken, dass es sich bei diesen Angaben um Minimalwerte handle, da nur verheiratete Paare in die Betrachtung einbezogen wurden. Die Anzahl der tatsächlichen DCCs liegt ihrer Ansicht nach höher.

[3] In Schultes Definition von DCCs sind unverheiratete Paare mit einbezogen (2002).

Bedingt durch die Wahrnehmung der Ressource Mensch als Wettbewerbs- und Erfolgsfaktor sind Unternehmen, insbesondere das strategische Personalmanagement, gefragt, Strategien und Maßnahmen für eine zielgruppenspezifische Personalgewinnung, -bindung und -entwicklung zu konzipieren.

Im Zuge steigender Internationalisierungsprozesse gewinnen internationale Personalentsendungen mit dem Ziel der Personalentwicklung, des Wissenstransfers sowie der Koordination und Kontrolle des Firmeninteresses im Ausland zunehmend an Bedeutung. Im Rahmen der beruflichen Laufbahnentwicklung wird ein Auslandseinsatz als nahezu selbstverständlich betrachtet (Scherm 1995). Für die Zielgruppe der DCCs stellt sich hinsichtlich einer internationalen Entsendung besonders die Problematik der Koordination des Auslandseinsatzes mit dem Berufsleben des Partners.

Vor dem Hintergrund steigender internationaler Mobilitätsanforderungen war es das wesentliche Anliegen der diesem Artikel zugrunde liegenden Fragebogenstudie, die speziellen Bedürfnisse der Zielgruppe der DC-Partner und deren Interdependenzen mit dem internationalen Personalwesen zu untersuchen. Ferner wird auf der Grundlage der Ergebnisse dieser Studie eine Analyse differenzierter Unterstützungsmaßnahmen für DCCs bei einem internationalen Einsatz vorgenommen.

Die empirische Studie wurde in Kooperation mit einem international tätigen Unternehmen durchgeführt, welches anonymisiert behandelt werden soll. Es ist hervorzuheben, dass die internationale Mobilität in Form von Mitarbeiterentsendungen in diesem Unternehmen ein Element der persönlichen Laufbahnplanung darstellt und für die berufliche Weiterentwicklung essentiell ist. Vor diesem Hintergrund wird die Bedeutung der Auslandsentsendung von Mitarbeitern in dieser Organisation deutlich.

Grundlage für die Darstellung der empirischen Ergebnisse im Rahmen dieses Artikels bilden die Definition des Begriffes „Dual Career Couple" sowie die Illustration des aktuellen Forschungsstandes im deutschsprachigen Raum. Basierend auf der Erläuterung der methodischen Vorgehensweise, erfolgt die Darstellung ausgewählter Ergebnisse. Hervorgehoben werden in diesem Zusammenhang die Aussagen der befragten Partner zu ihrem persönlichen Partnerschaftsmodell und der Erwerbstätigkeit im Ausland sowie ihre persönlichen Anregungen und Wünsche für eine verbesserte Unterstützung seitens der entsendenden Organisation.

Abgrenzung des Begriffs „Dual Career Couple"

Für eine begriffliche Abgrenzung der Doppelkarrierepaare (DCCs) von Doppelver-
dienerpaaren (Dual Earner Couples) ist eine Betrachtung des Konstruktes „Karriere"
notwendig.

Die Erwerbstätigkeit wird bei Dual Earner Couples (DECs) als ein notwendiges Element der Existenzsicherung bzw. als finanzielles Extra betrachtet, das zusätzliche
Möglichkeiten eröffnet (Domsch/Ladwig 2000). Eine Abgrenzung zu DCCs besteht
darin, dass für Dual Career Couples die Erwerbstätigkeit nicht nur auf den finanziellen Zusatznutzen ausgerichtet ist, sondern eine Karriereorientierung beider Partner
vorliegt (Krause-Nicolai 2005).

> Both members of dual career couples are highly committed to their career and view
> work as essential to their psychological sense of self and as integral to their personal
> identities. They see employment as part of a career path involving progressively
> more responsibility, power and financial remuneration. (Stoltz-Loike 1992, 3f).

Wird der Begriff „Karriere" jedoch mit der erwerbstätigen Beschäftigung gleichge-
setzt, so ist eine Differenzierung zwischen beiden Termini nicht existent. Der konsti-
tuierende Unterschied besteht in der Bedeutung, die der berufsbezogenen Selbstverwirklichung seitens beider Partner bei DCCs beigemessen wird (Stoltz-Loike 1992).

In der Praxis ist eine Differenzierung zwischen DCC und DEC jedoch schwierig. Der
Nachweis der Karriereorientierung beider Partner ist ohne ein Risiko der Diskrimi-
nierung schwer realisierbar. Aufgrund dieser Problematik wird in der praktischen
Anwendung von Organisationen häufig der Begriff DCCs synonym für beide Zielgruppen verwandt und keine Differenzierung vorgenommen. In der diesem Artikel
zugrunde gelegten Arbeit beinhaltet die verwandte Begriffsdefinition von DCCs
ebenfalls beide Zielgruppen.

Aus Gründen der Praktikabilität ist Organisationen zu empfehlen, basierend auf dem
individuellen Bedarf und der Unternehmensphilosophie eine entsprechende Zielgrup-
pendefinition vorzunehmen und die personalpolitischen Strategien und Unterstützungsmaßnahmen zu konzipieren.

Aktueller Forschungsstand

Während im angelsächsischen Raum die Forschung im Bereich Doppelkarrierepaare bereits in den 1960er Jahren durch die qualitativen Untersuchungen des Ehepaars Rapoport angestoßen wurde, erfuhr dieses Forschungsfeld im deutschsprachigen Raum erst in den letzten 20 Jahren verstärkt wissenschaftliche Aufmerksamkeit und weist heute noch zahlreiche Forschungsdefizite auf (Solga/Wimbauer 2005, Schramm 2005, Gross 1994).[4] Die Gründe für das eher verhaltene Interesse im deutschsprachigen Raum sind möglicherweise in der noch relativ jungen Entwicklung dieser Partnerschaftsform zu suchen. Die weibliche Erwerbsrolle hat sich seit Beginn des 20. Jahrhunderts besonders durch einen gesellschaftlichen Wertewandel[5] verändert, der u.a. eine neue Rollenvorstellung der Frau bewirkte und das weibliche Bedürfnis nach Selbstverwirklichung im Beruf unterstützt (Corpina 1996; vgl. [dazu] Krause-Nicolai 2005). Ebenso verlangt ein ökonomischer Wandel, anhand einer zunehmenden Internationalisierung der Wirtschaftsprozesse, verstärkt nach hochqualifizierten Arbeitskräften. Diese Entwicklung ist nicht nur auf die ökonomischen Prozesse zu begrenzen, sondern ist ebenfalls in den kulturellen, politischen und wissenschaftlichen Bereichen zu finden (Schulte 2002).

Methodische Vorgehensweise

Basierend auf dem fragmentarischen Forschungsfeld hinsichtlich der DCCs im deutschsprachigen Raum sowie der Intention, eine ganzheitliche Betrachtung der Problemstellung der DCCs und ihrer Bedürfnisse vor dem Hintergrund einer Auslandsentsendung zu erhalten, wurde die vorliegende Untersuchung in eine explorative Voruntersuchung und einen fortführenden quantitativen Forschungsvorgang gegliedert. Für den explorativen Forschungsansatz wurde das Instrument des Experteninterviews in Form eines telefonischen, protokollierten Einzelinterviews gewählt. Als Interviewpartner wurden vierzehn Personalverantwortliche des kooperierenden Un-

---

[4] Corpina führt die verstärkte Aufmerksamkeit, die dieser Partnerschaftsform in den letzten Jahren besonders auch im deutschsprachigen Forschungsraum gewidmet wird, auf das antizipierte „Führungskräftedefizit" zurück (1996).

[5] Vgl. dazu Inglehart (1989). Inglehart spricht von einer „Werteverschiebung" von materialistischen zu postmaterialistischen Werten wie Selbstverwirklichung, Selbstentfaltung und Solidarität verbunden mit dem Bedürfnis, Erfüllung bei der Arbeit zu empfinden (1989).

ternehmens ausgewählt, die sich in ihrer Funktion in den verschiedenen Bereichen des Personalwesens mit internationalen Mitarbeiterentsendungen befassen. Ihre Kenntnisse und Erfahrungen bilden die empirische Basis für die anschließende Durchführung der quantitativen Studie, die in Form einer schriftlichen Befragung von Partnern entsandter Mitarbeiter durchgeführt wurde. Hierfür wurde das Instrument des standardisierten Fragebogens gewählt (Bortz/Döring 1995).

Die Grundgesamtheit der befragten Partner wurde in zwei Samples unterteilt, je nachdem, ob der Befragte im Rahmen der internationalen Entsendung mit seinem Partner in das Ausland ausreiste oder in Deutschland blieb. Hintergrund dieser Differenzierung war das Interesse an den Motiven der Partner, die Entsendung nicht zu begleiten. Die Ausgangsvermutung war, dass die Ablehnung der Ausreise in der eigenen Karriere und dem Wunsch, diese im Heimatland fortzusetzen, begründet sei.

Die Fragebogenstudie verzeichnete einen Rücklauf von 31,1% des Samples der mit in das Ausland ausgereisten Partner (Grundgesamtheit: 675 Partner) sowie 27,9% des Samples, bei welchem die Partner die Entsendung nicht begleiteten (Grundgesamtheit: 65 Partner). Für die Auswertung der Experteninterviews fand die qualitative Inhaltsanalyse Anwendung. Die quantitativen Daten wurden mit Hilfe des Computerprogramms SPSS mit Methoden der deskriptiven Statistik ausgewertet.

Hinsichtlich der Bewertung der empirischen Ergebnisse ist zu bemerken, dass diese Untersuchung trotz der standardisierten Vorgehensweise keinen Anspruch auf Repräsentativität erhebt. Da weder die Merkmale noch die Anzahl der in Deutschland lebenden DCCs bekannt sind, lassen sich keine Aussagen über die Repräsentativität der Stichprobe für diese Grundgesamtheit treffen.

Ergebnisse und deren Bedeutung für das internationale Personalwesen

Befragung der Partner

Mit 97% weiblichen und 3% männlichen Teilnehmern ist der Anteil der antwortenden Partnerinnen im Sample der mit in das Ausland ausgereisten Partner sehr hoch. Im Sample der nicht mit ausgereisten Partner sind 95% der Befragten weibliche Teilnehmerinnen und 5% männliche Personen.

Im Rahmen der empirischen Studie wurden die Partner hinsichtlich ihres persönlichen Partnerschaftsmodells und der Bedeutung, die den beruflichen Laufbahnen beider Partner beigemessen wird, befragt.

Die diesbezüglichen Ergebnisse für das Sample der mit ausgereisten Partner verdeutlichten, dass 5% der befragten Paare ein Partnerschaftsmodell verfolgen, bei dem beide beruflichen Laufbahnen generell eine gleichwertige Stellung einnehmen. 28% der Befragten gaben an, dass prinzipiell beide Berufstätigkeiten gleichberechtigt seien, im Moment jedoch die Karriere des Partners eine Vorrangstellung einnehme. 38% der Befragten sehen eine grundsätzliche Vorrangstellung der Berufslaufbahn des Partners und 26% der Befragten vertreten das traditionelle Rollenmodell, in welchem die Frau die Aufgaben der Familienversorgung und Kindererziehung übernimmt.

Hinsichtlich der Partnerschaftsmodelle der nicht mit ausgereisten Personen wird eine Verschiebung deutlich. 33% der befragten Partner dieses Samples führen ein Partnerschaftsmodell bei dem beide berufliche Laufbahnen generell gleichwertig gestellt sind. 11 % der Befragten gehen der Familienarbeit nach.

In Bezug auf diese Frage ist die Ursachen- und Wirkungsvariable jedoch kritisch zu hinterfragen. Es wäre möglich, dass bei einer fehlenden Erwerbstätigkeit im Gastland die Bewertung der Vorrangstellung der beruflichen Laufbahn des Partners aus diesem Grund erfolgt und nicht bereits im Voraus feststand. Ebendies gilt für das Partnerschaftsmodell, in welchem die Frau die Aufgaben der Familienarbeit übernimmt.

Die nicht mit ausgereisten Partner wurden des Weiteren nach ihren Motiven für die Entscheidung im Heimatland zu bleiben befragt. Es bestand die Annahme, dass diese auf der Fortsetzung der eigenen Berufstätigkeit im Heimatland basiert und aus diesem Grund von einer Begleitung der Entsendung abgesehen wird. 47% der befragten Partner bejahen dieses Motiv und nennen die Fortsetzung der eigenen Karriere im Heimatland als ausschlaggebend. Eine nicht adäquate Gewährleistung der Ausbildung der Kinder ist für 26% der befragten Partner entscheidungsrelevant. Ebenfalls bedeutend sind zu 16% die fehlende Arbeitserlaubnis im Gastland sowie der Wegfall des Einkommens (weitere 16%). Die Hypothese, dass aufgrund der eigenen Berufstätigkeit eine Begleitung des Partners bei seiner Entsendung nicht erfolgte, wird bestätigt. Für fast die Hälfte der Befragten nimmt das Karrieremotiv einen sehr bedeutenden Stellenwert ein.

Vor der Ausreise waren 83% der befragten Partner berufstätig. Während der Entsendung gingen nur 34% der Befragten im Ausland einer Erwerbstätigkeit nach. Besonders kritisch ist dieses Ergebnis unter dem Aspekt zu betrachten, dass 67% der befragten Partner die Fortsetzung ihrer persönlichen Erwerbstätigkeit auf einer Skala von eins bis fünf als mindestens bedeutend bewerten.[6] Die Frage, ob eine fehlende Erwerbstätigkeit die Partner in ihrem Wohlbefinden negativ beeinflussen würde, bejahen 53% der nicht Erwerbstätigen im Gastland.

In Anbetracht der vorangestellten Ergebnisse wird der Bedarf einer Unterstützung der Zielgruppe der DCCs hinsichtlich der Erwerbstätigkeit deutlich.

Bei einer detaillierteren Betrachtung der Berufstätigkeit im Ausland zeigt sich, dass 45% der befragten erwerbstätigen Partner im Gastland Mitarbeiter der Unternehmensgruppe sind, in welcher die Untersuchung durchgeführt wurde. Dies lässt die Schlussfolgerung zu, dass Partnern, die Mitarbeiter im selben Unternehmen sind, sehr gute Möglichkeiten offeriert werden, die Erwerbstätigkeit im Ausland fortzuführen. Alle befragten Partner, die vor der Ausreise im Unternehmen tätig waren, können ihre Berufstätigkeit fortsetzen. 33% der befragten Erwerbstätigen haben im Ausland eine Neuanstellung im Unternehmen des entsandten Partners erhalten.

Ein erleichterter Zugang zu dem firmeneigenen internen Arbeitsmarkt wird durch diese Ergebnisse sichtbar. Nach Johnson ist die interne Stellenvermittlung die zweitbedeutendste Variante der informellen Vermittlung (1990). Voraussetzung sind jedoch den Stellenanforderungen entsprechende Qualifikationen des Partners sowie die Beachtung eventueller Anti-Nepotismusregelungen im Unternehmen (Corpina 1996). Als problematisch erweist sich in der Praxis oftmals der Mangel an entsprechenden Vakanzen. Diese sind erfahrungsgemäß nicht vorhanden oder nicht komplementär (Johnson 1990).

In Bezug auf das Instrument, welches der Stellenvermittlung im Ausland diente, wird zu 34% der persönliche Kontakt als folgenreich ermittelt. In 16% der Fälle wurde eine Unterstützung durch das Unternehmen des Partners bei der Stellensuche bestätigt. Die Stellenvermittlung anhand einer externen Onlinestellenbörse (4%), einer externen Stellenausschreibung (3%) oder Vermittlungsagentur (3%) hingegen sind nur minimal.

---

[6] Die diesbezügliche Klassifizierung der verwandten Likert-Skala entsprach 1 = sehr wichtig, 2 = wichtig, 3 = bedeutend, 4 = weniger bedeutend und 5 = unbedeutend. N = 207.

Die erwerbstätigen Partner wurden ferner befragt, ob die Berufstätigkeit im Ausland der Ausbildung oder ihrem beruflichen Werdegang im Heimatland entspräche. 62% der befragten Partner bestätigen dies. Bei 22% ist die Anstellung nicht der beruflichen Laufbahn entsprechend, dies wird von den Befragten jedoch nicht als störend empfunden. 16% der Erwerbstätigen fühlen sich durch die Ungleichwertigkeit negativ beeinflusst.

Diese Ergebnisse verdeutlichen, dass ein Großteil der Partner eine adäquate Anschlussposition im Ausland erhielt. Es erfolgt eine überwiegend positive Bewertung der Erwerbstätigkeit, selbst wenn diese dem Qualifizierungsniveau nicht entspricht. Dieses Ergebnis lässt vermuten, dass eine adäquate Fortsetzung der bisherigen beruflichen Laufbahn mitunter weniger relevant scheint als eine für den Partner sinnstiftende Tätigkeit.

Die Partner wurden desweiteren um ihre persönlichen Anregungen und Wünsche im Bezug auf eine Unterstützung seitens der entsendenden Organisation gebeten. Eine Analyse der zwei bedeutendsten Kategorien wird anschließend vorgenommen.

An erster Stelle steht bei 33% der befragten Partner die generelle „Unterstützung bei der Stellensuche". Besonders finden dabei die Bereitstellung von Informationsmaterialien zu dem ausländischen Zielstandort als eine sehr einfache und kostengünstige Möglichkeit, den mit ausreisenden Partner bei der Integration in den neuen Arbeitsmarkt zu unterstützen, und die Hilfestellung bei der Erstellung von Bewerbungsunterlagen Erwähnung. Ebenso wird auf das Angebot einer professionellen Karriereberatungs- und Vermittlungsagentur sowie auf ein Netzwerk von Firmen und Institutionen hingewiesen.

Die Idee und Realisierung eines globalen, firmenübergreifenden Netzwerkes mit dem Ziel eines systematischen Informationsaustausches bezüglich vakanter Stellen zwischen den Mitgliedern des Netzwerkes findet in der Praxis sehr unterschiedliche Kritiken. Neben positiven und erfolgreichen Bewertungen (Kuenzle 1997, Ladner/Streib/Engeli 1998 zit. nach Krause-Nicolai 2005) zeigen sich in der Praxis auch vermehrt Negativbeispiele. Die auftretenden Problemfelder dieses Instrumentes sind die Datenpflege sowie die sehr geringe Wahrscheinlichkeit eine geeignete und disponible Vakanz zu dem benötigten Zeitpunkt zu erhalten (Schulte 2002).

Das Bewerbungscoaching und die professionelle Karriereberatung zählen zu den kostenintensiveren Maßnahmen. Im Rahmen einer Karriereberatung erfolgt eine Analyse der Erwartungen und Ziele des begleitenden Partners, die der Erarbeitung eines persönlichen Karriereplans dient. Eine Vermittlung von standortbezogenen Informationen und Kontakten hinsichtlich der beruflichen Möglichkeiten vor Ort, die Suche potentieller Arbeitgeber sowie eine Unterstützung im Rahmen des Bewerbungsprozesses wird ebenfalls vorgenommen. Die Vorteilhaftigkeit dieser beiden Maßnahmen liegt in der sehr individuellen Vorgehensweise, die eine intensive Beratung und Unterstützung des Partners ermöglichen (vgl. dazu Gross 1994, Schulte 2002). Nachteilig sind neben den sehr hohen Kosten fehlende unabhängige Studien über die tatsächliche Erfolgsquote von Vermittlungsagenturen.

Elementar für die Ausübung einer Berufstätigkeit im Ausland sind Kenntnisse der Landessprache. Es empfiehlt sich eine möglichst intensive Vorbereitung, die durch die entsendende Organisation angeboten oder unterstützt werden kann. Den teilnehmenden, mit ausgereisten Partnern dieser Studie wird von dem entsendenden Unternehmen ein Sprachkurs bis zum Sprachniveau B1[7] des Europäischen Referenzrahmens angeboten. 17% der befragten Partner wünschen sich eine noch intensivere sprachliche Ausbildung. Für Organisationen scheint es ratsam dies zu beachten.

Befragung der Personalverantwortlichen und Bedeutung der Ergebnisse für das Personalwesen

Für die Zukunft wird von den befragten Personalverantwortlichen ein Bedeutungsanstieg für die Fortsetzung der Berufstätigkeit der Partner während eines internationalen Einsatzes erwartet. Ebenso wird eine höhere Absagerate von Entsendungen aufgrund des Berufslebens des Partners antizipiert. In international agierenden Unternehmen kann Mobilität in der Form eines Auslandsaufenthaltes im Rahmen von systematisierten Personalentwicklungsmaßnahmen ein bedeutendes Element für die Laufbahnentwicklung darstellen. Ist ein Auslandseinsatz für die berufliche Weiterentwicklung in einer Organisation essentiell, wie es im vorliegenden Unternehmens-

---

[7] Nach dem Gemeinsamen Europäischen Referenzrahmen für Sprache legte der Europarat sechs Schwierigkeitsstufen für das Erlernen von Fremdsprachen fest. Dieses gliedert sich in die elementare Sprachverwendung (A1 und A2), die selbstständige Sprachverwendung (B1 und B2) sowie die kompetente Sprachverwendung (C1 und C2). Für fortführende Informationen vgl. http://www.goethe.de/z/50/commeuro/deindex.htm.

beispiel der Fall ist, so ist eine offene Kommunikation dieser Anforderung unbedingt empfehlenswert. Wird dem Mitarbeiter die Möglichkeit der Entscheidung gewährt, wann im Rahmen einer langfristigen Planung ein derartiger Schritt in seiner Laufbahn erfolgen kann, offeriert dies die Basis für eine private Planung und Entscheidung des Mitarbeiters gemeinsam mit seinem Partner bzw. seiner Familie ex ante. Desweiteren ist Organisationen zu empfehlen, eine Analyse der Ablehnungsgründe von Entsendungen in Form bspw. einer Mitarbeiterbefragung vorzunehmen, um eine organisationsspezifische und bedarfsgerechte Lösung zu konzipieren. Dies kann in Form einer Anpassung des Laufbahnentwicklungskonzeptes oder anhand der Implementierung von Maßnahmen zur Steigerung der Attraktivität einer Entsendung für Mitarbeiter und deren Familie bedeuten.

Es wurde ferner von den Personalverantwortlichen betont, dass die Thematik der Berufstätigkeit des Partners als weitaus problematischer betrachtet wird, wenn es sich um einen begleitenden männlichen Partner handle. Bei einer fehlenden Fortsetzungsmöglichkeit der Erwerbstätigkeit im Ausland, bestünde seitens eines männlichen Partners weniger Bereitschaft Alternativlösungen anzunehmen. Weibliche Partner seien in diesem Zusammenhang flexibler, ihren Lebensmittelpunkt neu zu fokussieren.

Der Anteil der begleitenden männlichen Partner ist noch relativ gering, wird aber aufgrund der Entwicklungen auf dem Arbeitsmarkt als steigend erwartet.[8] Für männliche Partner ist die begleitende Rolle eine noch sehr junge, die spezifische Problemfelder aufwirft. So kann bei konträren Gesellschaftserwartungen eine fehlende Erwerbstätigkeit des Mannes zu gesellschaftlichen Akzeptanzproblemen führen. Das persönliche Selbstwertgefühl kann leiden, wenn kein eigener finanzieller Beitrag zum Familieneinkommen geleistet werden kann (Punnett 1997). Eine höhere Erwartungs- und Anspruchshaltung besonders von begleitenden männlichen Partnern hinsichtlich einer finanziellen und organisatorischen Unterstützung seitens der entsendenden Organisation wird von Punnett (1997) bestätigt. Aufgrund mangelnder Aussagen hin-

---

[8] Die Anzahl der weiblichen Entsandten wird von Gross (1994) und Corpina (1996) mit ca. 5% beziffert. Der GMAC Global Relocation Survey mit Bezug auf vorwiegend US-amerikanische Quellen nennt einen Anteil von 19% im Jahr 2007 (GMAC Relocation Services 2008). Die Versetzungsangebote gegenüber Frauen zeigen eine steigende Tendenz (Punnett et al. 1992). Die Wahrscheinlichkeit, die Partnerin während einer Entsendung zu begleiten, nimmt demnach für männliche Partner zu.

sichtlich der Repräsentativität ihrer empirischen Ergebnisse kann Punnetts Untersuchung Anhaltspunkte liefern (1997); für die Integration geschlechtsspezifischer Unterstützungsmaßnahmen bedarf es jedoch fortführender empirischer Belege.

Zusammenfassung und Ausblick

Eminent ist die Konformität der Ergebnisse der empirischen Teiluntersuchungen: Die Wahrnehmungen und Einschätzungen der Personalverantwortlichen werden durch die quantitativen Daten der Partnerbefragung gestützt. Besonders deutlich wird die Bedeutung, die der Erwerbstätigkeit seitens der Partner beigemessen wird. Der geringe Anteil der Befragten, denen die Fortsetzung der Erwerbstätigkeit in dieser Studie gewährt ist, unterstreicht die Notwendigkeit ein Unterstützungskonzept zu offerieren.

In der Literatur wird der Ansatz eines unternehmensspezifischen Unterstützungskonzeptes empfohlen (Domsch/Ladwig 1998), der die individuelle und holistische Situation der DCCs betrachtet (Harvey/Buckley 1998). Mithilfe einer organisationsinternen Datenerhebung kann die Mitarbeitergruppe und die Situation der DCCs analysiert und auf diesen Ergebnissen beruhend eine in die Unternehmensphilosophie und -strategie integrierte DCC-Richtlinie konzipiert werden.

Die Einmaligkeit jeder paarspezifischen Situation eröffnet stets neue Fragestellungen, die einer individuellen Lösungsvariante bedürfen. Es empfiehlt sich eine Auswahl differenzierter Maßnahmen zu offerieren, die in ihrer Kombination der Individualität der Problematik gerecht werden können.

Aufgrund des zu geringen wissenschaftlichen Fundaments sind für die Zukunft besonders Studien hinsichtlich der Wirkung der Implementierung eines Unterstützungsprogramms auf die Mobilitätsbereitschaft von DCCs wünschenswert. Ein weiteres Untersuchungsfeld können Studien zu der Thematik der Rückkehr darstellen. In diesem Bereich bestehen noch wenige Kenntnisse über die Auswirkung eines Auslandsaufenthaltes auf die berufliche Laufbahn des Partners. Von Bedeutung wären ebenfalls fortführende Studien zu den unterschiedlichen Anforderungen von weiblichen und männlichen Partnern an das entsendende Unternehmen sowie die daraus resultierenden potentiellen Handlungsmöglichkeiten seitens der Organisationen.

Die hier erhobenen empirischen Ergebnisse wie auch die Fachliteratur prognostizieren für die Zukunft einen Bedeutungsanstieg der DCCs sowie einen Fachkräftemangel in Deutschland. Eine konsequente Auseinandersetzung mit der Thematik der Dual Career Couples ist Ausdruck für den stattfindenden Wertewandel und wird für Unternehmen zunehmend an Bedeutung gewinnen. Nach Aussage J.-H. Bullingers, dem Präsidenten der Fraunhofer Gesellschaft, liegt die Essenz für den Erfolg eines Unternehmens in dessen Humankapital, denn:

> Weil es der Mensch allein ist, der erfindet, entdeckt und Neues gestalten kann, wird der Mitarbeiter zum wichtigsten Kapital des Unternehmens. (Bullinger 2008, 82)

Ein adäquates Unterstützungskonzept kann besonders vor dem Hintergrund der Konkurrenz um Arbeitnehmer zukünftig einen bedeutenden Wettbewerbsvorteil für die Gewinnung und Bindung qualifizierter Mitarbeiter darstellen.

Literatur

Bortz, Jürgen/Döring, Nicola (1995): Forschungsmethoden und Evaluation für Sozialwissenschaftler. Berlin: Springer.

Bullinger, Hans-Jörg (2008): Der Kreative ist König. In: Technische Universität München (2008): Faszination Forschung 3/08 (S. 82), München. Online: http://portal.mytum.de/pressestelle/faszination-forschung/2008nr3/18/download. [Zugriffsdatum: 25.10.2008].

Bundesregierung (2008): 2. Bilanz Chancengleichheit. Frauen in Führungspositionen. Rostock. Online: http://www.bmfsfj.de/RedaktionBMFSFJ/Abteilung4/PdfAnla gen/bilanzchancengleichheit,property=pdf,bereich=,rwb=true.pdf [Zugriffsdatum: 18.08.2008].

Corpina, Piero (1996): Laufbahnentwicklung von Dual-Career Couples – Gestaltung partnerschaftsorientierter Laufbahnen. Dissertation St. Gallen.

Domsch, Michel E./Ladwig, Ariane (1998): Dual Career Couples: Die unerkannte Zielgruppe. In: Werner Gross (Hg.): Karriere 2000. Hoffnungen – Chancen – Perspektiven – Probleme – Risiken (S. 126-143). Bonn: Dt.-Psychologen Verlag.

Domsch, Michel E./Ladwig, Désirée (Hg.) (2000): Handbuch Mitarbeiterbefragung. Berlin: Springer.

GMAC Global Relocation Services (2008): Global Relocation Trends. 2008 Survey Report. Woodridge: Illinois.

Goethe-Institut e.V. (2008): Gemeinsamer Europäischer Referenzrahmen für Sprachen: Lernen, lehren, beurteilen. Online: http://www.goethe.de/z/50/commeuro/ deindex.htm [Zugriffsdatum: 12.08.2009].

Gross, Petra (1994): Die Integration der Familie beim Auslandseinsatz von Führungskräften: Möglichkeiten und Grenzen international tätigen Unternehmen. Hallstadt: Rosch.

Harvey, Michael G./Buckley, Robert M. (1998): The Process of Developing an International Program for Dual Career Couples. In: Human Resource Management Review, 8 (1), 99-123.

Inglehart, Ronald (1989): Kultureller Umbruch: Wertewandel in der westlichen Welt. Frankfurt/New York: Campus.

Johnson, Arlene (1990): Relocating Two-Earner Couples: What Companies Are Doing. New York: The Conference Board.

Krause-Nicolai, Doris (2005): Dual Career Couples im internationalen Einsatz: Implikationen für das internationale Personalmanagement. Frankfurt a. M.: Peter Lang.

Ostermann, Ariane (2002): Dual Career Couples unter personalwirtschaftlich-systemtheoretischem Blickwinkel. Frankfurt a. M.: Peter Lang.

Punnett, Betty J./Crocker, Olga/Stevens, Mary A. (1992): The Challenge for Women Expatriates and Spouses: Some Empirical Evidence. In: International Journal of Human Resource Management, 3 (3), 585-593.

Punnett, Betty J. (1997): Towards Effective Management of Expatriate Spouses. In: Journal of World Business, 32 (3), 243-257.

Rapoport, Rhona/Rapoport, Robert N. (1971): Dual Career Families. Bunday: Suffolk.

Scherm, Ewald (1995): Internationales Personalmanagement. München/Wien: Oldenbourg.

Schramm, Dominga (2005): Dual Career Couples – Challenges and Corporate Strategies. Wien: Wirtschaftsuniversität: Diplomarbeit.

Schulte, Jürgen (2002): Dual Career Couples: Strukturuntersuchung einer Partnerschaftsform im Spiegelbild beruflicher Anforderungen. Opladen: Leske und Budrich.

Sekaran, Uma (1986): Dual-Career Families. Contemporary Organizational and Counseling Issues. San Francisco/London: Jossey-Bass.

Solga, Heike/Wimbauer, Christine (Hg.) (2005): „Wenn zwei das Gleiche tun...." Ideal und Realität sozialer (Un-)Gleichheit in Dual Career Couples. Opladen: Barbara Budrich.

Statistisches Bundesamt (2008): Bevölkerung und Erwerbstätigkeit. Haushalte und Familien. Ergebnisse des Mikrozensus 2007. Wiesbaden.

Stoltz-Loike, Marian (1992): Dual Career Couples: New Perspective in Counseling. Alexandria: American Counseling Association.

Flexibilität um jeden Preis? Der Auslandsaufenthalt aus der Sicht mitreisender Familienangehöriger[1] – eine Fallstudie

Gabriele Berkenbusch

Zusammenfassung

In der Managementliteratur der 90er Jahre, und zum Teil bis heute, wird der Rolle von mitreisenden Familienmitgliedern nur eine sehr untergeordnete Stellung eingeräumt. Insbesondere Frauen werden meist nur als mögliches Hindernis auf dem Weg zur erfolgreichen Mission des Managers beschrieben, während mitreisende Kinder meist als sinnstiftend für die Alltagsgestaltung von Frauen gesehen werden. Dieser Artikel befasst sich mit der Rolle der mitreisenden Familienangehörigen, insbesondere der gut ausgebildeten Ehefrau eines international tätigen Managers, der sein Tätigkeitsfeld und damit den Lebensraum seiner Familie nicht als Entsandter seiner Firma, sondern aus eigener Initiative ins Ausland verlagerte. Ich interessiere mich dafür, wie die Betroffenen rückwirkend diese Erfahrung bewerten bzw. verarbeitet haben.

Einleitung

Im Rahmen der sich ständig verändernden Berufswelt werden soziale Flexibilität und geographische Mobilität immer wichtiger und gehören zum Qualifikationsprofil von karriereorientierten, hochqualifizierten Führungskräften.

> Im Zuge der Internationalisierungprozesse gewinnen internationale Personalentsendungen mit dem Ziel des Wissenstransfers, der Personalentwicklung sowie der Koordination und Kontrolle des Firmeninteresses im Ausland zunehmend an Bedeutung. Im Rahmen der beruflichen Laufbahnentwicklung wird ein Auslandseinsatz als nahezu selbstverständlich betrachtet. (Smolny 2008, 1)

Nicht nur das Firmeninteresse, auch das Interesse und die Motivation der aufstiegsorientierten Mitarbeiter weisen in diese Richtung. Die erhofften materiellen Vorteile einerseits und der Wunsch, sich im Beruf zu verwirklichen andererseits, kollidieren aber oftmals mit dem Wunsch nach einer befriedigenden Partnerbeziehung bzw. mit

---

[1] Die Anregung zu diesem Artikel gab die Lektüre der ausgezeichneten Diplomarbeit von Ulrike Smolny (2008), die sich mit den Dual Career Couples befasste (siehe auch ihren Beitrag in diesem Band).

der Gründung und Pflege einer Familie. Man kann heutzutage davon ausgehen, dass die Partnerinnen ebenfalls hoch qualifiziert sind und auch den Wunsch hegen sich beruflich zu engagieren. Dies stellt die traditionelle Rollenverteilung innerhalb der Familie in Frage und macht die Diskussion um die Gewichtung der Karrieren von Mann und Frau nötig. Trotz der Akzeptanz der Berufsorientierung der Partnerin herrscht in vielen Fällen eine Dominanz der Karriere des Mannes.

> Das internationale Personalmanagement erfährt in diesem Zusammenhang Kritik, da es die Lage verkenne und das Individuum des Mitarbeiters betrachte, jedoch nicht das Paar als Gesamtheit und somit keine adäquaten und paarzentrierten Lösungsstrategien parat hielte (Corpina 1996, 108f). (Smolny 2008, 14).

Smolny verweist darauf, dass die Karriereorientierung des begleitenden Partners eine bedeutende Komponente für die Entscheidungsfindung über den Auslandsaufenthalt darstellt und dass – nach einer Erhebung des Global Relocation Trend – 2008 89% der Absagen eines Mitarbeiters auf familiäre Bedenken zurückzuführen sind. In der einschlägigen Literatur[2] kommen die Partner – genauer die Partnerinnen – praktisch nicht vor, und wenn, dann werden sie vornehmlich deshalb gewürdigt, weil sie ein Risiko bzw. Hindernis für den Erfolg ihres Partners darstellen und damit für den Erfolg des gesamten Auslandsaufenthalts[3]. In der Monographie mit dem Titel: „Erfolgsfaktoren des Auslandseinsatzes von Führungskräften", kommt die Familie des Auslandsentsandten nur mit diesem einen Satz vor:

> Das Unvermögen der Familienmitglieder, sich unter fremdkulturellen Bedingungen zurechtzufinden, rangiert auf etlichen Misserfolgsfaktor-Listen an erster Stelle. (Engelhard/Hein 1996, 96-97)

Familie wird also beschrieben als etwas, das dem Erfolg unter Umständen hinderlich ist, weil sich die Familie evtl. nicht anpassen kann (oder will), aber man kann herauslesen, dass diese Anpassung unbedingt wünschenswert wäre. Viele Leute gehen also auch heute immer noch davon aus, dass die Partnerin in erster Linie die Karriere des Mannes unterstützen und die eigenen Interessen zurückstellen sollte, dafür gibt es zahlreiche Belege.

---

[2] Exemplarisch seien hier genannt: Deutsche Gesellschaft für Personalführung (1995); Engelhard/Hein (1996); Medrano-Kreidler (1995).

[3] Anders jedoch Stroh (1999), die beansprucht, sowohl die Perspektiven der Arbeitgeber als auch diejenigen der ArbeitnehmerInnen und der PartnerInnen zu berücksichtigen.

Offensichtlich erkennen Organisationen immer deutlicher, in welchem Maße ein glücklicher Partner zum Erfolg des Arbeitseinsatzes auf internationaler Ebene beiträgt. Studien haben ergeben, dass sich am Grad der Eingewöhnung des Ehepartners zuverlässig ablesen lässt, ob der Arbeitseinsatz im Ausland erfolgreich sein wird. [...] Offensichtlich wirkt die Unterstützung des Ehepartners als starker Puffer gegen den Stress des Wechsels. (Marx 2000, 141)

Somit beeinträchtigt der Umstand, die Berufstätigkeit im Gastland nicht fortsetzen zu können, das Wohlbefinden von annähernd der Hälfte der im Heimatland berufstätigen Frauen. Dieses Ergebnis sollte für international tätige Unternehmen Konsequenzen haben, da das Wohlbefinden der Frau Auswirkungen auf die Leistung des Mitarbeiters bei der Erfüllung seiner Aufgabe haben kann. (Gross 1994, 163)

Da die Ehefrau als Puffer gegen den Stress des Ehemannes dringend benötigt wird, wird den Firmen geraten, die Partnerin in die Entscheidung über den Auslandsaufenthalt mit einzubeziehen. Das steigert auch die Produktivität des Ehemannes und damit den Nutzen für die Firma:

Include the spouse in all orientation. Employees can be 100% productive only when their families are stable. (Black/Gregerson 1991, 472)[4]

Die mitreisenden Frauen werden von dem Alltag im Gastland viel stärker und meist auch härter getroffen, trotzdem werden sie häufig nur als möglicher Störfaktor gehandelt. Falls sie nämlich ihre Pufferfunktion aufgrund der eigenen Befindlichkeit nicht wahrnehmen können, muss man sie berücksichtigen. Ansonsten gelten sie quasi als Möbelstück:

Der Mann packt seine Koffer, Frau und Kind, mietet ein repräsentatives Haus (auf Firmenkosten) sowie eine Köchin und diverse andere Domestiken und begibt sich mit Feuereifer an seine Arbeit, ganz so, wie er es bisher gewohnt war. (Medrano-Kreidler 1995, 20)

Ganz offensichtlich hat das schlichte Verpacken und Transportieren von Frau und Kind nicht die erwünschten Folgen, wenn man danach direkt zur Tagesordnung übergeht, ohne sich um ihr Wohlbefinden zu kümmern, nachdem man sie wieder ausgepackt hat. Einen Koffer muss man ja nicht danach fragen, wie ihm die neue Umgebung gefällt, Frau und Kinder womöglich doch?

---

[4] Vgl. auch Black/Gregerson (1998)

Nach etwa einem Jahr treffen wir den Mann wieder, er packt gerade seine Koffer, seine Ehefrau und seine Kinder sind schon vier Monate vorher [...] zurückgefahren. (Medrano-Kreidler 1995, 21)

Bei dem angeführten Beispiel ist also ganz offensichtlich etwas schief gelaufen und nur durch diese Misserfolge wurden die Firmen und auch die einschlägige Forschung darauf aufmerksam, dass man die mitreisenden Familienmitglieder berücksichtigen muss, wenn der Erfolg der Mission des Gatten sich einstellen soll. „Spouse adjustment", so der Fachterminus, ist ein dringendes Desiderat.[5]

Aber natürlich haben sich besonders in den letzten Jahren zunehmend Forscher auch dafür interessiert, wie denn gut ausgebildete berufstätige Frauen, die selbst Karrierewünsche haben, auf das Ansinnen ihres Partners nach Mobilität reagieren und es gibt auch Firmen, die ihr Augenmerk speziell auf die so genannten DCC's richten, Paare bei denen jeder eine Karriere anstrebt, da sie erkannt haben, dass es von Vorteil ist, beide möglicherweise hoch motivierte Partner an sich zu binden (vgl. dazu die Studie von U. Smolny in diesem Band). Auch der Fall mitreisender Ehemänner als Begleiter von weiblichen Führungskräften, der heute allerdings eher noch die Ausnahme darstellt, wurde schon thematisiert.

Der Anteil der Frauen unter den international tätigen Führungskräften ist weltweit sehr gering und beträgt zwischen 1% und 7%. Dieser Prozentsatz ist im Steigen begriffen und Frauen sind heute ebenso an einer internationalen Karriere interessiert wie Männer, wenn ihnen von den Unternehmen auch weniger Möglichkeiten dazu geboten werden.

Viele weibliche Expatriates sind ledig und nur die wenigsten haben Kinder. Einer Untersuchung Adlers zufolge, die in den USA durchgeführt wurde, sind die international tätigen weiblichen Führungskräfte in der Regel relativ jung (im Durchschnitt 29 Jahre), sehr gut ausgebildet (gewöhnlich mit MBA), sprechen mindestens zwei Sprachen und verfügen über ausgezeichnete "social skills". Die international tätigen Frauen, die verheiratet sind, werden fast immer bei einem Auslandseinsatz von ihrem Ehemann begleitet.

Die beiden Hauptgründe, warum Frauen für internationale Einsätze seltener berücksichtigt werden als ihre männlichen Kollegen ist die Annahme, dass Ausländer Vor-

---

[5] Für die Sicht der mitreisenden Ehefrauen interessiert sich jedoch die Studie von Punnett/Crocker/Stevens (1992).

urteile gegenüber weiblichen Führungskräften haben sowie die Problematik der internationalen Dual Career Couples (vgl. Krause-Nicolai 2005). Dennoch sind die wenigen Frauen, die im Ausland tätig sind, ausgesprochen erfolgreich und die beiden oben genannten Gründe scheinen an Gewicht zu verlieren.

> Selbst Länder wie Japan, Saudi Arabien und Korea akzeptieren weibliche Führungskräfte in den Auslandsniederlassungen und behandeln sie mit dem gleichen Respekt wie deren männliche Kollegen. (Gross 1994, 79ff)

Tatsache ist jedoch, dass weibliche Führungskräfte eher selten sind, deshalb wenden wir uns also wieder dem Normalformat der mitreisenden Gattin zu.

Nicht nur die multinationalen oder international tätigen Firmen verlangen von ihren Mitarbeitern einen Auslandsaufenthalt und planen diesen als Bestandteil eines Gesamtkonzepts ihres internationalen Managements in mögliche Karriereprofile fest ein, sondern es gibt auch besonders ambitionierte Individuen, die sich die internationale Beschäftigung selbst organisieren und bei der Lösung dieser Fragen auf sich allein gestellt sind und die Familienangehörigen erst recht. Mit einem solchen Fall und den Etappen des Migrationsverlaufs einer Familie, die durch die Initiative des Familienvaters vorangetrieben wurde, beschäftigt sich diese Fallstudie.[6] Die Frau und der Sohn eines international tätigen Managers wurden im September 2009 interviewt mit der Zielsetzung die Perspektive der mitreisenden Familienangehörigen zu dokumentieren. Anhand qualitativer Interviews soll aufgezeigt werden, was der nüchterne Terminus „spouse adjustment" sowie ebenfalls die entsprechenden Anpassungsleistungen eines Kindes für eine Familie bedeuten kann. Die qualitative Einzelfallstudie konzentriert sich bewusst auf die persönliche Sphäre der Familienmitglieder, ihre Wünsche, Hoffnungen und Enttäuschungen, die in den gängigen Studien ausgeblendet werden und liefert so eine dringende Ergänzung zu den vorliegenden Studien.

---

[6] Die folgende Studie beruht auf narrativen Interviews mit der Frau und dem jüngsten Sohn der Familie eines leitenden Managers. Die Namen sind selbstverständlich fiktiv, die Städtenamen ebenfalls.

Die Fallstudie

Ausgangslage: Migrationspläne und innerfamiliäres Konfliktpotenzial

Herbert Scholz, leitender und hochmotivierter Manager, sieht sich mit Mitte 40 vor der Situation, dass er am Ende der Karriereleiter angekommen zu sein glaubt und er fragt sich, ob er durch einen beruflichen Wechsel ins Ausland seinem Leben nicht noch einmal eine aufregende Wendung – einen Kick – geben könnte. Er will ins Ausland, aber er plant keine Auslandsentsendung über eine Firma, sondern er will Firma und Land wechseln und zwar dauerhaft. Sein Wunsch ist also die Emigration in ein englischsprachiges Land, denn das Verhandeln in englischer Sprache gehört sowieso zu seinem „täglichen Brot".

Zu diesem Zeitpunkt sind seine drei ältesten Kinder schon im studierfähigen Alter bzw. steuern unmittelbar darauf zu, der jüngste Sohn ist 9 Jahre alt. Seine Frau Gesine hat sich zu diesem Zeitpunkt gerade in dem Ort (der Kleinstadt Gehausen im Großraum München) etabliert, in den sie aufgrund der beruflichen Mobilität ihres Mannes mit der gesamten Familie ein paar Jahre zuvor gezogen war. Sie hat sich dort einen Freundeskreis aufgebaut, geht ihren verschiedenen kulturellen und Freizeitaktivitäten begeistert nach und ist auch beruflich sehr zufrieden. Sie sieht also absolut keinen Bedarf eines Neuanfangs, sondern ist ganz im Gegenteil mit ihrer Situation, insbesondere ihrer sozialen Einbindung, die sie sich jahrelang aufgebaut hat, ausgesprochen zufrieden.

Wie nimmt die Familie die Pläne des Familienvaters auf? Wie wird der Interessengegensatz der Ehepartner in der Familie behandelt? Es handelt sich ja nicht um den ersten gemeinsamen Umzug der Familie, aber dieser wird von der Ehefrau als etwas Besonderes empfunden:

> (1) *Person 1*[7]: …also der entscheidende, der wirklich entscheidende Umzug war
> SCHON der nach Kanada, also vor neun Jahren, ähm beziehungsweise vor neun

---

[7] Die Transkription wurde mit der freien Software F4 gemacht. Es handelt sich um eine normale Umschrift ohne besondere Konventionen. Die Spuren der Mündlichkeit wurden nicht geglättet, was zu Problemen mit der Zeichensetzung führt, die aber wegen der größeren Authentizität und Lebendigkeit des Textes in Kauf genommen werden. Person 1 ist die Mutter, Person 2 der jüngste Sohn der Familie. Punkte deuten kleine Pausen an. Großbuchstaben deuten auf eine nachdrückliche Betonung. Eingeklammerte Punkte deuten auf Auslassungen. Für die Erstellung der Rohtranskripte danke ich Kristin Müller.

Jahren ging dieser Entscheidungsprozess los, und der Prozess hat für mich wirklich fast ein Jahr gedauert, muss ich ganz ehrlich sagen, ja. [...]

Ah, und das war natürlich diese Zeit, diese formalen Schritte war für mich auch innerlich einfach der Prozess, also ich stand schon, ähm, am Anfang dieses Prozesses durchaus an so nem Scheideweg, wo ich mir gesagt habe, also für mich persönlich gibt's die zwei Wege. Also es gibt für mich neben dem Mitgehen auch den Weg hier zu bleiben, ja. Und, ähm, das war schon also ein ganz intensiver Prozess. Also wir haben dann auch so partnerschaftsmäßig wirklich sehr sehr stark irgendwie durchschritten, sag ich mal bis hin zu ner Eheberatung, ah also die uns dann da so mit begleitet hat in dieser Zeit. Also auch so, unsere Partnerschaft war in der Zeit wirklich so, so ... ja fast am Kippen, irgendwie.

Das Besondere liegt vor allen Dingen darin, dass sich der Entscheidungsprozess aufgrund des schwerwiegenden Entschlusses und der so unterschiedlichen Ausgangslage der beiden Ehepartner so lange hingezogen hat und offenbar auch für die Frau sehr schmerzhaft war. Das „muss ich ganz ehrlich sagen", und „wirklich sehr sehr stark irgendwie durchschritten", verweist darauf, dass es hier um ein Eingeständnis geht, dass dieser Prozess langwierig und schwierig war und ein hartes Stück Arbeit. Es wird ihr bewusst, dass es hier auch noch andere Optionen gegeben hätte und dass sie sich wie an einem „Scheideweg" gefühlt hat. Es geht bei diesem Prozess ja auch um die Harmonisierung unterschiedlicher Lebensziele, Identitäten und Befindlichkeiten, also um eine echte Zerreißprobe für das Paar. Eine weitere Besonderheit liegt auch darin, dass die unterschiedliche Perspektive quer durch die Familie verläuft:

(2) *Person 1*: ...die drei Großen waren aber zu der Zeit so auf dem Sprungbrett nach draußen, ja! [...] und die drei waren also auch so von ihrer jeweiligen individuellen Entwicklung sehr in der Phase, wo sie in die Welt hinaus wollten. [...] Der Kleine hatte noch keine Meinung, genau ... der war da neun Jahre oder acht Jahre wie das dann los gegangen ist und dem haben wir es auch relativ spät dann eigentlich erst erzählt.

Die fast erwachsenen Kinder befinden sich wie der Vater, wenn auch aus anderen Motiven, im Aufbruch und wünschen sich lieber heute als morgen hinaus in die „große weite Welt". Das jüngste Kind wird erst kurzfristig informiert und ist in den Entscheidungsprozess nicht einbezogen worden. Die Ehefrau sieht sich also nicht nur mit dem Veränderungswunsch ihres Partners, sondern genau so stark mit denjenigen ihrer älteren Kinder konfrontiert und sie fühlt sich dabei „auf alleinigem Posten":

(3) *Person 1*: …und wenn DIE jetzt, also die drei Großen so absolut abgeblockt hätten, dann wär die Sache wahrscheinlich noch mal anders gelaufen. Dann hätt ich die auf meine Seite irgendwie so ein bisschen mit rübergezogen und hätt gesagt, ne hoppla (lacht) da gibt's unsere Seite und … und wir wollen da bleiben und ja…[…] aber so war es halt einfach so, ja … mehrzahlmäßig .. und also ich war da fast so'n bisschen auf alleinigem Posten gestanden und da das war für mich dann natürlich noch mal ein bisschen schwieriger.

Innerhalb der Familie gibt es nun also zwei Parteien, die ausreisewilligen Kinder gemeinsam mit dem Vater und die eher sesshafte Mutter, die sich dem Rest der Familie alleine gegenüber sieht, das aber etwas abschwächt durch Formulierungen wie „so'n bisschen auf alleinigem Posten" und „das war dann natürlich noch mal ein bisschen schwieriger". Die gegensätzliche Ausgangsposition der beiden Positionen wird hier rückwirkend ganz vorsichtig abgeschwächt und damit vermutlich auch der von ihr erfahrene und ertragene Leidensdruck.

(4) *Person 1:* …ja, und für'n Herbert hat sich das ja so von seiner persönlichen Berufslaufbahn so entwickelt, dass er in dieser Firma, mh, ja, er war da irgendwie am Ende angelangt, also er wusste, da kommt nicht mehr viel dazu…[…] das hat ihm alles sehr … das war ihm alles zu eintönig und zu langweilig und es ist so, sein Wunsch auch äh ist, hat die ganze Zeit geschlummert, irgendwann mal nicht nur im Ausland eben Urlaub zu machen, oder eben nur eine bestimmte Zeit da abgeordnet zu werden, sondern ins Ausland, sondern wirklich den ganz großen Wechsel zu machen.

(5) *Person1:* Und da waren wir so total unterschiedlich, also ich war hier absolut am Ende meiner Ziele und Wünsche und Träume, und er war ganz woanders, ja, also der … hatte da noch was aufzuarbeiten und deswegen sage ich auch so unseren Kindern ‚macht solche Sachen, die ihr da so in euch spürt, macht die zur richtigen Zeit.'

Die Bedürfnisse der Partnerin einerseits und die der restlichen Familie andererseits hätten also nicht unterschiedlicher sein können und erfordern ein langes Ringen, einen allmählichen Prozess von immerhin einem Jahr. Danach wird die Entscheidung getroffen, aber ein großer Teil der durch diese Entscheidung verursachten Arbeit lastet dann auf den Schultern der Ehefrau. Sie entrümpelt und verkauft schließlich das Haus und sie trägt die Sorge für den Umzug, denn der Ehemann ist schon ein halbes Jahr früher in die neue Heimat aufgebrochen. Eine weitere Belastung kommt hinzu:

(6) *Person 1:* … ja also das war ne ganz heftige Zeit irgendwie für mich und ich wusste noch, also ich hab angefangen zu packen eben und das war und da kam die

Nachricht mit diesem, mit diesem 11. September rein, also, da hab ich mir gedacht, bis dahin hat man sich überhaupt keine Gedanken gemacht, dass man auch so zwischen den Kontinenten einfach hin und her fliegt und dass das alles locker und flockig und und da hab ich dann irgendwie ab da furchtbare Bedenken bekommen, also dass der Luftraum ist einfach net mehr sicher und das war irgendwie ziemlich, ziemlich blöd alles, ja, und direkt nach dem 11. September, es waren ja dann, er war schon drüben und ich hab noch nix gebucht gehabt und also man hat momentan auch nicht genau gewusst, also wie geht's so weiter mit den Buchungen und so, also es war alles irgendwie plötzlich ganz anders. Das war wie so ne große dunkle Wolke über dem ganzen Umzug und Neuanfang, ja.

Für Gesine steht der gesamte Umzug damit nicht nur aufgrund ihres inneren Befindens, sondern auch aufgrund der äußeren Bedingungen unter einem schlechten Stern. Durch die Geschehnisse des 11. September werden vorher als unproblematisch empfundene Dinge, wie z.B. Flüge nach Übersee, plötzlich problematisch. Es geraten Selbstverständlichkeiten ins Wanken und dieser sowieso schon als beschwerlich empfundene Neuanfang wird wie von einer dunklen Wolke überschattet. Es ist hier deutlich greifbar, wie international bedeutsame Einschnitte bis ins Privatleben der „globalisierten" Individuen hineinreichen.

Die Emigration aus der Perspektive der Ehefrau

Die äußeren Umstände entspannen sich aber dann zusehends und der Umzug in ein neues Haus, welches der Ehemann inzwischen gesucht und gefunden hat, findet statt. Nach dem langwierigen und Kräfte zehrenden Entscheidungsprozess und dem nicht minder anstrengenden Umzug geht der Ehemann seiner Arbeit nach, die Kinder besuchen Schule und Uni und die Ehefrau besorgt das Familienmanagement. Aber schon nach kurzer Zeit sucht auch sie für sich neue Möglichkeiten und findet diese durch ein Adult-Learning-Center, in dem kostenlose Englischkurse für Migranten angeboten werden. Hier taucht sie in eine für sie völlig neue Welt ein:

(7) *Person 1*: ... war ich dann in diesem Adult-Learning-Center in dieser Klasse und hab da also unheimlich interessante Leute kennen gelernt aus der ganzen Welt. [...] ... also man hat mich immer gefragt, mein Gott wieso bist du da aus Deutschland, dir geht's doch so gut und ... oder euch geht's doch in Deutschland so gut! Wieso ziehst du nach Kanada und so, also es hat niemand richtig verstanden, also die anderen, die [...] politisch verfolgt oder sonst irgendwie, also es waren aus Südamerika, Kolumbien, Bolivien und so, also Leute, die jeden Tag damit rechnen mussten, dass ihre Kinder auf dem Schulweg gekidnappt werden, zum Beispiel, ja. [...] politisch

verfolgt ... das waren ganz viele. Da hab ich die schauerlichsten Geschichten wirklich gehört. Da sind mir so richtig die Augen geöffnet worden, ja... was so alles
wirklich möglich ist.

Gesine nimmt die für sie fremde Welt mit großer Offenheit zur Kenntnis und zeigt
großes Interesse an den neuen Menschen aus aller Welt, die sie auf diese Weise kennen lernt. Die zum Teil dramatischen Schicksale politisch verfolgter Immigranten
und deren Sicht auf Deutschland als einem Land des Wohlstands und der Freiheit re-
lativieren sicher auch die mit dem eigenen Ortswechsel verbundenen Schmerzen und
Anstrengungen, denn hier werden ihr „die Augen geöffnet" darüber „was so alles
wirklich möglich ist", will heißen, wie viele schreckliche Dinge anderen Leuten zu-
gestoßen sind. Das lässt ihr eigenes Schicksal im Kontrast dazu als relativ unproblematisch erscheinen. Es gelingt ihr, in diesem Umfeld neue Freunde zu finden, und
sie erwirbt auch das entsprechende Englischzertifikat mit großem Erfolg. Darüber
hinaus sucht sie sich Kontakte im Bereich der Musik: Sie sucht sich ein Orchester, in
dem sie mitspielen kann, sie bildet sich weiter in einer japanischen Methode für
Streichinstrumente und sie gibt dieses Wissen in kurzer Zeit an einer Musikschule
und in Privatstunden weiter. Sie organisiert auch kleine Konzerte ihrer Schüler bei
sich zu Hause. Nebenbei managt sie das Familienleben. Sie entwickelt also eine un-
glaubliche integrative Kraft und sucht sich ständig neue Herausforderungen, denen
sie mit großem Engagement nachgeht. Das erste Jahr in der neuen Umgebung ist also
für sie eine besonders aufregende und als sehr positiv erlebte Zeit.

(8) Also das heißt, es war ne wahnsinnig interessante Zeit für mich und das ist das,
was ich eigentlich wirklich auch so am allerpositivsten erlebt hab in diesem ersten
Jahr, also wo ich selber auch mit ´ner Riesenoffenheit hingegangen bin und gesagt
hab, und jetzt nehm ich alles mit, was es an Möglichkeiten für mich gibt, und ja, also
ich hab dort vor Ort eigentlich so die ganze Welt irgendwie nebenbei kennen gelernt.

Durch die Kontakte mit Migranten aus den unterschiedlichsten Ländern und der
Konfrontation mit deren Erfahrungen lernt sie „die ganze Welt" scheinbar „nebenbei"
kennen. Dies ist sowohl eine sehr willkommene Horizonterweiterung als auch eine
Erweiterung ihrer persönlichen Beziehungen und Freundschaften, die die eigenen
Anstrengungen in den Hintergrund treten lassen.

Parallel zu ihren Integrationsbemühungen des ersten Jahres lässt der „Honeymoon" mit dem neuen Land bei den anderen Familienmitgliedern (außer dem Jüngsten) allmählich nach. Die studierenden Kinder sind vom Studentenleben in Kanada komplett enttäuscht. Das Studium erscheint ihnen zu verschult und die Freizeit ist für sie sehr viel begrenzter als in Deutschland. Für die Kinder besteht die Enttäuschung darin zu erfahren, wie sehr das Leben für sie in Kanada im Vergleich zu Deutschland reglementiert ist, und sie haben nur einen Wunsch: in Deutschland zu studieren. Auch der Ehemann findet nach einiger Zeit die Aufgaben in dem neuen Job nicht aufregender als diejenigen, die er zu Hause hatte, und auch bei ihm macht sich die Enttäuschung breit. Den überhöhten Erwartungen an einen Aufenthalt „im Land der Träume" des Ehemanns und der Kinder, der eigentlich als langfristiger konzipiert war, folgt die baldige Ernüchterung über die Realität des Alltagslebens.

Das Bemerkenswerte ist, dass diejenigen Familienmitglieder, die mit so hohen Erwartungen ausgewandert waren, relativ schnell sehr enttäuscht waren und dem Land nach kurzer Zeit lieber heute als morgen den Rücken kehren wollten, während Gesine, die ja eigentlich überhaupt nicht dorthin wollte, weil sie sich in ihrem vorherigen Umfeld sehr wohl fühlte, und die den enormen Belastungen des Wechsels hatte Stand halten müssen, sich noch am flexibelsten an die neuen Umstände anpasste und sich offenbar auch am besten integrierte. Trotz allem ist sie froh, als der Mann dann andeutet, dass er wieder nach Deutschland zurück möchte, denn sie vermisst Freunde und Verwandte sehr und freut sich darauf wieder mehr in deren Nähe zu sein, da ja die große Entfernung doch einem häufigen persönlichen Kontakt hinderlich ist.

Das Ehepaar beschließt also diesmal von vornherein einvernehmlich, wieder nach Deutschland zurück zu kehren, sobald sich eine berufliche Möglichkeit für den Ehemann bieten sollte. Die älteren Kinder sind schon früher an ihre Studienorte in Deutschland und Österreich zurückgekehrt. Auf den Ort der Rückkehr innerhalb Deutschlands kann Gesine wiederum keinen Einfluss nehmen, die Familie, d.h. die Eltern und der nun 12jährige jüngste Sohn, ist davon abhängig, was sich für den Familienvater für berufliche Möglichkeiten ergeben würden.

Die Remigration oder die Rückkehr in die fremde Heimat

(9) *Interviewerin:* Und ähm, und dann die Rückkehr, die war ja eigentlich keine Rückkehr (beide lachen) ... die war ja dann eine Rückkehr nach Sachsen, das ja auch noch mal ein ganz anderes Feld war.

Person 1: Ja, genau. also das war ... ja. also es war für uns jetzt einfach erst mal wichtig zurück zu ... ne Möglichkeit zu haben, zurück zu kommen nach Deutschland, da hätt's uns irgendwo hin verschlagen können und das war halt zufällig jetzt Zieldorf. Und das war aber ... sollte irgendwie noch mal so sein, denke ich.

[...] Also ich hab mir in der ersten Zeit oft gedacht, also das ist jetzt noch mal ein anderes Ausland wird. Wirklich. (beide lachen) Also net nur sprachlich, sondern einfach auch so vom ganzen, ja ... Lebensgefühl ... das kannst du ja glaub ich auch nachvollziehen (beide lachen).

Die Rückkehr nach Deutschland ist also keine Rückkehr in eine vertraute Umgebung, sondern wieder in gewisser Weise eine fremde Welt, die viele Schwierigkeiten bereithält, die gemeistert werden müssen, und von denen einige noch im Folgenden geschildert werden sollen. Trotz dieser enormen Schwierigkeiten kommt Gesine rückblickend zu einem ersten Fazit, dass das „irgendwie nochmal so sein" sollte. Sie interpretiert die Umstände als schicksalhaft und verleiht ihnen so in der Retrospektive einen Sinn. Das sollte nochmal so sein, klingt, als ob es für einen bestimmten Entwicklungsprozess der Familie geradezu nötig war. Diese Sicht auf die Dinge erleichtert ihr sicherlich auch den Umgang mit den neuen Herausforderungen. Möglicherweise hilft auch die Tatsache, dass sie die neue Umgebung von Anfang an als Übergangsstation und Provisorium begreift.

(10) *Person 1*: Also es war schon auch so mit der Wohnung und so, das war'n alles schon irgendwie, es war alles ein bisschen auf Übergang eingestellt oder so konzipiert. Also nicht dass wir, wir hätten ja auch die Möglichkeit gehabt, puh da wirklich billigst, billigst Häuser zu bekommen oder Wohnungen zu bekommen oder so, aber wir hab'n von Anfang an gesagt, also das hier is noch mal begrenzte Phase. Und wir wollen uns da jetzt nicht binden und was sich ja als richtig herausgestellt hatte. Also das heißt, das war, wir ... es war von Anfang an einfach so klar...

Aber auch Übergangssituationen, insbesondere wenn sie zeitlich nicht klar definiert sind, erfordern ein hohes Maß an Anpassungsvermögen an die neuen Bedingungen.

Denn bis der erneute, irgendwann zu erwartende Wechsel eintritt, muss man sich orientieren und wiederum ein soziales Netzwerk aufbauen.

> (11) *Person 1*: Und ich hab dann schon irgendwann gesagt, so und jetzt reicht´s mir und ... (lacht) so diese Anfänge und es dauert wirklich ein ganzes Jahr, bis so ne Sondierung stattgefunden hat, ja, bis du weißt, ich mein jetzt nicht nur wo du einkaufst und und und wo was zu finden ist und so. Sondern bis, bis wieder so für MICH irgendwo was sichtbar war. Ja, in welche Richtung ich geh´n könnte und was MIR wichtig werden könnte und so. Also ich weiß noch nach nem halben Jahr hab ich, ich glaub 40 Bewerbungen geschrieben, so ganz locker gestreut, äh an Musikschulen im ganzen Umkreis, ja. Das hab ich mich schon nach nem halben Jahr getraut und der Herbert unterstützt mich da schon immer sehr und so. Ahm, ja und daraus ist ja dann das Gestadt[8] zum Beispiel entstanden.

Auch in dieser neuen Situation entwickelt sie wieder ungeahnte Kräfte, um sich einen Neuanfang regelrecht zu erarbeiten, denn sie stößt nicht, wie der Ehemann, auf fertige institutionelle Strukturen einer eingespielten Firma, sondern sie muss sich alles selbst aufbauen. Aufgrund der gesammelten Erfahrungen bei den vorherigen Ortswechseln gelingt es ihr relativ schnell wieder Fuß zu fassen. Aber solche Anpassungsleistungen sind trotz der Unterstützung durch den Ehemann anstrengend, und das ist nicht nur für sie der Fall, sondern auch für den 12jährigen Carlo, der mit der neuen Schule und speziell mit seinen neuen Klassenkameraden zu „kämpfen" hat:

> (11) *Person 1*: Ja es gab schon,... es gab schon echt schwierige Phasen ... muss ich ganz ehrlich zugeben.
>
> *Interviewerin*: Und der Carlo hatte ja auch sehr große Startschwierigkeiten.
>
> *Person 1*: Der hatt´n halbes Jahr absolut zu kämpfen und der hat das aber recht ... auch ganz gut hingebracht, irgendwie so. Ja, aber der hatte VIEL mehr Schwierigkeiten als als beim Ankommen in Kanada, ja. Also da is er viel viel offener aufgenommen worden dort in Kanada als hier in Zieldorf, also ....
>
> *Interviewerin*: Mmh.
>
> *Person 1*: So, ... das hab ich dir ja erzählt...
>
> *Interviewerin*: Ja, ja.
>
> *Person 1*: Also das se gesagt hab´n, Mensch geh da wieder zurück wo du hergekommen bist, also die haben ihn dann wirklich abgelehnt, en halbes oder dreiviertel Jahr, mhm, also diese wirklich sehr ... (holt stark Luft) kleine Welt dieser, dieser

---

[8] Sie bezieht sich hierbei auf die Arbeit an einer Musikschule in einer nahe gelegenen Kleinstadt.

Zieldorfer Jugendlichen auch irgendwie. Während in Kanada war das natürlich gang und gäbe, dass da jemand halt aus irgendeinem fremden Land da her kommt ..."

Ein Jugendlicher kommt in eine Umgebung, die ihn manifest ablehnt, unter anderem auch deshalb, weil er aus dem Ausland kommt und den gemeinsamen Horizont einer „beschränkten" Kleinstadtwelt überschritten hat und deshalb als etwas Besonderes, aber keineswegs als etwas Wünschenswertes wahrgenommen wird. Er lernt, gestützt von seiner Familie, aber damit umzugehen.

Währenddessen engagiert sich der Vater sehr stark an seinem neuen Arbeitsplatz und dieser verlangt, dass er ständig und zum Teil auch mehrere Wochen hintereinander weltweit unterwegs ist. Das bedeutet natürlich, dass Gesine wieder weitgehend auf sich gestellt ist.

(12) *Person 1*: Ja es gab schon,... es gab schon echt schwierige Phasen ... muss ich ganz ehrlich zugeben.

Wie zuvor in Kanada, so schafft sie es auch in Zieldorf sich nach und nach neu zu vernetzen und verschiedenen Aktivitäten nachzugehen, einerseits solche, die ihr besonderen Spaß machen und andererseits solche, die ihr auch berufliche Perspektiven erschließen.

Erneute Binnenmigration in Deutschland

Zu einem Zeitpunkt, wo sie und auch ihr Sohn die ersten Schwierigkeiten überwunden haben und anfangen sich wieder heimisch zu fühlen, sieht sich ihr Mann gezwungen die Arbeitsstelle zu wechseln und geht wiederum mit einem zeitlichem Vorsprung von mehr als einem halben Jahr an den neuen Ort. Wie die erneute und dazu recht plötzliche Migration auf Gesine wirkt, zeigen am besten die folgenden Ausschnitte des Interviews:

(13) *Interviewerin*: Aber ...Naja du sagst es war ja prove .... also als Provisorium geplant und gedacht. Aber du hattest dich ja dann doch auch ganz gut eingelebt. Wie viele Jahre wart ihr da dann drei?

Person 1: Vier.

Interviewerin: Vier? Und ihr hattet ja grade du und äh und Carlo, ihr hattet ja dann auch Abnablungsprobleme ne?

Person 1: Ja genau. (lacht) Ja stimmt.

Interviewerin: Das war ja praktisch, die Entscheidung da weg zu gehen kam doch zu nem Moment, als ihr beide da sehr integriert wart oder euch gut gefühlt habt.

Person 1: Also das ist das Verrückte irgendwie so, das IMMER in in der Phase wo ich mich einigermaßen etabliert hab oder oder wo ich weiß, das es irgendwie Ja ... wie mir's gut geh'n kann, kommt schon wieder so ein neuer Aufbruch.

Interviewerin: Mmh.

Person 1: Ja, und das war jetzt eben drei Mal hintereinander...

Interviewerin: Und der Zeitpunkt, kam der jetzt äh praktisch ... ist es über euch hereingebrochen oder war es geplant oder?

Person 1: Absolut. Ne das ist also wirklich hereingebrochen weil nach..... zwei Jahren .... hieß es Zieldorf muss geschlossen werden, genau. Nach zwei Jahren war des schon. Und dann war es noch mal ... hat's noch nen ganzes Jahr gedauert bis es geschlossen war.

Interviewerin: Richtig.

Person 1: Das hat der Herbert ja alles abgewickelt und dann war er ja schon ein Jahr... hier[9] .... und dann sind wir erst eben vor einem Jahr nachgekommen. Also er....

Interviewerin: Also er war wieder voraus...

Person 1: WIEDER ein Jahr voraus...

Interviewerin: Ja richtig! Aber das hab ich...

Person 1: Oder länger sogar! ...

Interviewerin: Ja dadurch, dass er aber auch immer viel in China und sonst wo war....

Person 1: Ja ja ... das war ja ziemlich Wurscht.... (lacht)

Interviewerin: war es eigentlich Wurscht (lacht ebenfalls), hat man das gar nicht so mitgekriegt, dass er schon fort war.

Person 1: Ne, wir hab'n ein Jahr lang wirklich ne ne Wochenend-Ehe gehabt.

Der erneute Ortswechsel kommt sehr plötzlich und bricht förmlich über Ehefrau und Sohn herein. Der Familienvater löst den Standort der Firma auf, sucht sich eine neue Arbeit im Süden Deutschlands und eilt erneut voraus. Da er aber im Zusammenhang mit seiner neuen Tätigkeit beständig „rund um den Globus" unterwegs ist, fällt es eigentlich kaum auf, dass er schon vorausgezogen ist, denn er war auch am vorherigen

---

[9] Hier heißt an dem heutigen Wohnort der Familie in Gestadt.

Standort nur selten zu Hause. Das Ehepaar nimmt die Bedingungen einer Wochenend-Ehe in Kauf.

Die in der Literatur häufig nur als „problematisches Hindernis" betrachtete mitreisende Ehefrau nimmt im vorliegenden Fall drei radikale Ortswechsel in Kauf, die im
Grunde genommen alle fremdbestimmt sind, und die ihr alles abverlangen. Jedes Mal
schafft sie es meisterhaft, sich den neuen Umständen anzupassen, sich neue soziale
Kontakte zu erschließen und sich auch beruflich zu etablieren. Ganz nebenbei ist sie
für die Versorgung der Familie und die Erziehung des jüngsten Kindes maßgeblich
zuständig. Außer den Umzügen und den Phasen der Neuanpassung an neue Verhältnisse muss sie sich außerdem mehrmals damit arrangieren, dass ihr Mann sich häufig
auf Dienstreisen befindet und schließlich der Familie zweimal für mehrere Monate
(bzw. bis hin zu einem Jahr) vorauseilt. Dadurch ist sie sehr stark auf sich allein zurück geworfen, eine Situation also, die auch sehr viel Kraft kostet.

Der aktuelle Wohnort nach dem letzten Umzug ist für sie nun „definitiv" der letzte:

> (14) *Person 1*: Ja. (Lacht). .... Ja, also aber jetzt sag ich definitiv ... also ... ganz egal
> was passiert (lacht) ....
>
> *Interviewerin:* Jetzt bringn dich keine 10 ....
>
> *Person 1*: (lacht) ... jetzt bringn mich keine 10 Pferde mehr weg von hier. (beide la-
> chen)
>
> *Interviewerin*: Also hast du für dich das Gefühl, du bist jetzt hier angekommen.
>
> *Person 1*: Ja schon.
>
> *Interviewerin*: Und zwar definitiv (lacht).

Die Bereitschaft zu weiteren Ortswechseln und Neuanfängen ist nach diesen Stationen zumindest bei der Ehefrau definitiv ausgeschöpft und zwar „egal was passiert". Ergänzend muss noch hinzugefügt werden, dass der aktuelle Wohnort in un-
mittelbarer Nähe des Ortes ist, an dem die gesamte gemeinsame Odyssee begann. Es
ist also in einem gewissen Maße möglich, an alte Kontakte und Freundschaften an-
zuknüpfen. Es ist also besonders für Gesine das abermalige Ankommen an einem
Ort, an dem man sich ca. 7 Jahre vorher schon einmal eine gelungene Integration
erarbeitet und auch Kontakte erhalten hatte. Der Sohn sagt in seinem Interview, dass
seine Mutter eine Weltmeisterin in der Aufrechterhaltung von Kontakten über zeitliche und räumliche Distanzen hinweg ist.

Das Insistieren auf dem definitiven Wohnsitz ist sicher auch ein prophylaktischer Hinweis auf etwaige neue Arbeitsfelder des Gatten. Trotz dieser anstrengenden Abfolge unterschiedlich schwieriger Migrationserlebnisse zieht sie insgesamt eigentlich ein positives Fazit:

> (15) *Person 1*: Also das war schon, ich denke es war ein Abenteuer, ein ganz wichtiges Abenteuer für uns, sonst wäre dieser Traum einfach, der grad beim Herbert immer noch so weiter geschlummert hat, ja.. also jetzt ist es für ihn abgehakt, ja. Jetzt ist es für ihn abgehakt und wir wissen wo wir hingehören, eigentlich letztendlich, und jetzt ist da irgendwo Ruhe eingekehrt.

Sie unterstellt dabei, dass auch der Ehemann „angekommen" ist und dass jetzt Ruhe eingekehrt ist für sie beide.

Die Migrationsgeschichte der Familie aus der Perspektive des jüngsten Kindes, heute 17 Jahre alt

Carlo erzählt sehr flüssig, zusammenhängend und selbstinitiiert, d.h. die Interviewerin greift kaum durch Zwischenfragen ein. Er entwickelt und verknüpft seine Gedankengänge selbständig. Da ich seine Beiträge sehr anschaulich und bemerkenswert reflektiert finde, drucke ich hier größere Passagen, zum Teil auch nur spärlich kommentiert, ab.

Die Emigration

> (1) *Person 2*: Also ja, also ich denk schon es war wahnsinnig aufregend für mich. Meine Eltern haben mir das so gesagt, irgendwann mal, ähm ja wir werden nach Kanada ziehen, und da dachte ich mir echt, weil wir auch in der Schule irgendwie glaube ich grad noch irgendwie über äh Amerika und so, also das ging so los in der 3. Klasse mit Englisch und da haben wir über Amerika geredet und wie die Amerikaner so leben und über das Weihnachten und so, das fand ich alles total aufregend damals, das weiß ich noch ganz genau. Und dann wo wir das wo ich das erste Mal nach Toronto geflogen bin und auch dieser lange Flug erstmal, das war alles total spannend für mich und ich weiß nicht, auch äh für mich weil ich glaube in der Grundschule ist man auch noch nicht so stark mit den Leuten oder in der Gegend verfestigt, so dass der Absprung praktisch oder der Wegzug für mich überhaupt nicht so schwer war. Ähm ich denke für meine Mutter halt, die da echt damit zu kämpfen hatte, das hab ich ja schon alles auch mitbekommen, weil wenn man einfach keine Arbeit, also die hat jetzt nicht so direkt gearbeitet, die war nicht in der

Schule, das Englisch nicht so schnell gelernt, also ich war halt einfach voll einge-
spannt jeden Tag bis um 3 in der Schule und dort dann und hab innerhalb von 2 Monaten halt das Englisch einfach so gelernt, weil ich es lernen musste und äh ja es war
einfach ein riesiges Abenteuer für mich kann ich dazu so sagen.

Carlo, das damals neunjährige Kind hat diesen Aufenthalt in jeder Hinsicht als span-
nend empfunden. Für ihn war alles unglaublich aufregend. Seine Anpassung, insbesondere auch seine sprachliche Anpassung bereitet ihm wenig Probleme. Er hat bemerkt, dass das für die Mutter nicht so einfach war wie für ihn selbst und er resümiert
den gesamten Aufenthalt in seiner ersten Äußerung als „riesiges Abenteuer", eine
Bezeichnung, die auch seine Mutter gewählt hatte. Es ist durchaus möglich, dass diese Episode innerhalb der Familie als Abenteuer erzählt und verarbeitet worden ist,
dass es also zum familiären Diskurs gehört.

(2) *Interviewerin*: Und du hast dann auch in der Klasse sehr schnell Kontakt gefunden?

Person 2: Ja, ja schon also in Kanada ist das auch überhaupt kein Problem also da
die haben da ihre Einwanderungsprogramme, die haben dieses ESL, also English as
Second Language, wo man dann ähm ganz schnell mit Privatlehrern sogar dann
auch Englisch lernt und die sind alle total offen gegenüber Ausländern, also ich weiß
noch in der 6. Klasse ist dann einfach so ne Koreanerin gekommen, dann noch eine
aus Venezuela oder so ist dazu gezogen, dann ist im Jahr davor einer aus Italien gekommen und also da sind ständig neue Leute hingezogen, weggezogen aber auch
wieder, ich bin dann gleichzeitig mit einem weggezogen, der dann nach Holland ist
und das ist einfach in dem in Kanada ich glaube auch verstärkter als in USA ähm
dieses dass man sich daran gewöhnt hat, dass ständig Leute aus anderen
Ländern da sind…

Interviewerin: mhhh

Person 2: …und auch wenn man durch die Innenstadt gegangen ist, da ständig also
das so multikulturell war, was man eigentlich nirgendswo in Deutschland oder so
findet, dass da wirklich überwiegend Inder und Chinesen, Japaner wirklich alles
gemischt und es stört gar keinen und die sind alle miteinander befreundet und es
ging einfach also auch grade bei mir in der Klasse, das war überhaupt kein Problem,
die haben sich richtig gefreut, dann also die freuen sich wirklich wenn jemand
Neues dazu kommt und die interessieren sich dann für dich, die fragen dich da, also
ich weiß noch bei mir in der ersten Pause haben sie mich dann gleich alles Mögliche
gefragt, was das und das auf Deutsch heißt und also das ging dann wahnsinnig
schnell und ich glaub bei den Kindern ist es auch noch bisschen was Anderes als bei
den Erwachsenen, bei denen ist es so, alles relativ oberflächlich so noch da geht da
geht's halt die ganze Zeit dann so *How are you* und so *nice that you are here* und bei

den Kindern, die freuen sich da wirklich, wenn du mit denen was machst oder so. Und denen ist es auch einfach relativ egal wo man herkommt, die, ich glaub die verstehn das einfach auch noch nicht so, was die Erwachsenen dann unter der anderen Länder und so andere Sitten und so verstehen. Äh, wenn du dann also, ich hab halt so schnell Englisch gelernt und es war für mich überhaupt kein Problem auch von der Kommunikation her und ich hab mich da auch nie irgendwie äh sag ich jetzt mal ausgegliedert oder so gefühlt in der Klasse."

Wie seine Mutter, so taucht auch der Sohn in eine als multikulturell empfundene Umwelt ein und fühlt sich da rundherum wohl und empfand offenbar keinerlei Anpassungsprobleme.

Die Remigration

Unmittelbar an die Äußerung (2) schließt er dann einen Vergleich dieser kanadischen Erfahrungen mit der Remigration nach Deutschland, also in diesem Falle nach Zieldorf an, ohne dass eine Frage an dieser Stelle dazu Anlass gegeben hätte:

(3) *Person 2*: Also es war als ich dann nach Zieldorf eben gezogen bin ganz anders, das war so'n richtiger Abbruch, da hab ich ein halbes Jahr gebraucht, bis ich das erste Mal wirklich bei jemand zu Hause war zum Spielen und irgendwie ja das hat ewig gedauert, weil die die waren einfach nicht auf solche Leute eingestellt, die dann schon so weit gereist sind und schon äh also andere Sprachen gelernt haben und also da hatte ich echt damit zu kämpfen in Zieldorf die erste Zeit.

[...]

in so'ner Kleinstadt war das echt schwierig so also ich sag jetzt mal Kleinstadt, also für mich war damals Zieldorf ganz groß [...] aber jetzt wo ich halt München kenne, da ist das echt Kleinstadt für mich und da denken einfach die Leute alle noch'n bisschen anders und ich glaub auch ehrlich, dass da einfach dieser Unterschied einfach noch ganz klar da ist, so mit Ost und West, dass ich, der auch im Westen praktisch dann groß geworden bin und dann nach Kanada gezogen ist, das war was ganz Fernes für die, also das konnten die nicht so richtig nachvollziehen.

Interviewerin: ..so ein bisschen exotisch..

Person 2: .. ja, ja schon ja. Aber das hab ich schon öfters also auch grade bei anderen...

Interviewerin: ... aber vielleicht ist es auch, wird es auch ein bisschen beneidet oder, dass du solche Möglichkeiten hattest? Ist ja schon was Privilegiertes ne, die Eltern, die nach Kanada ziehen und...

Person 2: ... also ich glaub sie fanden in dem Moment, wo ich dann so in die Klasse rein gekommen bin, fanden die das gar nicht so, ich glaub die war'n nicht neidisch sondern die fanden das eher alle so komisch.

Interviewerin: Ach so

Person 2: also alles sonderbar (da) zieht der bitte schön durch die ganze Welt, so ungefähr."

Die Vergleiche seiner verschiedenen Migrationssituationen werden nicht linear vorgetragen, sondern wechseln einander ab. Die Passage (3) wurde angeregt durch seine eigene Erzählung der Integration in Kanada und der Vergleich drängt sich auf. Der Vergleich einer Umgebung, in welcher das Fremdsein etwas Selbstverständliches ist, mit einer ostdeutschen Kleinstadt, in der ein solch mobiler Lebensweg als sonderbar empfunden wird. Die Dimensionen, in denen er das verankert, sind Groß- und Kleinstadt einerseits und Ost und West andererseits.

Des Weiteren musste er sich jeweils auf ein anderes Schulsystem einstellen und auch darauf, dass es bei den Schülern andere Einstellungen zur Schule gibt:

Person 2: ... Es war auch ganz schwierig am Anfang, ich bin natürlich von Kanada das war dann noch mal'n großer Unterschied von den beiden Schulsystemen, weil einfach in Kanada würde nie jemand sagen, er hasst Schule, er hat keinen Bock auf Schule oder so. Sondern dort macht es auch wirklich Spaß und so. Da geh'n die Meisten auch ... ja klar sagen die das auch einfach mal so, sie wollen jetzt nicht in die Schule, sie wollen lieber zu Hause bleiben und irgend etwas anderes machen. Aber es regt sich niemand darüber auf weil es einfach Spaß macht und wir hatten so nette Lehrer und die sind alle so hoch motiviert dort gewesen. Und gerade in der Grundschule halt noch mit so vielen Projekten und mit so viel Spaß wurde das so durchgeführt. Ja, und dann bin ich halt in ein deutsches Gymnasium gekommen und dacht mir so, ja jetzt muss ich mich erst mal so richtig anstrengen um da rein zu kommen und das war halt wahrscheinlich genau das Falsche. Da dachten die halt alle, boh das is ja so'n Streber und mit dem wollen wir erst mal nix zu tun haben. Und ich denk da muss ich mich echt so an die anpassen jetzt, aber das is mir .... war jetzt vier Jahre lang dort, da ging das erst dann... da ist mir das halt so gelungen (...).

Seine Erfahrungen mit der kanadischen Schule waren rundherum positiv. Sie hatte ihn hellauf begeistert. Kein Wunder also, dass er vermutet, dass er das Familienmitglied war, dem der Wegzug von Kanada am schwersten gefallen ist. Zum Glück werden ihm dann auch in außerschulischen Kontexten weitere Integrationsressourcen erschlossen (vgl. dazu weiter hinten).

Die Binnenmigration – Vor- und Rückblicke

Carlo hat schon im jugendlichen Alter substanzielle Erfahrungen mit Veränderungen der Lebensumstände gemacht und eine gewisse Übung mit neuen Situationen umzugehen. Der neuerliche Wechsel nach Bayern, in eine Kleinstadt im Umfeld von München, wird von ihm als problemlos empfunden. Er schreibt das vor allem der Nähe der Großstadt zu. Für die unterschiedlichen Möglichkeiten einer schnellen Integration in die Klasse, zieht er auch das Alter der Schüler und sozialisationsbedingte Beziehungsphänomene heran:

(4) *Person 2*: ... es hängt vielleicht auch damit zusammen, dass es siebte Klasse war (in Zieldorf) und da hängen die Leute ja eher noch so an ihren besten Freunden dran und also ich hab jetzt gemerkt in der elften ist das schon wieder ganz komplett anders...

Interviewerin: Mmhhhh

Person 2: ... zumal das überhaupt kein Problem war für mich so hier rein zu kommen.

Interviewerin: hmhm.

Obwohl er die neuen Klassenkameraden als offen schildert, ist er sich auch gewisser Einschränkungen, die mit seinen Ortsveränderungen zusammenhängen, bewusst:

(5) *Person 2*: Also ich merke es zwar immer jetzt noch so, dass ich einfach nicht, ich denk das wird auch nie so sein, aber ich bin dann einfach nicht so in der Klasse in den Freundeskreisen drin wie wenn ich schon seit also als wenn ich nie weggezogen wär, dann wär das was ganz anderes hier, aber ..

Interviewerin: .. es ist nicht so schwer wie in Zieldorf.

Person 2: .. nee nee gar nicht, also ich war so nach nem Monat oder so auf meiner ersten Party oder so.

Wichtige Merkmale einer gelungenen Integration eines Kindes bzw. Jugendlichen werden von ihm auch immer wieder benannt. Da wäre zuerst die Einladung eines Klassenkameraden nach Hause zum Spielen, dann später in der jetzigen Umgebung und im höheren Alter die Einladung auf eine Party. Als weitere Orte bzw. Situationen gelungener Integration schildert er Klassenfahrten, Wandertage oder auch außerschulische Institutionen wie in seinem Falle die katholische Jugend in Zieldorf.

(6) *Person 2*: Ja ich denk auch was'n großer entscheidender Punkt war, war halt auch die katholische Jungend.

Interviewerin: Mmh.

Person 2: Wo ich von Anfang an eigentlich relativ gut drin war. Auch bei den Ministranten und so. Das hilft dann schon einem immer sehr in solchen Jugendgruppen, die dann jetzt gar nicht mal so sehr ... wo einfach die Schule weg ist oder so und diese schulischen Hintergründe, wie gut die Noten sind, was ja auch bei so was immer ne große Rolle mit spielt bei Noten und so. Ähm, ... ja die hab'n nie so gedacht, ja ich bin so'n Streber oder so, (...) mit denen hab ich mich echt super verstanden am Anfang und ich denk auch die besten Freundschaften, die ich jetzt noch so hab, sind auch wirklich dadurch, sind dadurch entstanden.

Er hatte also schließlich während der vier Jahre in der Kleinstadt Freunde gefunden und war über den neuerlichen Wechsel nach Bayern zunächst nicht begeistert:

(7) *Person 2*: Aber jetzt grade so, also die erste Phase war auch wirklich echt hart für mich. Auch schon auch hier, also jetzt abgesehen davon, dass es hier leicht war, hab ich die Leute dort schon vermisst.

Das Hin-und-her-gerissen-sein äußert sich in den ständigen Vergleichen der unterschiedlichen Lebenswelten in Zieldorf (Sachsen) und Gestadt (Bayern) und es zeigt auch, dass trotz Übung und trotz gelungener Anpassungsleistungen die Wechsel auch schmerzhafte Spuren hinterlassen.

Die Moral von der Geschicht'

Fazit der mitreisenden Ehefrau

(8) *Person 1*: ... Aber es war eine riesige Horizonterweiterung und dieser Traum von Amerika, Nordamerika. Vom Land der unbegrenzten Möglichkeiten, der ist absolut realistisch irgendwo geworden. Der hat Boden gefunden und also...

Interviewerin: Und der is auch .....

Person 1: So die Höhenflüge (lacht)

Interviewerin: .... geschrumpft .... sagen mer mal.

Person 1: Ja genau.

Interviewerin: auf ein normales Maß reduziert worden (beide lachen)

Person 1: Genau.

Das Fazit der mitreisenden Ehefrau fällt trotz aller erlebten Höhen und Tiefen positiv aus. Weiter oben hatte sie die ganze Migrationsgeschichte schon als riesiges Abenteuer qualifiziert. In der hier abgedruckten Passage hebt sie vor allem die riesige Horizonterweiterung hervor und auch die Relativierung der Träume vom Land der unbegrenzten Möglichkeiten. Bekommen die geleisteten Anstrengungen und die erduldeten Mühen und Schwierigkeiten damit rückwirkend einen Sinn? Tritt der gezahlte Preis für diese Erfahrungen in den Hintergrund oder lässt er sich durch das positive Fazit rechtfertigen?

Fazit des mitreisenden Kindes

(9) *Interviewerin*: Würdest du jetzt aber im Nachhinein sagen, wenn du das generell, also nehmen wir mal an ... ähm ... du kommst in die Situation andere Leute mal später zu beraten die Auslandsaufenthalte planen oder so. Würdest du generell sagen, dass die Bedürfnisse der Kinder, dass man die stärker berücksichtigen ... ähm ... muss oder das man stärker dann beim Zeitpunkt des Wechsels vielleicht darauf Rücksicht nehmen muss, wann man wechselt, weil man die Kinder da so rausreißt und da wieder rein schmeißt?

Person 2: Nö, ich denk ....

Interviewerin: ... Oder hast du da mit allem Frieden geschlossen, dass es jetzt nun so war? (lacht)

Person 2: Ich bin schon allgemein der Meinung, das es super ist, so ne Auslandsgeschichte, auch grade mal so ... ja was aber halt dann ganz wichtig ist, ja zum Beispiel, der eine der bei mir in Kanada in der Klasse war, der dann nach Holland gezogen ist, bei dem war das von vornherein klar, das sind nur zwei Jahre und dann wusste der ganz genau, ist er wieder zurück. Die haben ihr Haus nicht verkauft und so und von daher hat er auch mit der ganzen Sache nicht so abgeschlossen. Ich denk, es ist allgemein ne super Sache. Es muss einfach nur im richtigen Rahmen stattfinden, dass die Kinder genügend Zeit haben sich einzugewöhnen, genügend Zeit haben dann wieder mit dem ganzen abzuschließen und .... Ich denk, dass hängt auch jetzt gar nicht mal so sehr stark vom Alter ab. Aber es muss einfach genügend Zeit da sein ...

Interviewerin: ... sich damit auseinander zu setzen!

Person 2: Ja genau. Oder einfach, es muss ein Rahmen überhaupt gesetzt werden. Weil wir ja ... wir sind rüber gezogen, da hieß es, es kann zwei Jahre sein, es kann aber auch ....

Interviewerin: ... das ganze Leben sein ...

Person 2: 15 Jahre sein .... Ja es gibt ja wirklich viele Deutsche, die nie wieder aus Kanada weggezogen sind.

Interviewerin: Mmh. Also unterm Strich würdest du jetzt für dich sagen, als mitreisendes Kind, bei diesen ganzen Expeditionen, dass es ein Gewinn ist.

Person 2: Ja auf jeden Fall.

Interviewerin: Dass die positiven Aspekte, die Negativen überwiegen.

Person 2: Ja schon. Also grade auch, ich hätte ja nie, ich weiß nicht wie ich mich entwickelt hätte, wenn ich nie weggezogen wäre aus Gestadt, wenn wir da immer noch dort so wohnen würden. Dann hätte ich erstens, also viele Erfahrungen kriegt man, also das sind so wertvolle Erfahrungen, die man dann einfach hat, auch wenn's traurig manchmal ist oder wenn's schwer ist manchmal.

Interviewerin: Mmh.

Person 2: Aber auch grad diese schweren Erfahrungen sind, denk ich, relativ wichtig und tragen viel zu ner gewissen Lebenserfahrung bei. Ähm, also ich denke was, gerade bei Kindern, ist es gar nicht so schlimm, weil die relativ gut und schnell immer in die Schulen und in die Freundeskreise reinkommen. Ich denk das Wichtigste ist einfach, wenn andere Leute irgendwo hin ziehen, das grade..., also ich hab das ja an meiner Mutter gemerkt wie schwer das für die war, einfach. Dann muss halt, also der Partner oder so, muss einfach auch ... äh... ne gewisse Funktion dabei haben, weil sie war ja, also für sie war's echt schwer, die hatte auch glaub ich ... da echt ne Zeit lang ... ähm ... fast Depressionen oder so."

Der jugendliche Sohn zeigt hier in der retrospektiven Betrachtung der Situation eine enorme Übersicht und Reife. Er wünscht sich für die Kinder mehr Übersicht und Klarheit. Er wünscht sich einen bestimmten absehbaren Rahmen, in dem die Migration stattfindet, und auch er verbucht die schweren Erfahrungen auf der positiven Seite der Bilanz, da er davon ausgeht, dass zur Persönlichkeitsentwicklung auch unerfreuliche Erfahrungen dazu gehören. Auch sieht er das Hauptproblem nicht bei den Kindern, sondern bei der Berücksichtigung der Bedürfnisse der Ehepartnerin und er bewundert seine Mutter aufrichtig für die von ihr erbrachten Leistungen:

(10) *Person 2*: ja ich ..ich denk am schwierigsten .. am schwersten ist es für den Partner da.

Interviewerin: Mmh.

Person 2: ... um in die ganze Sache rein zu kommen.

Interviewerin: ... für den mitreisenden Partner schwieriger als für die Kinder?

Person 2: Ja, ja stimmt, auf jeden Fall. Weil ich denk auch, grad wenn die Verwandten, die einem so wichtig sind, die Leute ... äh...(so weit weg sind) da ist es echt schwer. Wenn man sich selber nicht dafür entscheidet, sondern eben der Partner, dann ist es noch mal was ganz Anderes, wenn man praktisch nur wegen dem Partner mitgeht.

Interviewerin: Mmh.

Person 2: Ja, sie hätte ja auch genau so sagen können, nö sie bleibt in Deutschland, sie will das nicht. Aber natürlich wegen uns ist sie dann mitgekommen und dann ... also ich denk, die hat auch da fast die größte Leistung von uns allen erbracht, was die sich da aufgebaut hat...

Diese letzte Aussage würdigt das Engagement und die Leistungen seiner Mutter. Nach seiner Einschätzung ist es für den mitreisenden Partner viel schwerer als für die Kinder mit wechselnden Umgebungen klar zu kommen. Das Hervorheben der besonderen Leistung seiner Mutter entspricht durchaus dem Eindruck, den ich in den beiden Interviews gewonnen habe. Es ist aus meiner Sicht eine glückliche Fügung, dass die hier befragten Personen zu einer solch positiven Sichtweise auch ihrer schmerzlichen Erfahrungen fähig sind. Sicherlich kann man kaum davon ausgehen, dass alle mitreisenden Familienmitglieder international tätiger Manager, die solche oder ähnliche entbehrungsreiche Erfahrungen gemacht haben, ihre Entbehrungen auf diese Weise zurückstellen und unter eine positive Gesamtauswertung subsumieren können.

Die Frage, ob man seine Familie solchen Zerreißproben aussetzen will und einen so hohen individuellen Preis für die Mobilität zahlen will, steht bei jeder Auslandsentsendung im Raum und muss immer wieder von der gesamten Familie neu beantwortet werden.

Es bleibt zu hoffen, dass auch in der Forschung ein breiter Perspektivenwechsel einsetzt und die mitreisenden Familienmitglieder nicht nur als wohl oder übel zu berücksichtigendes Hindernis für eine erfolgreiche Mission des Ehemanns betrachtet werden, sondern als Personen, deren Befinden ein legitimes Thema der wissenschaftlichen Betrachtung darstellt.

Literatur

Black, Stewart J./Gregersen, Hal B. (1991): The Other Half of The Picture: Antecedents of Spouse Cross-Cultural Adjustment. Journal of International Business Studies, 22 (3), 461-477.

Black, Stewart J./Gregersen, Hal B. (1998): So You're Going Overseas. A Handbook for Personal and Professional Success. San Diego CA: Global Business Publishers.

Deutsche Gesellschaft für Personalführung e.V. (1995): Der internationale Einsatz von Fach- und Führungskräften. Ein Ratgeber von Experten für die Praxis. Köln: Wirtschaftsverlag Bachem.

Engelhard, Johann/Hein, Silvia (1996): Erfolgsfaktoren des Auslandseinsatzes von Führungskräften. In: Klaus Macharzina/Joachim Wolf (Hg.): Handbuch internationales Führungskräftemanagement (S. 83-111). Stuttgart: Raabe.

Gross, Petra (1994): Die Integration der Familie beim Auslandseinsatz von Führungskräften. Möglichkeiten und Grenzen international tätiger Unternehmen. Hallstadt: Rosch-Buch.

Krause-Nicolai, Doris (2005): Dual Career Couples im internationalen Einsatz. Implikationen für das internationale Personalmanagement. Frankfurt am Main: Peter Lang .

Macharzina, Klaus/Wolf, Joachim (Hg.) (1996): Handbuch internationales Führungskräftemanagement. Stuttgart: Raabe.

Marx, Elisabeth (2000): Vorsicht Kulturschock. So wird Ihr beruflicher Auslandseinsatz zum Erfolg. Frankfurt/Main: Campus-Verlag.

Medrano-Kreidler, María del Carmen (1995): Bedingungen für das Wohlbefinden von Mitarbeitern bei Auslandseinsätzen. Frankfurt am Main: Peter Lang.

Punnett, Betty J./Crocker, Olga/Stevens, Mary A. (1992): The Challenge for Women Expatriates and Spouses: Some Empirical Evidence. International Journal of Human Resource Management, 3, 585-592.

Smolny, Ulrike (2008): Chancen der Mobilitätsförderung bei Auslandsentsendung von Dual Career Couples. Zwickau: Unveröffentlichte Diplomarbeit.

Stroh, Linda K. (1999): Does Relocation Still Benefit Corporations And Employees? An Overview of The Literature. Human Resource Management Review, 3, 279-308.

„Third Culture Kids"? – Auslandsentsendungen mit Kindern und Jugendlichen

Doris Weidemann

Zusammenfassung

Obwohl in den letzten Jahren die Familien auslandsentsandter Mitarbeiter zunehmend als ‚Erfolgsfaktor' internationaler Personaleinsätze betrachtet werden, existiert nur wenig Forschung, die gezielt die Situation der mitreisenden Kinder in den Blick nimmt. Dieses Kapitel stellt empirische Forschungsarbeiten aus vier verschiedenen Forschungsgebieten vor, die das Thema mehr oder weniger explizit aufgreifen: a) Forschung zu Internationalem Personalmanagement, b) ethnographische und sozialwissenschaftliche Forschung zu Expatriates, c) Forschung zu internationalen Schulen sowie d) Beiträge, die unter Bezug auf den Ankerbegriff ‚Third Culture Kids' Betroffenenberichte und journalistische Forschungsarbeiten vereinen. Neben gesicherten Befunden werden in dieser Übersicht auch etliche Forschungslücken sichtbar. Abschließend werden einige vorläufige Ergebnisse aus einem empirischen Forschungsprojekt über erwachsene ‚Third Culture Kids' vorgestellt und Schlussfolgerungen für künftige Forschungsarbeiten gezogen.

Einleitung

Sie heißen „Third Culture Kids", „Expat-Kinder" oder „global citizens". Sie begleiten ihre Eltern auf internationale Arbeitseinsätze, und ihre Lebensläufe klingen häufig exotisch. Von Migrantenkindern unterscheiden sie sich durch ihre Teilhabe an dem vergleichsweise privilegierten Lebensstil der zumeist gut verdienenden Eltern und dadurch, dass sie sich am ausländischen Aufenthaltsort nur selten langfristig integrieren. Als „globale Nomaden" ziehen sie mit ihren Eltern dorthin, wo internationale Organisationen und Unternehmen ihre Vertretungen unterhalten, sind an verschiedenen Orten ‚zuhause' und kehren doch zumeist irgendwann in ihr Heimatland zurück. Nach Schätzungen amerikanischer Quellen begleiten weltweit jedes Jahr mehrere hunderttausend Kinder ihre Eltern auf internationale Arbeitseinsätze. Während die Situation der entsandten Mitarbeiter mittlerweile als gut untersucht gelten kann, existieren über die Situation der mitreisenden Kinder kaum gesicherte Forschungserkenntnisse. Dies ist nicht nur angesichts der großen Zahl betroffener Eltern, Kinder und Jugendlicher überraschend. Verblüffend ist, dass entsprechende Forschung selbst dort unterbleibt, wo aufgrund von Beobachtungen gravierende Auswirkungen eines internationalen Lebensstils auf betroffene Kinder und Jugendliche festgestellt werden. So gilt als ausgemacht, dass Auslandsaufenthalte die mitreisenden Kinder vielfältigen Belastungen aussetzen, die langfristigen Einfluss auf die Persönlichkeitsentwicklung nehmen können – welcher Art dieser Einfluss ist, welchen Kontextbedingungen und Gestaltungsmöglichkeiten er unterliegt, ist gleichwohl kaum systematisch untersucht worden. Nicht selten führt die Befürchtung, der Auslandsaufenthalt könne negative Folgen für ihre Kinder haben, Mitarbeiter zu dem Entschluss, Auslandseinsätze abzulehnen. Zu den beobachteten Begleiterscheinungen von Auslandsaufenthalten zählen jedoch keineswegs nur negative Effekte. Häufig werden die Vorzüge eines international mobilen Lebensstiles hervorgehoben: Weltoffenheit, Toleranz, Fremdsprachenkenntnisse, interkulturelle Kompetenz zählen zu den Attributen, die von den Betreffenden im Ausland erworben würden. Bisweilen werden Expat-Kinder gar als globale Experten gehandelt, die für Leben und Arbeit in einer künftig noch globaler vernetzten Welt entscheidende Schlüsselqualifikationen erwürben. Dieses doppelte Bild des international orientierten, doch wurzellosen *Third Culture Kids* ist nicht nur für stereotype Wahrnehmungen, sondern auch für einen großen Teil der Fachliteratur charakteristisch, die sich aus verschiedenen Perspektiven mit *Third Culture Kids* beschäftigen.

Es ist das Ziel dieses Kapitels, einen Überblick über die höchst diversen verfügbaren, wissenschaftlichen und populärwissenschaftlichen Texte zum Thema zu geben und deren Zielsetzungen, Themenstellungen und Befunde in einen systematischen Zusammenhang zu stellen. Dabei werden insbesondere auch die zahlreichen Forschungslücken und -desiderate sichtbar. Abschließend werden Ergebnisse einer Interviewstudie vergleichend herangezogen und Richtungen künftiger Forschung skizziert.

Übersicht über das Forschungsfeld

Der Begriff *Third Culture Kids* geht auf Useem und Useem (1967) zurück, die für die Gruppe der in Indien lebenden amerikanischen Expatriates feststellten, dass diese weder in der amerikanischen Kultur, noch im indischen Kontext völlig ‚zuhause‘

waren, sondern sich in einer ‚Zwischenkultur' verorten ließen, die kulturelle Elemente beider ‚Großkulturen' zueinander in Bezug setzt. Ihre Beobachtung, dass dieser kulturelle Zwischenraum seinerseits Identifikationsmöglichkeiten und Teilhabe ermöglicht, führte zu der Bezeichnung „Third Culture" – stelle doch diese „dritte Kultur" den geteilten Bezugsraum der Expatriates dar. Von Useem und Downie (1976) wurde der Begriff „Third Culture Kids" auf die Kinder und Jugendlichen angewendet, die aufgrund der Berufstätigkeit ihrer Eltern in einer solchen ‚Zwischenkultur' aufwachsen.[1] In der Nachfolge dieser Arbeit wird als *Third Culture Kid* (TCK) heute eine Person bezeichnet,

> die cinen bedeutenden Teil ihrer Entwicklungsjahre außerhalb der Kultur ihrer Eltern verbracht hat. Ein TCK baut Beziehungen zu allen Kulturen auf, nimmt aber keine davon völlig für sich in Besitz. Zwar werden Elemente aus jeder Kultur in die Lebenserfahrung des TCKs eingegliedert, aber sein Zugehörigkeitsgefühl bezieht sich auf andere Menschen mit ähnlichem Hintergrund. (Pollock/van Reken/Pflüger 2007, 31).

Dieser Begriff, der in einem großen Teil der einschlägigen Literatur verwendet wird, ist in besonderem Maße zur Selbstbeschreibung von Personen aufgegriffen worden, auf die das geschilderte Profil zutrifft. Eine Anbindung an wissenschaftliche Debatten zu Identität, Kultur und Hybridität, die eine präzisere Begriffsbestimmung ermöglichen könnte, ist bisher jedoch nicht erfolgt.

In diesem Artikel soll der Begriff *Third Culture Kid* zur Bezeichnung von Kindern oder Jugendlichen Verwendung finden, die ihre Eltern auf einen längeren (mehrjährigen) Auslandsaufenthalt begleiten, ohne dass hiermit Aussagen über die Kulturteilhabe dieser Kinder und Jugendlichen – die zu erkunden sein wird – getroffen werden. Betrachtet werden nachfolgend Studien und Beiträge, die sich mit der genannten Zielgruppe beschäftigen, auch wenn sie diese unter anderen Namen (siehe z.B. die eingangs genannten) in den Blick nimmt.

Studien über *Third Culture Kids* sind in verschiedenen Diskursfeldern und Wissenschaftsdisziplinen angesiedelt, die jeweils unterschiedliche Zielsetzungen und Forschungsfragen verfolgen, wobei die große Heterogenität von Inhalten und Qualität

---

[1] „Third Culture" definieren sie als „interstitial culture [...] which is created, shared and carried by persons who are relating societies, or sections thereof, to each other." (Useem/Downie 1976, 103). Es scheint verschiedene 'dritte Kulturen' zu geben, z.B. je nach Entsendungskontext.

dieser Beiträge eine Integration der Befunde erschwert. Im Folgenden nehme ich eine Gliederung nach Forschungsperspektiven vor, die sich insbesondere danach unterscheiden, in welcher Rolle die betreffenden Kinder und Jugendlichen in den Blick genommen werden. Diese Betrachtung, die teilweise disziplinären Grenzziehungen folgt, verdeutlicht zugleich die Interessengeleitetheit der Forschung und die daraus resultierenden Grenzen der Forschungsergebnisse. Folgende vier Forschungsfelder beschäftigen sich mit *Third Culture Kids:*[2]

1. Internationales Personalmanagement: Mitreisende Kinder und Jugendliche gelten aus dieser Sicht insbesondere als Variablen des Entsendungserfolgs ihrer Eltern (in der Regel: ihres Vaters). Sie werden teilweise auch als potentielle künftige Mitarbeiter betrachtet.

2. Sozialwissenschaftliche und ethnologische Forschung zur Lebenssituation von Expatriates beschäftigt sich mit allgemeinen Aspekten eines Lebens im Ausland. Als Mitglieder der Expatriate-Community werden auch Third Culture Kids in die Untersuchungen mit einbezogen.

3. Internationale Schulforschung: International mobile Kinder und Jugendliche werden als Schüler mit besonderen Merkmalen, Bedürfnissen und Potentialen erforscht. Das Interesse gilt in jüngerer Zeit auch interkulturellen Lernprozessen an internationalen Schulen.

4. Betroffenenliteratur/Selbsthilfeliteratur: Nicht im engeren Sinne zur wissenschaftlichen Literatur zählen die zahlreichen Berichte über eigene Erfahrungen als Third Culture Kid oder über Erfahrungen als Eltern eines Third Culture Kids. Der Erfahrungsaustausch unter ‚Betroffenen' geschieht auch über Internet-Portale (z.B. www.tckworld.com), die hier jedoch nicht berücksichtigt werden.

---

[2] Zwei weitere Forschungsfelder werden hier aus Platzgründen außer acht gelassen: Psychiatrische Studien, die sich mit den Auswirkungen von Auslandsmobilität auf Kinder und Jugendliche beschäftigt, die jedoch – vermutlich angesichts einer globalisierten Lebenswelt und dem neuen Ideal der interkulturellen Kompetenz – jenseits früher Beiträge (z.B. Werkman 1979, Werkman et al. 1981) nicht fortgeführt wurde. Ebenfalls nicht berücksichtigt wird hier die sehr interessante japanische Diskussion zur Möglichkeit kultureller Teilhabe von japanischen Expatriate-Kindern und die Schwierigkeiten ihrer Reintegration. Arbeiten zu den als kikokushijo bezeichneten Kindern und Jugendlichen sind sehr umfangreich. Interessierte Leser finden einen englischsprachigen Überblick über die Debatte bei Goodman (2003) oder Pang (2000).

Im Folgenden werden die wichtigsten Befunde dieser Forschungsrichtungen dargestellt.

Internationales Personalmanagement

Internationale Personaleinsätze sind ein ebenso wichtiges wie viel diskutiertes Thema
der personalwirtschaftlichen Forschung. Im Mittelpunkt der Diskussion steht typischerweise die Frage nach dem Erfolg des Experten auf dem Auslandsposten sowie
nach den Möglichkeiten, diesen Erfolg durch Personalauswahl und -entwicklung si-
cherzustellen und zu steigern. Bei der Suche nach relevanten Faktoren, die Einfluss
auf den Entsendungserfolg haben, ist die Familie des Auslandsdelegierten in den letzten Jahren verstärkt in den Blick gerückt (siehe auch die Beiträge von Beatrice
Schneider, Ulrike Smolny und Gabriele Berkenbusch in diesem Band). Urteilte Harvey 1985 noch, die Familie sei eine zu wenig beachtete ‚Variable' bei Auslandsentsendungen, ist heute die Erkenntnis weit verbreitet, dass die Zufriedenheit der Familie, insbesondere die des Ehepartners, entscheidenden Anteil am Gelingen oder
Scheitern eines Auslandseinsatzes hat. Die Familie gilt als „wichtiger Erfolgsfaktor"
(Puttlitz/Lißner/Heidemann/Rietz 2003), da sie − im positiven Fall − dem Entsandten
wichtigen emotionalen Rückhalt und Arbeitsentlastung im Alltag geben kann. Eine
Familie, die das Leben im Ausland schlecht bewältigt, kann hingegen zu einer emotionalen Belastung für den Entsandten werden, die sich auf die Arbeitsleistung negativ auswirkt und im schlimmsten Fall die Entscheidung für einen Abbruch des Einsatzes erzwingt. Die Entdeckung der Familie als ‚Erfolgsfaktor' hat jedoch erstaunli-
cherweise keineswegs dazu geführt, dass deren Situation tatsächlich verstärktes For-
schungsinteresse gewidmet worden wäre. Noch seltener hat sie ein Interesse entstehen lassen, das unabhängig von Effizienz- und Erfolgskriterien der Frage nachgehen
würde, wie sich das Leben im Ausland auf Familien und ihre einzelnen Mitglieder
auswirkt.

Stattdessen untersuchen empirische Studien insbesondere allgemeine korrelative Zusammenhänge zwischen familiären Merkmalen (z.B. Kinderzahl) und dem Anpas-
sungserfolg des Mitarbeiters. Von Interesse sind ferner familienbezogene Faktoren
bei der Entscheidung für oder gegen einen Auslandseinsatz, die Anpassung der Ehefrau als Einflussfaktor auf den Entsendungserfolg des Mannes sowie allgemeine

Auswirkungen der Auslandsentsendung auf die Kinder. In jüngster Zeit sind vereinzelt auch systemische Betrachtungsweisen zu verzeichnen (z.b. Mohr/Klein 2004, Konopaske/Robie/Invancevic 2005), die darauf hinweisen, dass es sich bei den genannten Faktoren nicht um einseitige Wirkbeziehungen handelt, sondern dass Anpassungsprozesse von Mitarbeiter und Familie als ein sich gegenseitig verstärkender Prozess zu betrachten seien.

Auswirkungen des Auslandsaufenthaltes auf mitreisende Kinder

Personalwirtschaftliche Untersuchungen stellen typischerweise nur geringe Anpassungsprobleme der Kinder im Ausland fest. So beschreiben etwa zwei Drittel der von Gross (1994) befragten Mütter, die ihren Mann ins Ausland begleiteten, den Wechsel ins Ausland für ihre Kinder als positiv oder sehr positiv. Nur ca. neun Prozent beobachten Probleme bei der Umstellung auf das Leben im Gastland. Auch 92 Prozent der von Tung (1999) befragten Manager geben an, dass – die Existenz angemessener Schulen vorausgesetzt – der Auslandsaufenthalt einen positiven bis sehr positiven Einfluss auf die Entwicklung ihrer Kinder habe. Seemann findet in seiner Befragung deutscher Firmenentsandter (n = 98) in Frankreich ebenfalls eine insgesamt hohe Zufriedenheit. Die Integration in Frankreich ist insbesondere bei Paaren und Familien groß, in denen einer der Ehepartner französischer Nationalität ist. Probleme ergeben sich mitunter für die mitreisende deutsche Ehefrau, seltener jedoch für die Kinder. Seemann schließt:

> Geringer scheinen im großen Ganzen die Probleme für die mitreisenden Kinder zu
> sein. Die meisten Entsandten, die sich hierzu äußern, sagen, dass es am Anfang auch
> für die Kinder hart gewesen sei. Sie müssten ihre alten Freunde aufgeben, die Schule
> wechseln, eine neue Sprache lernen. Schwierig sei es insbesondere für Einzelkinder,
> so ein Gesprächspartner, weil sie völlig auf sich gestellt seien. Zwei Entsandte, de
> ren Kinder die Anfangsprobleme überwunden haben, sehen darin aber dennoch eine
> so große Belastung, dass sie ihnen dies nicht noch einmal zumuten würden, auch
> wenn es jetzt keine Probleme mehr gebe. (Seemann 2000, 238)

Auch die von Stahl (1998) befragten deutschen Manager in Japan und den USA berichten von geringen Anpassungsproblemen der mitreisenden Kinder. Interessant ist jedoch, dass diese – wenn sie auftreten – in den USA häufiger sind als in Japan. Als Gründe hierfür nennen die Befragten die Verfügbarkeit einer deutschen Gemeinde sowie einer deutschen Schule für die (vorrangig in Tokio ansässigen) deutschen Entsandten in Japan. In den USA fehlt eine solche deutsche Gemeinschaft, zudem waren die Kinder dort gezwungen, schnell die Gastlandsprache zu lernen (ebd.). Auch in anderen Kontexten zeichnet sich ab, dass in dem insgesamt positiven Bild insbesondere die Schulsituation kritisch beurteilt wird: Unterschiede im Schulsystem werden von Müttern der betroffenen Altersgruppe häufig als negativ bis sehr negativ eingestuft (zu 41 Prozent, Gross 1994).

Kinder und ihr Einfluss auf die Anpassung des Mitarbeiters

Großes Interesse gilt der Frage, ob die Anpassung und Leistungsfähigkeit des Mitarbeiters durch Kinder beeinflusst wird. Ergebnisse der recht zahlreichen Studien legen nahe, dass sich Elternschaft positiv auf die sozialen Kontakte zu Gastlandsangehörigen sowie auf die interkulturelle Kooperation im Unternehmen auswirkt (Brüch 2001, die Angaben beruhen auf Selbstauskünften der per Fragebogen befragten Manager; ähnlich auch Tung 1999). Entsprechend ist auch die Zufriedenheit von Mitarbeitern mit Kindern im Ausland höher als die von Mitarbeitern ohne Kinder. In Bezug auf die selbsteingeschätzte Leistung der Manager findet Tung (1999) einen kurvilinearen Zusammenhang: Expatriates ohne Kinder und solche mit zwei Kindern schätzten ihren Arbeitserfolg höher ein als jene mit einem oder mit mehr als zwei Kindern. Dieser Effekt existiert, obwohl es keine anderen signifikanten Zusammenhänge zwischen der Leistung und anderen Variablen wie Alter, Hierarchiestufe, Arbeitserfahrung im Ausland usw. gab. Eine Erklärung für diesen Zusammenhang bietet Tung jedoch nicht.

Empirische Unterstützung der ‚Familien-Hypothese' liefert ferner die Längsschnittuntersuchung von Caligiuri, Hyland und Joshi (1998), die nachweist, dass familiärer Zusammenhalt, Anpassungsfähigkeit und eine positive Einstellung der Familie eine positive Auswirkung auf die Anpassung des Expatriates hat.[3] Der Einfluss auf die mitreisende Partnerin hingegen ist zwiespältig. Mohr und Klein (2004) berichten als Ergebnis einer qualitativen Befragung von 14 amerikanischen Expat-Ehefrauen in Deutschland, dass Kinder einerseits die Anpassung an allgemeine Lebensverhältnisse

---

[3] Die Autoren merken jedoch selbstkritisch an, dass die abhängige Variable ‚Anpassung des Expatriates' noch keinen Rückschluss auf dessen Leistung erlaube. Auch gelte es, weitere Variablen in Bezug auf die Anpassung mit einzubeziehen. Problematisch ist ferner auch die Operationalisierung, bzw. die verwendeten Datenquellen. Diese sind Protokolle von Beratungsgesprächen einer HR-Firma, die für diese Untersuchung kodiert, jedoch nicht extra erhoben wurden.

erschweren (da sie die zu bewältigenden Anforderungen komplexer machen, z.b. um-fassendere Einkäufe erfordern), andererseits die interaktionsbezogene Anpassung er-leichtern (da durch sie Kontakte zu anderen Eltern oder zu Erziehern entstehen). Zu-dem erleichtern sie die „Rollenanpassung", da der Verzicht auf eigene Berufstätigkeit im Ausland u.U. leichter fällt, wenn die Rolle als Hausfrau und Mutter freiwillig ge-wählt wird (S. 1194)

Kritik

Zu den wesentlichen Kritikpunkten an personalwirtschaftlichen Erkenntnissen über *Third Culture Kids* gehört deren eingeschränkte Perspektive auf Kinder als ‚Variable' des Anpassungserfolgs des Mitarbeiters. Ein genuines Interesse an den Kindern (oder Familien) selbst gibt es nicht, es sei denn in ihrer Eigenschaft als potentielle künftige *Humanressource*. Es gilt die lapidare Feststellung von Selmer und Lam: „In most studies, expatriate children are merely an item on the list of do-not-forgets" (2004: 432), und entsprechend wenig ist diesen Studien über die Situation der Kinder zu entnehmen. Dies resultiert nicht zuletzt daraus, dass in diesem Forschungsfeld schwerpunktmäßig Fragebogenuntersuchungen durchgeführt werden, die zwar statis-tisches Material liefern, jedoch nur spärliche Interpretationen der Befunde erlauben. Schließlich besteht ein eklatantes Defizit an Befragungen der *Third Culture Kids* selbst – alle erwähnten Arbeiten stützen sich ausschließlich auf Elternurteile.

Sozialwissenschaftliche und ethnologische Forschung zu ‚Expatriates'

Mehr Aufschluss versprechen Arbeiten, die Auslandsaufenthalte nicht ausschließlich im Hinblick auf Leistungskriterien und Effizienz untersuchen. So existiert etwa eine große Zahl psychologischer und ethnologischer Forschungsarbeiten, die sich mit Le-bensbedingungen, Zufriedenheit und Akkulturation von auslandsentsandten Mitarbei-tern und Familien beschäftigen. Bemerkenswerterweise gibt es aber auch hier kaum Beiträge, die die Lebenswelten von Kindern und Jugendlichen gezielt in den Blick nehmen. Studien widmen sich vielmehr den allgemeinen Lebensbedingungen von Expatriates, wobei das „Leben in der Diaspora", die kulturellen Mischformen und Akkulturationserfahrungen der ausgereisten Familie im Mittelpunkt des Interesses stehen, nicht die Arbeitsleistung des Expatriates. Ethnographische Beiträge, die sich insbesondere auf qualitative Methoden stützen, zeichnen so ein detailliertes Bild der

Lebensbedingungen im Ausland (für einen Überblick siehe z.B. Moosmüller 2002, 2007). Eine Auswertung dieser Literatur im Hinblick auf die Lebenssituation der Kinder ergibt folgendes Bild:

Leben in relativer Isolation vom Gastland

Die Lebenssituation von Expatriate-Familien ist außerhalb Europas und Nordamerikas häufig durch ihre Zugehörigkeit zur internationalen oder deutschen Community geprägt und vollzieht sich in relativer Isolation vom Gastland (Peißker-Meyer 2002, Roth/Roth 2002, Kartari 2002, Thomas/Schroll-Machl 2003, Moser-Weithmann 2002, Moosmüller 1997; 2007). Dies gilt auch für die mitreisenden Kinder, die im Ausland selten Landesschulen, sondern in der Regel deutsche oder internationale Schulen besuchen, die auf ihre Bedürfnisse weitgehend eingestellt sind. Nicht zu vernachlässigen ist allerdings, dass der Besuch einer internationalen englischsprachigen Schule deutschen Kindern ebenfalls Anpassungsleistungen abverlangt.

Trotz der Kontaktmöglichkeit zu einheimischen Kindern, die sich auch an internationalen Schulen bieten, werden diese offenbar nicht sehr intensiv genutzt. So haben etwa deutsche Schüler in Istanbul nach Auskunft ihrer Mütter nur wenig Kontakt zu türkischen Mitschülern an der dortigen deutschen Schule – und das, obwohl die Schule weit mehr türkische als deutsche Schüler hat (Moser-Weithmann 2002). Auch zeigen die deutschen Schüler wenig Motivation, die türkische Sprache zu lernen. In verschiedenen Kontexten zeigt sich: Deutsche Expatriate-Familien pflegen soziale Kontakte insbesondere im deutschen Kreis. So beobachten Dobler und von Groll in Mexiko: „Kontakte zu deutschen Kollegen sind häufiger und enger als zu mexikanischen Kollegen, die Kinder der deutschen Entsandten haben deutsche Schulfreunde und die Freizeit wird meist mit anderen deutschen Familien verbracht" (Dobler/von Groll 2002, 123).

Für Expatriate-Familien, die sich ihr Gastland nur selten aussuchen können und häufig versetzt werden, ist eine Integration im Gastland offenkundig weniger wichtig (und möglicherweise auch weniger sinnvoll!) als das Aufrechterhalten ihres normalen Lebensgefüges unter den Bedingungen internationaler Mobilität (s.a. Peißker-Meyer 2002). Die ausländische „Community" erfüllt in diesem Zusammenhang wichtige Funktionen bei der Aufnahme von Neuankömmlingen sowie durch die Bereitstellung von Informationen und Infrastruktur für hochmobile Familien (z.B. in Form interna-

tionaler Schulen, internationaler Clubs und Treffpunkte) (z.B. Kartari 2002). Bemerkenswerterweise ähneln sich die internationalen Gemeinden weltweit so stark, dass
deutschen Familien ein Umzug von Singapur nach Brasilien leichter fällt als ein Umzug nach Deutschland (Dobler/von Groll 2002, 126). Der Wunsch, ihren Kindern eine möglichst reibungslose Schullaufbahn zu ermöglichen, ist für Eltern ein wichtiger
Grund, internationalen Schulen Vorrang zu geben – die Integration in das Gastland
hingegen ist in vieler Hinsicht eher dysfunktional.

Unter den Bedingungen hoher Integration in die ausländische Community, geringer
Integration in das Gastland sowie den typischerweise materiell gut gesicherten Lebensumständen, die der Beruf der Eltern mit sich bringt, stellen sich für Kinder und
Jugendliche insbesondere folgende Probleme und Herausforderungen (für einen
Überblick siehe auch Thomas/Schroll-Machl 2003): Sie sind zunächst gefordert, neue
Freundschaften zu knüpfen, die Integration in die neue (internationale) Schule zu
meistern und die lingua franca Englisch sowie gegebenenfalls auch die Landessprache zu lernen. Umweltgegebenheiten sowie allgemeine Lebens- und Verkehrsbedin-
gungen des Gastlandes wirken sich auf die Möglichkeiten zur Freizeitgestaltung und
die Bewegungsfreiheit aus. Fehlt z.B. ein öffentliches Verkehrsnetz oder ist der Aufenthaltsort wenig sicher, sind die Kinder und Jugendlichen auf privaten Transport
durch Erwachsene angewiesen, was für deutsche Jugendliche häufig eine Einschrän-
kung ihrer Selbstständigkeit darstellt (umgekehrt erleben z.B. amerikanische Expatriate-Kinder in Deutschland an Orten mit einem guten öffentlichen Verkehrsnetz eine
Ausweitung ihrer Bewegungsfreiheit). Der hohe Lebensstandard am Entsendungsort
bedeutet ferner häufig, dass Hauspersonal verfügbar ist, und für jüngere Kinder, dass
möglicherweise einheimische Kindermädchen zu ihrer Betreuung angestellt sind.

Während die genannten Lebensbedingungen für viele Kinder der International Communities zutreffen, sind individuelle Lebenszusammenhänge und Erfahrungen jeweils
höchst verschieden. Ob unter den genannten Bedingungen positive oder negative
Entwicklungen angestoßen werden, hängt mithin von weiteren Faktoren ab. Der Literatur sind vereinzelt Hinweise auf erhebliche Anpassungs- und Entwicklungsproble-
me zu entnehmen – z.B. auf Alkoholkonsum und „Wohlstandsasozialität" (Roth/Roth
2002, 96). Auch gibt es kritische Stimmen bezüglich der sich im Ausland vermeintlich einstellenden Weltoffenheit und Toleranz. So berichtet eine Mutter über das Leben in Syrien folgendes:

... für Kinder ist das Auslandsleben eigentlich, der Grundtenor ist eigentlich negativ. Weil alle hobbymäßigen Interessen konnten weder hier noch da ausgelebt werden, weil auch von nirgendwoher Angebote gekommen sind. ... Und all das, was wir anfangs so positiv glaubten für Kinder, die im Ausland aufwachsen, der Horizont, wie es immer so schön heißt, wird ja so erweitert, es werden ja so tolerante Persönlichkeiten und, und, und. All das können wir überhaupt nicht bestätigen, also was die Toleranz angeht sowieso nicht. In unserem Fall, bei Mareike, liegt ein Teil eben an diesem internationalen System, da herrscht 'ne Rivalität zwischen den syrischen und den ausländischen Kindern, und die wird nicht etwa abgebaut, sondern aufgebaut. (Peißker-Meyer 2002, 75)

Bietet die International Community einerseits Rückhalt und Kontinuität, so verhindert sie offenbar andererseits doch auch interkulturelles Lernen und Kontakt zu Gastlandsangehörigen. Erst weitere Forschung könnte Aufschluss darüber geben, unter welchen Bedingungen solche Kontakte dennoch gelingen und welche Erfahrungen jene Familien machen, die sich für die Integration vor Ort entscheiden – oder entscheiden müssen, weil eine internationale Gemeinschaft nicht verfügbar ist.

Kritik

Aufgrund ihrer häufig „dichteren", qualitativen Daten ermöglichen sozialwissenschaftliche und ethnographische Studien die Interpretation der statistischen Daten personalwirtschaftlicher Forschung: Der Umstand, dass Eltern von Expatriate-Kindern so selten von Anpassungsproblemen berichten, lässt sich nun durch die Beobachtung erklären, dass die Kinder relativ isoliert vom Gastland und hoch integriert in die International Community leben. Die Anpassung an die ausländische Gemeinschaft scheint vergleichsweise einfach zu gelingen – die Anpassung an ein neues Schulsystem hingegen verläuft schon mit größeren Schwierigkeiten (Gross 1994, siehe oben). Eine darüber hinausgehende Übernahme lokaler Praxis durch die *Third Culture Kids* ist nur selten erforderlich (Roth/Roth 2002).

Ethnographische Forschung ermöglicht ein tieferes Verständnis der Lebensbedingungen vor Ort, Einsichten über die Verfasstheit der ausländischen Communities (Diaspora) und die Mittlerfunktion, die diese für das interkulturelle Handeln ihrer Mitglieder ausübt (Dobler/von Groll 2002, Roth/Roth 2002, Moosmüller 1997). Sie lenkt zudem das Augenmerk darauf, dass Aussagen über *Third Culture Kids* im Hinblick auf deren Herkunftskultur unterschieden werden müssen. Erfahrungen der deutschen Kinder und Jugendlichen unterscheiden sich von jenen amerikanischer *Third Culture*

Kids nicht nur durch andere Entsendungszusammenhänge (z.B. gibt es kaum Familien-Entsendungen im militärischen Kontext), sondern auch dadurch, dass für sie die internationale Verkehrssprache Englisch eine zu erlernende Fremdsprache ist.

Leider gibt es jedoch auch in diesem Forschungsbereich kaum Arbeiten, die sich gezielt mit der Situation von Kindern und Jugendlichen auseinandersetzen – auch hier sind Befragungen der Third Culture Kids selbst unüblich. Trotz ihres weiteren Blickwinkels besteht letztlich auch bei den genannten Arbeiten eine Orientierung an wirtschaftlich verwertbaren Erkenntnissen über das Leben und den (interkulturellen) Qualifizierungsbedarf von Expatriates. Erst weitere Forschung kann mithin über die Binnenperspektive von Third Culture Kids sowie spezifische moderierende Faktoren dieser Erfahrungen Auskunft geben.

Internationale Schulen

Einen gänzlich anderen Zugang verspricht der Forschungsbereich, der sich mit Herausforderungen und Programmen internationaler Schulen beschäftigt. Lehrer und andere Mitarbeiter internationaler Schulen sind – neben den Eltern – die Personen, die am stärksten gefordert sind, die Besonderheiten und Bedürfnisse international mobiler Kinder und Jugendlicher zu erkennen und auf diese zu reagieren. Internationale Schulen zeichnen sich durch besondere Charakteristika aus: die Orientierung am Curriculum eines bestimmten Landes, das nicht das Gastland ist, durch eine gemischtnationale Schülerschaft sowie eine große Fluktuation von Schülern, die zu ständig wechselnden Klassenzusammensetzungen führt (Langford 1998, Cockburn 2002). Für die involvierten Pädagogen stellt sich die Frage, wie sie dieser internationalen, hoch mobilen Schülerschaft gerecht werden, wie sie spezifische Probleme und Schwierigkeiten auffangen und beseitigen helfen und wie sie das Potential dieser besonderen Schulumgebung (z.B. zu interkulturellem Lernen) verwirklichen können. Herausforderungen betreffen nicht zuletzt Fragen des Spracherwerbs, z.B. von Schülern, deren Muttersprache nicht die Unterrichtssprache ist (z.B. Ezra 2003).[4]

Beiträge, die sich mit internationalen Schulen auseinandersetzen, beziehen sich vorrangig auf Fragen des Curriculums und des Schulmanagements. Es lassen sich jedoch

---

[4] Über das Problemfeld ‚internationale Schule' informiert der Band von Hayden/Thompson (1998).

Hinweise auf spezielle Problemlagen der Schülerinnen und Schüler entnehmen, auf die ich im Folgenden Bezug nehme. Dabei stehen Fragen nach den Schwierigkeiten und den Erträgen von Auslandsaufenthalten im Vordergrund.

Probleme von Third Culture Kids an internationalen Schulen

An internationalen Schulen gelten Third Culture Kids als Schüler mit spezifischen Charakteristika und Bedürfnissen. Zu den an Schulen relevant werdenden Phänomenen zählen Eingewöhnungsprobleme und temporäre Leistungsdefizite, insbesondere bei jenen Schülern, die die Instruktionssprache nur unzureichend beherrschen. Spezielle Bemühungen gelten deshalb der Unterstützung des Fremdsprachenerwerbs. Ein in internationalen Schulen zuweilen beobachtetes Phänomen ist das des funktionalen Multilingualismus. Diese Bezeichnung bezieht sich auf Sprachfähigkeiten von Kindern, die Konversationsfähigkeiten in mehreren Sprachen besitzen, jedoch darüber hinaus in keiner Sprache ausgeprägte verbale Kompetenz besitzen. Verbunden hiermit sind Schwächen der kognitiven Entwicklung sowie Schwächen in der Entwicklung abstrakter Konzepte und Denkoperationen. Häufig gehen hiermit weitere Lernprobleme einher. Funktionaler Multilingualismus bleibt häufig unentdeckt, weil Lehrer zwar Probleme in der Beherrschung der Instruktionssprache wahrnehmen, jedoch annehmen, das Kind besäße gute verbale Kompetenz in einer anderen Sprache, selbst wenn dies nicht der Fall ist (Kusuma-Powell 2004).

Der Erwerb interkultureller Kompetenz

Viele internationale Schulen verstehen es als Teil ihrer Aufgabe, Schüler zur „global citizenship", d.h. zur Ausbildung eines internationalen Bewusstseins zu erziehen (Waterson/Hayden 1999), jedoch ist ungeklärt, ob internationale Schulen entsprechende Einstellungen bei ihren Schülern bewirken. Beobachtungen an den Schulen zeigen, dass Schüler häufig in nationalen Subgruppen verbleiben. An englischsprachigen Schulen dominieren zudem Schülergruppen mit sehr guten Englischkenntnissen (v.a. US-Amerikaner und Europäer). Integrations- und interkulturelle Lernprozesse werden daher insbesondere von Schülern zahlenmäßig gering vertretener Nationen erbracht, die sich an die Mehrheitskultur der Schule anpassen.

Fragebogenstudien, die der Frage nach dem Erwerb interkultureller Kompetenz nachgehen, kommen insgesamt nicht zu gesicherten Ergebnissen. Eine von Waterson (ebd.) durchgeführte Studie zu internationalen Einstellungen ergab keine Unterschiede zwischen Schülern mit internationaler Schulerfahrung und solchen verschiedener englischer Schulen. Eine vergleichende Fragebogenstudie von Gerner, Perry, Moselle und Archbold (1992) findet zwar höher ausgeprägte Werte bezüglich internationaler Orientierung, Interesse an Fremdsprachen und Interesse an Reisen bei international mobilen amerikanischen Jugendlichen im Vergleich zu nicht-mobilen Jugendlichen, doch sind die Unterschiede weder stark ausgeprägt, noch überzeugt die methodische Qualität der Studie, die für Verzerrungen aufgrund sozialer Erwünschtheit stark anfällig ist. Auch die von Selmer und Lam (2004) durchgeführte Fragebogenuntersuchung, die britische Expat-Kinder in Hongkong, britische Jugendliche (ohne Migrationshintergrund) sowie eine Gruppe chinesischer Jugendlicher aus Hongkong miteinander vergleicht, kann in ihren Schlussfolgerungen nicht überzeugen. Erhoben werden Einschätzungen darüber, was es bedeutet, einen internationalen Lebensstil zu haben sowie Einstellungen zu internationaler Mobilität. Unterschiede konkreter Fertigkeiten und Kompetenzen werden nicht erhoben, auch ist fraglich, ob die hier erhobenen Einstellungen zeitlich stabil sind. Interessant ist, dass die britische Stichprobe erst künstlich homogenisiert werden musste, indem alle Schüler mit Auslandserfahrung oder Migrationshintergrund von der Untersuchung ausgeschlossen wurden. Hier zeigt sich, dass eine Fokussierung auf *Third Culture Kids* normative Unterscheidungen trifft, die der Wirklichkeit einer globalisierten Welt nicht (mehr) ohne Weiteres angemessen sind: Angesichts hoher Migrationsraten sind es längst nicht mehr nur Expatriate-Kinder, deren Leben eine internationale Komponente aufweist – und womöglich sind es gerade Kinder mit Migrationshintergrund, die über eine hohe Ausprägung der hier interessierenden Konstrukte verfügen.

Kritik

Der Fokus auf schulische Leistung, Fremdsprachenerwerb und Sprachkompetenz, den diese Forschungsrichtung beisteuert, ist eine wertvolle Bereicherung der Diskussion – schließlich beziehen sich hierauf auch die Sorgen und Befürchtungen von Eltern. Allerdings ist die Forschung stark einseitig auf englischsprachige internationale Schulen ausgerichtet, was zwar angesichts der großen Zahl dieser Schulen nachvollziehbar ist, inhaltlich jedoch nicht die volle Bandbreite von Problemlagen ausschöpft. Zugleich besteht ein Übergewicht an Forschung über U.S.-amerikanische Schüler, deren Ergebnisse nicht ohne weiteres verallgemeinert werden können. Zudem weisen Beiträge aus diesem Forschungsfeld häufig wissenschaftliche Defizite auf: So werden etwa psychologische Konzepte (z.B. „Einstellung") ohne Rückbezug auf entsprechende Theorien verwendet. Auch lässt die Qualität der (wenigen) empirischen Untersuchungen zu wünschen übrig.

Betroffenenberichte

Third Culture Kids sind nicht nur Forschungsgegenstand gewesen, sondern haben sich – insbesondere als Erwachsene – in Verbänden, auf Konferenzen, in Publikationen und Websites selbst zahlreich zu Wort gemeldet. Ihre Erfahrungsberichte richten sich insbesondere an ein Publikum von Gleichgesinnten und andere ‚Betroffene' und zielen auf das Verarbeiten eigener Erlebnisse sowie darauf, anderen Rat, Trost und Erklärungen für die geteilten Erfahrungen anzubieten. Diese Berichte, die auf ihre Erfahrungen als *Third Culture Kid*, „missionary kid", „military brat",[5] „global nomad" (etc.) fokussieren, verfolgen zumeist einen journalistischen, bisweilen auch einen literarischen und nur selten einen wissenschaftlichen Anspruch. Als Sammlung von Selbstreflexionen und Erfahrungsberichten sind sie jedoch für eine wissenschaftliche Beschäftigung mit international mobilen Kindern und Jugendlichen eine wertvolle Quelle. Die aufgeführten (englischen) Begriffe signalisieren, dass entsprechende Beiträge einem englischsprachigen (in der Regel US-amerikanischen) Diskurs entstammen, jedoch dienen sie durchaus als internationaler Diskurs-Anker verschiedener Subgruppen (z.B. Missionare, Militärangehörige). Entsprechende Sammlungen deutschsprachiger Berichte oder korrespondierende deutsche Begriffe sind zwar selten; dies bedeutet jedoch nicht, dass Erfahrungen von Deutschen oder anderen Nicht-Amerikanern grundsätzlich verschiedener Art oder für die Betroffenen weniger bedeutsam seien. Der Umstand, dass die eigene Kindheit im Ausland Motiv für das Initiieren von Übersetzungsprojekten genannt wird (vgl. die deutsche Übersetzung des für dieses Diskursfeld maßgeblichen Buches von Pollock und van Reken, herausge-

---

[5] Über die speziellen Erfahrungen und Probleme von Familien in (amerikanischen) Missionskontexten berichten die zahlreichen Autoren in Echerd/Arathoon (1989), van Reken (1996), Seaman (1996) und Walters (1991). Über das Leben von Kindern auf Militärbasen schreibt Wertsch (1991) ein persönliches Buch, das sich vorrangig mit der „Kriegerkultur" auseinandersetzt, die das Leben von Kindern auf Militärbasen prägt. Das Buch ist ein teilweise erschütternder Bericht über eine Subkultur mit distinkten expliziten und impliziten Regeln. Internationale Mobilität ist hier ein Teilaspekt dieses spezifischen Kontextes.

geben als Pollock/van Reken/Pflüger 2007), kann als Indiz für eine subjektiv empfundene Validität entsprechender Konzepte auch für deutsche Betroffene gelten.

Erfahrungen und Persönlichkeit von Third Culture Kids

Grundlegende Thesen dieses Diskursfeldes sind, dass längere Auslandsaufenthalte im
Kindes- und Jugendalter a) zu einer geteilten Teilhabe einer international geprägten
Third Culture führen und b) langfristigen und charakteristischen Einfluss auf die
Identitätsbildung nehmen. Als typische Merkmale von Third Culture Kids gelten,
dass diese sich nicht (mehr) einer einzigen (nationalen) Kultur zugehörig fühlen, über
eine internationale Perspektive, Weltoffenheit und hohe Mobilität verfügen, zugleich
jedoch auch von Gefühlen der Entwurzelung und Rastlosigkeit geplagt würden. Die
Berichte erwachsener Third Culture Kids belegen eine große Diversität der gemachten Erfahrungen, für die jedoch das Erleben kultureller Differenz und zahlreicher
Verluste (durch umzugsbedingte Abschiede) aber auch das Erlebnis, den hieraus resultierenden Herausforderungen gerecht werden zu können, charakteristisch sind.
Aufgrund der in diesem Forschungsfeld häufig getroffenen Feststellung, erwachsene
Third Culture Kids seien tolerant, flexibel, mobil und mehrsprachig, werden sie
internationalen Organisationen als Mitarbeiter empfohlen:

> Most important, it is very obvious that some essential individual, interpersonal, and
> social skills are gained from living abroad that are easily recognizable to and valued
> by employers. These skills include tolerance, flexibility, multilingualism, and travel
> savvy – characteristics not always obvious from a résumé. These skills are very im-
> portant in an increasingly diverse and internationally oriented world and are gener-
> ally found wanting among the majority of Americans. The internationally or multi-
> culturally minded employer could profit from the intuitive social skills of geo-
> graphically mobile and overseas-experienced adults. (Ender 1996, 146-147)

Allerdings sind diese Aussagen empirisch nicht gesichert. Ob *Third Culture Kids* tatsächlich stärker als andere Personengruppen über diese Eigenschaften verfügen, muss
– trotz aller Augenscheinvalidität – offen bleiben. Hieran ändern auch die in diesem
Forschungsbereich angesiedelten Studien nichts, die in der Regel ohne Nennung prä-
ziser Daten, Beschreibung des Samples oder der Erhebungsmethode auskommen, und
die daher als ‚journalistisch' eingeschätzt werden müssen. Exemplarisch sei die Fragebogenuntersuchung von 604 erwachsenen TCKs genannt, von der Useem und Cott-
rell (1996) berichten. Teilnehmer dieser Studie waren mindestens 25 Jahre alt, hatten

als Minderjährige ihre amerikanischen Eltern mindestens ein Jahr lang ins Ausland begleitet und lebten in den USA. Das Ergebnis zeichnet ein Bild von gut ausgebildeten, beruflich erfolgreichen Erwachsenen, die sich zwar in den USA nicht komplett zu Hause fühlen, jedoch in ihren jeweiligen Lebenszusammenhängen weitgehend integriert und zufrieden sind. Für eine Mehrheit ist eine internationale Komponente in ihrem Leben weiterhin wichtig; ein Viertel der Befragten wählte Studienfächer mit explizit internationaler Ausrichtung. Drei Viertel der Befragten gab an, gelegentlich eine andere Sprache als Englisch zu sprechen; zwanzig Prozent der Befragten kommunizieren regelmäßig in einer Fremdsprache. Vermutlich ist die Interpretation dieser Ergebnisse als Ausdruck hoher Internationalität im amerikanischen Kontext zutreffend – mangels Vergleichsdaten ist dies nicht zu überprüfen – dennoch erscheinen diese Zahlen im internationalen Vergleich (auch hier allerdings: ohne Vergleichsdaten) nicht gerade eindrucksvoll. Angesichts der durch ethnographische Studien belegten Lebensweise von *Third Culture Kids*, die sie vielfach von der Gastlandumgebung abschirmt, ist nicht ohne weiteres nachvollziehbar, dass sie über spezielle Kompetenz im Bezug auf die Gastlandkultur verfügen – auch wenn nicht auszuschließen ist, dass dies in vielen Fällen zutrifft. Schließlich legen auch die von TCKs veröffentlichten Texte nahe, dass die für sich in Anspruch genommenen Attribute der Weltoffenheit, Toleranz und interkulturellen Kompetenz einer empirischen Überprüfung bedürfen. Die z.T. stark amerikanisch-ethnozentrische Schilderung der TCK-Lebenswelt (siehe z.B. die Beiträge in Smith 1996) weckt zumindest Zweifel an der Fähigkeit zum Perspektivenwechsel der Autoren: Nicht nur gerät der Entwurf von Nicht-TCK als monokulturell und sesshaft in der TCK-Literatur typischerweise hochgradig stereotyp. Auch dass für viele Menschen nationale Identität andere Formen (z.B. Komponenten einer transnationalen, europäischen Identität umfassen) und Bedeutung annehmen kann als die in den USA normale, bleibt in den meisten Beiträgen unberücksichtigt.

Kritik

Die Berichte erwachsener *Third Culture Kids* sind häufig ebenso anschaulich wie eindrücklich. Die Autorinnen und Autoren sprechen aus eigener, vielfältiger Lebenserfahrung und die Berichte laden zu Identifikation und emotionaler Teilhabe ein. Insofern diese Berichte als Primärtexte gelesen werden können – freilich als Texte, die mit literarischen Stilmitteln geglättet wurden – stellen sie eine wertvolle Quelle auch für die wissenschaftliche Auseinandersetzung mit diesen Erfahrungen dar, verweisen sie doch auf einen kollektiven Prozess der Bedeutungszuweisung eines von allen Betroffenen als signifikant beurteilten Umstandes: des erlebten Auslandsaufenthalts. Die Berichte sind dabei wesentliche Texte einer ‚Selbsthilfebewegung', die sich ihr eigenes Vokabular schafft und der sich neue Mitglieder anschließen können, die sich selbst als *Third Culture Kid* identifizieren. Gegen-Evidenz wird nicht gesucht, d.h. die Frage nach der Validität der Konzepte und mitgeteilten Erfahrungen bestätigt sich dadurch, dass das TCK-Konzept für eine große Zahl von Personen einen stimmigen Rahmen der Selbstinterpretation bietet, nicht jedoch durch kontrollierte wissenschaftliche Untersuchung. Dass die Berichte und Bücher ein großes Potential der Selbstidentifikation besitzen, liegt dabei auch an der Unschärfe der hier verwendeten Konzepte: Die aufgelisteten Charakteristika von *Third Culture Kids* sind so umfassend, dass sie keine Widerlegung ermöglichen. Der Leser erfährt, es resultiere entweder ein verstärktes Bindungsbedürfnis oder ein geschwächtes, erwachsende *Third Culture Kids* zögen häufig um oder ganz besonders selten. Ungeklärt ist auch, worin genau die ‚dritte Kultur' besteht und warum sie den Status einer ‚Kultur' für sich beanspruchen kann.

Zur Natur der TCK-Erfahrungsberichte gehört, dass Daten (z.B. biographische Erzählungen) weder unabhängig gewonnen noch von dritter Seite unter Rückbezug auf wissenschaftliche analytische Kategorien interpretiert werden. Es gibt mithin keinen kontrollierten wissenschaftlichen Datengewinnungs- oder -auswertungsprozess; Schlussfolgerungen werden nach Augenschein gezogen. Wo Daten erhoben werden, ist die Dokumentation häufig so lückenhaft und die Interpretation so oberflächlich, dass die Ergebnisse nicht wissenschaftlich verwertet werden können.

Eine textanalytische Auswertung der TCK-Erfahrungsberichte – z.B. im Hinblick auf (stereotype) Formate der Selbstbeschreibung und kollektive Interpretationsmuster – wäre sicherlich gewinnbringend. Bei der vergleichenden Lektüre fallen viele redundante Passagen auf und häufig hat der Leser das Gefühl, Beispiele und Formulierungen schon in anderen Texten gelesen zu haben. Eine hohe Konsistenz der Ich-Erzählungen findet sich nicht nur bei verschiedenen Autoren, sondern sogar über historische Zeiträume hinweg – und das ungeachtet der erheblichen Veränderungen, die die technologische Entwicklung und Globalisierung mit sich gebracht haben. Näher zu untersuchen wäre schließlich auch, inwiefern die geschilderten Besonderheiten und Probleme von *Third Culture Kids* an spezifische amerikanische Bedingungen geknüpft sind.

Fazit: Defizite der Forschung

Trotz der Erkenntnisse, die alle vier Forschungsfelder über Third Culture Kids beisteuern, lassen sich signifikante Defizite ausmachen:

- Die Zahl empirischer Studien ist insgesamt gering, zudem sind vorhandene Untersuchungen (z.T. aufgrund methodischer Probleme, z.T. aufgrund der eingeschränkten Untersuchungsfrage) wenig aufschlussreich. Insbesondere werden *Third Culture Kids* nicht selbst befragt; Aussagen über ihre Situation beruhen insbesondere auf Aussagen der Mütter (z.B. Gross 1994; Puttlitz et al. 2003), wobei mögliche Fehlerquellen dieser Antworten nicht reflektiert werden. Ein Großteil der Studien stützt sich auf *convenience samples* mit fragwürdiger Repräsentativität. Problematisch ist zudem das Fehlen von Vergleichsstudien bzw. die künstliche Homogenisierung von Vergleichsstichproben.

- Die Identifikation der oben betrachteten vier Forschungsfelder beruht auch auf dem Umstand, dass es kaum wechselseitige Bezugnahmen der Autoren verschiedener Forschungsrichtungen gibt. Im Ergebnis zeigt sich die Forschungslandschaft als fragmentiert; die benannten Teilbereiche stehen weitgehend unverbunden nebeneinander.

- Auffallend ist, dass nur in Einzelfällen Anbindungen an entwicklungs- oder familienpsychologische Theorien und Modelle, an Kulturtheorien und Austauschforschung, an Identitäts- oder Persönlichkeits- oder Stressforschung vorgenommen werden, so dass die Untersuchung von Third Culture Kids insgesamt als „theoriearm" einzustufen ist. Infolge des Mangels an Bezugstheorien ist die Forschung unsystematisch und nicht gezielt auf die Erfassung differenzierender Bedingungen ausgerichtet und kommt nur selten über deskriptive Ergebnisse hinaus.

- Ein großer Teil der Forschungsergebnisse entstammt dem U.S.-Kontext und ist auf die deutsche Situation nicht ohne weiteres übertragbar.

Um gesicherte Aussagen über Erfahrungen von Third Culture Kids sowie die Auswirkungen von Auslandsaufenthalten auf Kinder und Jugendliche treffen zu können, sind mithin theoretisch fundierte, methodisch kontrollierte empirische Forschungsarbeiten notwendig. Besonders vielversprechend erscheinen dabei Arbeiten, die sich ergebnisoffen mit qualitativen Methoden, womöglich in Längsschnittuntersuchungen, mit der genannten Zielgruppe auseinandersetzen (vgl. positiv z.b. die Arbeit von Haour-Knipe 2001).

Narrative Interviews mit ehemaligen Third Culture Kids: Ein Ausblick

Im Folgenden sollen einige Ergebnisse vorgestellt werden, die aus narrativen Interviews mit erwachsenen *Third Culture Kids* gewonnen wurden. Die Interviews wurden im Rahmen eines Lehrforschungsprojektes an der TU Chemnitz zwischen 2004 und 2006 von Studierenden geführt und transkribiert.[6] Die Auswertung des Datenkorpus ist derzeit noch nicht abgeschlossen, die hier vorgestellten Ergebnisse sind daher als vorläufig zu betrachten. Leitende Untersuchungsfrage des Lehrforschungsprojektes war: Wie haben Personen, die als Minderjährige ihre Eltern auf einen mehrjährigen Auslandsaufenthalt begleiteten, diesen erlebt und wie berichten sie heute (als Erwachsene) darüber? Befragt wurden Deutsche, die im Jugendalter mit ihren Eltern mindestens ein Jahr lang im Ausland gelebt haben. Das Alter der Untersuchungsteilnehmer variierte, betrug jedoch mehrheitlich Anfang zwanzig.

Der Auslandsaufenthalt in biographischen Erzählungen erwachsener *Third Culture Kids*

Die Interviews zeigen, dass für ausnahmslos alle Befragten der Auslandsaufenthalt eine wichtige Erfahrung war, die sie über viele Jahre hinweg beschäftigt hat.[7] Zum Teil wird in den Gesprächen ersichtlich, dass diese Auseinandersetzung andauert und das Interview als Reflexionsgelegenheit aktiv und z.T. explizit genutzt wird. In den Interviews werden fundamentale Identitätsthemen sichtbar, die von den Interviewpartnern mit dem Auslandsaufenthalt in Verbindung gebracht werden. Es sind dies

---

[6] Insgesamt liegen 20 Interviewtranskripte vor, die die Grundanforderungen an methodische Qualität erfüllen. Interviews, die diese Anforderungen nicht erfüllten, wurden von der Analyse ausgeschlossen.

[7] Dies liegt nicht an einem Selektionsprozess, z.B. der Art, dass nur Personen, auf die diese Beobachtung zutrifft, der Interviewanfrage zustimmen: Insgesamt wurde die Bitte um ein Interview nur in Ausnahmefällen abgelehnt.

Themen der Zugehörigkeit, der Verlässlichkeit der sozialen Umwelt, der Positionsbestimmung des eigenen Ich. Gefühle der Entwurzelung und Heimatlosigkeit spielen
eine große Rolle in den Erzählungen, insbesondere bei der Reflexion der Reintegration und z.T. auch zur Beschreibung des aktuellen Zustands. Die Beschreibung des eigenen als zerrissen empfundenen Ichs klingt in vielen Interviews ein wenig hilflos,
auch wenn das Stilmittel der Ironisierung – wie in dieser Aussage – hierüber hinweg-
helfen soll:

> aber es ist schon so 'n bissel entwurzelnd oder irgendwie so richtige Wurzeln ... al-
> so ich seh halt viele Leute, die fragen mich dann immer: ‚Ja was bist du denn' oder
> „was fühlst du denn" oder ... und da denk ich mir, ich fühl mich eigentlich wie
> Obstsalat ((lacht)). (Sandra, in Lateinamerika aufgewachsen)

Die große Relevanz der genannten Fragen liegt vielleicht auch am Alter der Befragten: Bei der überwiegenden Mehrzahl der Befragten handelt es sich um junge Erwachsene, für die Fragen der Identität besonders drängend sind und die – in einer Lebensphase vor Berufseintritt und Familiengründung – noch keine neue Wurzeln haben schlagen können. Bedeutsam ist, dass Fragen der Positionsbestimmung ohne eine
Reflexion der Auslandserfahrung für unsere Interviewpartner offenbar nicht zu bear-
beiten sind. Der Auslandsaufenthalt ist *in jedem Fall* eine identitätsrelevante Erfahrung, selbst dann, wenn er in so jungen Jahren stattgefunden hat, dass die Interviewpartner nur wenige eigene Erinnerungen an ihn haben.

In den Erzählungen nehmen Bezüge zum Heimatland und zum Gastland, Vergleiche
zwischen dem ‚Hier' und ‚Dort' großen Platz ein. Die Frage der Zugehörigkeit spannt
sich zwischen diesen beiden Bezugsgrößen auf – auf die Existenz einer ‚Zwischenkultur' (im Sinne einer Third Culture) wird nicht verwiesen. Weitere Analysen werden klären müssen, welche Elemente ‚geteilter Erfahrung' (z.B. in der Begegnung
mit anderen Personen, Orten oder Artefakten) subjektiv eine Rolle spielen, und ob
von einer eigenen ‚Kultur' gesprochen werden kann – die Sehnsucht nach geteilter
Erfahrung zumindest wird deutlich artikuliert.[8]

Auffällig ist, dass Schwierigkeiten vor allem im Zusammenhang mit der Rückkehr
nach Deutschland geschildert werden (siehe auch die Beiträge von Berkenbusch und

---

[8] Viele erwachsene *Third Culture Kids* stellen in ihren Berichten dar, wie erleichternd für sie der
Kontakt zu anderen Betroffenen war, weil sie erst durch diese Begegnung feststellten, dass sie in
ihrer Besonderheit „nicht allein" waren, sondern eine gemeinsame Dritte Kultur teilten

Richter in diesem Band). Hierfür können verschiedene Gründe angeführt werden: Häufig waren unsere Interviewpartner bei der Ausreise ins Ausland noch sehr jung und können sich deshalb an die erste Zeit im Gastland nicht mehr erinnern. In jedem Fall ist die Rückkehr die rezentere Transition und von daher möglicherweise präsenter. Ebenfalls mögen die Erwartungen Dritter, sie müssten sich in Deutschland heimisch und dazu gehörig zu fühlen, Diskrepanzen besonders spürbar machen. Schwierigkeiten werden bei der Eingliederung in das Schulsystem erlebt sowie beim Knüpfen neuer Freundschaften. Die deutschen Strukturen erscheinen als „festgefahren", Neuankömmlinge sind offenbar nicht erwünscht, und ihnen wird die Integration schwer gemacht:[9]

> Man hat, also ich hatte so voll das Gefühl die ham so diese ganz krass festgefahrenen Strukturen, jeder geht nachmittags in seinen Sportverein, vormittags hat er das, hat die Freunde aus der Grundschule schon seit er geboren ist sozusagen, und es war ganz schwierig da irgendwo reinzukommen halt. Und dann aber auch selber halt wieder nicht zu sagen, ja ich geh jetzt AUCH in nen Verein oder ich mach dies oder das, naja irgendwie hat da dann auch die Überwindung gefehlt. Also es war irgendwie, ihr und ich sozusagen. (Hans, Auslandsaufenthalt in Irland)

Typisch für die Auseinandersetzung mit den ‚Daheimgebliebenen' ist nicht nur die starke Kontrastierung von „Ihr" und „Ich", sondern auch die kollektive Zuschreibung einer sesshaften Existenz, für die „Freunde aus der Grundschule" (bzw. „schon seit er geboren ist") unterstellt werden. Hier klingt an, was an anderer Stelle in den biographischen Erzählungen deutlicher thematisiert wird: die große Bedeutung kontrafaktischer Lebensentwürfe. Die Überlegung „was wäre gewesen, wenn ich in Deutschland geblieben wäre" wird angestellt, um der Besonderheit des eigenen Lebenslaufes auf die Schliche zu kommen. Dabei spielen Harmonie-Vorstellungen in Bezug auf das ‚entgangene Leben' eine große Rolle, wobei der Gedanke „dann hätte ich heute noch Sandkastenfreundschaften" eine häufig verwendete Erzähl-Figur ist. Die – z.B. von Hans zum Ausdruck gebrachte – Ablehnung der als „festgefahren" empfundenen sozialen Gruppe der Daheimgebliebenen verbindet sich mit der an anderer Stelle zum Ausdruck kommende Sehnsucht nach Zugehörigkeit. Dass „Sandkastenfreundschaften" auch für ‚Daheimgebliebene' keineswegs die Norm sind und dass auch sie typi-

---

[9] Mit der Situation aus dem Ausland zurückgekehrter Jugendlicher beschäftigt sich auch Groß (2006).

scherweise im Verlauf der Zeit Lebenskontexte (mehrfach) wechseln, wird dabei ausgeblendet.

Auch in unseren Interviews wird vielfach die Isolation der entsandten Familie vom Gastland sichtbar – dass diese z.t. auch politisch vorgeschrieben war, wird insbesondere in Erzählungen von ehemaligen DDR-Bürgern deutlich. Nicht nur im „kapitalistischen Ausland", sondern auch in sozialistischen Partnerländern wurde die Abschottung deutscher Familien vom Gastland bewusst durchgesetzt und z.t. streng kontrolliert. Bestand die Gefahr, dass sich die Familien der Rückkehr in die DDR entziehen könnten, existierten Regelungen, nach denen z.b. Ausflüge nur gemeinsam mit anderen DDR-Bürgern unternommen werden durften. Die Betrachtung von Auslandsentsendungen im DDR-Kontext lenkt eindrücklich den Blick auf die politischen, ökonomischen und gesellschaftlichen Rahmenbedingungen der gemachten Erfahrungen. Spätestens hier wird sichtbar, dass die wissenschaftliche Literatur auf unhinterfragten Normalitätsannahmen beruht, wie z.b. der Unterstellung persönlicher Freiheit im Bezug auf das Eingehen von Kontakten zu Gastlandsangehörigen, der Unterstellung kapitalistisch-marktwirtschaftlicher Zielsetzungen und Bedingungen der Entsendungen (einschließlich einer guten Entlohnung der Entsandten – die im DDR-Kontext nicht immer gegeben war) sowie dem Postulat einer *International Community*, für die hohe Mobilität, englische Sprachkenntnisse und privilegierte Lebensverhältnisse normal sind.

Schlussfolgerungen

Die hier aus Platzgründen nur sehr verkürzt wiedergegebenen Befunde verweisen erneut auf die Bedeutung von qualitativer Forschung, die allein der Komplexität biographischer Erfahrungen gerecht werden und die Binnenperspektiven von Third Culture Kids erfassen kann. Eine Anbindung an Identitätskonzepte, Entwicklungstheorien und kulturwissenschaftliche Konzepte (z.B. Hybridität) ermöglicht tiefer gehende Analysen (die im Falle des erwähnten Projektes noch zu leisten ist). Die Frage nach den Normalitätsvorstellungen, vor deren Hintergrund die Besonderheiten von Third Culture Kids beschrieben werden, ist hingegen noch kaum gestellt worden. Es ist offenkundig, dass hierzu – sowohl von den betroffenen Jugendlichen und Eltern als auch in der wissenschaftlichen Literatur – unterhinterfragt Normen herangezogen werden, die in weiter angelegten Diskursen eingebettet sind, z.B. in Debatten über die ‚wünschenswerte' Entwicklung von Kindern und Jugendlichen, Vorstellungen über ‚heile' Familien und Postulate ‚normaler' Formen der (nationalen) Identität. Hierbei werden die vielfältigen Mischformen und Bruchlinien, die für Lebensläufe und Identitäten in postmodernen Gesellschaften charakteristisch sind, in der Regel ignoriert. Nicht zuletzt stellt sich in diesem Zusammenhang erneut die Frage danach, welche Gruppe eigentlich als ‚Kontrollgruppe' dienen kann, um die besonderen Erfahrungen von Third Culture Kids zu erfassen. Ein Großteil der Forschung sitzt offenbar – ganz ähnlich wie die Third Culture Kids selbst – dem Mythos widerspruchsfreier Identitäten der ‚Daheimgebliebenen' auf.

Dass gesellschaftliche Diskurse die Wahrnehmung und vermutlich auch die Selbstbeschreibung von *Third Culture Kids* präkonfigurieren und deshalb bei Analysen kritisch reflektiert werden sollten, zeigt etwa die für die japanische Forschung der 1980er Jahre charakteristischen Sorge, im Ausland aufwachsende Kinder und Jugendliche seien nicht ‚japanisch genug' und deshalb in Japan nicht reintegrierbar. Vor dem Hintergrund der seit den 1990er Jahren einsetzenden Aufwertung internationaler Erfahrungen, die in dem Ideal ‚interkultureller Kompetenz' ihren Ausdruck findet, setzte nicht nur in Japan eine Neubewertung von *Third Culture Kids* ein. Es ist für die aktuelle Diskussion charakteristisch, dass diese ‚interkulturelle Kompetenz' diskursiv eng an ökonomische Verwertungsinteressen geknüpft ist – für die Analysen der im Ausland gemachten Erfahrungen greift diese Betrachtungsweise jedoch ebenso zu kurz wie der – mittlerweile überwundene – japanische Fokus auf die Erziehung kulturell angepasster japanischer Staatsbürger.

Literatur

Brüch, Andreas (2001): Kulturelle Anpassung deutscher Unternehmensmitarbeiter bei Auslandsentsendungen. Eine empirische Studie in den USA, Kanada, Japan und Südkorea zu Kriterien und Einflussfaktoren erfolgreicher Aufenthalte von Fach- und Führungskräften. Frankfurt a. Main: Peter Lang.

Caligiuri, Paula M./Hyland, Mary Anne M./Joshi, Aparna (1998): Testing a Theoretical Model for Examining the Relationship Between Family Adjustment and Expatriates' Work Adjustment. Journal of Applied Psychology, 83 (4), 598-614.

Cockburn, Laura (2002): Children and Young People Living in Changing Worlds. The Process of Assessing and Understanding the 'Third Culture Kid'. School Psychology International, 23 (4), 475-485.

Dobler, Ingrid/Groll, Maren von (2002): Die Deutschen in Mexiko. Beispiel für eine moderne Diaspora. In: Alois Moosmüller (Hg.): Interkulturelle Kommunikation in der Diaspora. Die kulturelle Gestaltung von Lebens- und Arbeitswelten in der Fremde (S. 113-127). Münster u. a.: Waxmann.

Echerd, Pam/Arathoon, Alice (Eds.) (1989): Understanding and Nurturing the Missionary Family. Pasadena: William Carey Library.

Ender, Morton G. (1996). Growing Up in the Military. In: Carolyn D. Smith (Ed.): Strangers at Home. Essays on the Effects of Living Overseas and Coming "Home" to a Strange Land (pp. 125-150). Bayside, N.Y.: Aletheia Publications.

Ezra, Rosalyn (2003): Culture, Language and Personality in the Context of the Internationally Mobile Child. Journal of Research in International Education, 2 (2), 123-150.

Gerner, Michael/Perry, Fred/Moselle, Mark A./Archbold, Mike (1992): Characteristics of Internationally Mobile Adolescents. Journal of School Psychology, 30 (2), 197-214.

Goodman, Roger (2003): The Changing Perception and Status of Japan's Returnee Children (kikoshijo). In: Roger Goodman/Ceri Peach/Ayumi Takenaka/PaulWhite (Eds.): Global Japan. The Experience of Japan's New Immigrant and Overseas Communities (pp. 177-194). London: Routledge.

Groß, Claudia (2006): Heimkehr oder Neuanfang? Eine empirische Untersuchung der Erfahrungen von aus dem Ausland zurückkehrenden Jugendlichen. TU Chemnitz: Unveröffentlichte Diplomarbeit.

Gross, Petra (1994): Die Integration der Familie beim Auslandseinsatz von Führungskräften – Möglichkeiten und Grenzen international tätiger Unternehmen. Hallstadt: Rosch.

Haour-Knipe, Mary (2001): Moving Families: Expatriation, Stress and Coping. London: Routledge.

Harvey, Michael G. (1985): The Executive Family: An Overlooked Variable in International Assignments. Columbia Journal of World Business, 20, 84-92.

Hayden, Mary/Thompson, Jeff (Eds.) (1998): International Education. Principles and Practice. London: Kogan Page.

Kartari, Asker (2002): Das Leben im Ausland und die Auswirkung auf den Alltag: Deutsche Manager und ihre Familien in der Türkei. In: Alois Moosmüller (Hg.):

Interkulturelle Kommunikation in der Diaspora. Die kulturelle Gestaltung von Lebens- und Arbeitswelten in der Fremde (S. 129-141). Münster u. a.: Waxmann.

Konopaske, Robert/Robie, Chet/Ivancevich John M. (2005): A Preliminary Model of Spouse Influence on Managerial Global Assignment Willingness. International Journal of Human Resource Management, 16 (3), 405-426.

Kusuma-Powell, Ochan (2004): Multi-lingual, But Not Making It In International Schools. Journal of Research in International Education, 3 (2), 157-172.

Langford, Mary (1998): Global Normads, Third Culture Kids and International School. In: Mary Hayden/Jeff Thompson (Eds.): International education. Principles and practice (S. 28-43). London: Kogan Page.

Mohr, Alexander T./Klein, Simone (2004): Exploring the Adjustment of American Expatriate Spouses in Germany. International Journal of Human Resource Management, 15 (7), 1189-1206.

Moosmüller, Alois (1997): Kulturen in Interaktion: deutsche und US-amerikanische Firmenentsandte in Japan. Münster: Waxmann.

Moosmüller, Alois (Hg.) (2002): Interkulturelle Kommunikation in der Diaspora. Die kulturelle Gestaltung von Lebens- und Arbeitswelten in der Fremde. Münster u. a.: Waxmann.

Moosmüller, Alois (2007): Lebenswelten von ‚Expatriates'. In: Jürgen Straub/Arne Weidemann, Arne/Doris Weidemann (Hg.): Handbuch interkulturelle Kommunikation und Kompetenz. Grundbegriffe − Theorien − Anwendungsfehler (S. 480-488). Stuttgart: Metzler.

Moser-Weithmann; Brigitte (2002): Familien deutscher Entsandter in Istanbul: Alltagsleben und Beziehungen zur türkischen Bevölkerung. In: Alois Moosmüller (Hg.): Interkulturelle Kommunikation in der Diaspora. Die kulturelle Gestaltung von Lebens- und Arbeitswelten in der Fremde (S. 143-161). Münster u. a.: Waxmann.

Pang, Ching Ling (2000): Negotiating Identity in Contemporary Japan. The Case of Kikokushijo. London, New York: Kegan Paul International.

Peißker-Meyer, Cosima (2002): Heimat auf Zeit: Europäische Frauen in der arabischen Welt. Bielefeld: transcript.

Pollock, David C./van Reken, Ruth E./Pflüger, Georg (2007): Third Culture Kids. Aufwachsen in mehreren Kulturen. Marburg: Francke.

Puttlitz, Nina/Lißner, Kristina/Heidemann, Kristina/Rietz, Christian (2003): Auslandsentsendung von Expatriates − Wenn die Familie zurück bleibt. Eine Pilotstudie über die Situation betroffener Familien. Bonn: Pace GmbH.

Roth, Juliana/Roth, Klaus (2002): Leben in Moskau: Deutsche Entsandte und die „deutsche Gemeinde" in der russischen Hauptstadt. In: Alois Moosmüller (Hg.): Interkulturelle Kommunikation in der Diaspora. Die kulturelle Gestaltung von Lebens- und Arbeitswelten in der Fremde (S. 77-111). Münster u. a.: Waxmann.

Seaman, Paul A. (1996): Rediscovering a Sense of Place. In: Carolyn D. Smith, (Ed.): Strangers at Home. Essays on the Effects of Living Overseas and Coming "Home" to a Strange Land (pp. 36-56). Bayside, N.Y.: Aletheia Publications.

Seemann, Axel (2000): Deutsche Führungskräfte in Frankreich: eine empirische Studie des interkulturellen Integrationsprozesses im beruflichen und privaten Bereich. St. Ingbert: Röhrig.

Selmer, Jan/Lam, Hon (2004): "Third-Culture Kids". Future Business Expatriates? Personnel Review, 33 (4), 430-445.

Smith, Carolyn D. (1996): World Citizens and "Rubber-Band Nationality". In: Carolyn D. Smith, (Hg.): Strangers at Home. Essays on the Effects of Living Overseas and Coming "Home" to a Strange Land (pp. 189–201). Bayside, N.Y.: Aletheia Publications.

Stahl, Günter (1998): Internationaler Einsatz von Führungskräften. München: Oldenbourg.

Thomas Alexander/Kinast Eva-Ulrike/Schroll-Machl Sylvia (2003): Auslandsentsendungen: Expatriates und ihre Familien. In: Alexander Thomas /Eva-Ulrike Kinast/ Sylvia Schroll-Machl (Hg.): Handbuch Interkulturelle Kommunikation und Kooperation. Band 2: Länder, Kulturen und interkulturelle Berufstätigkeit (S. 390-415). Göttingen: Vandenhoeck & Ruprecht.

Tung, Rosalie L. (1999): Expatriates and Their Families Abroad. In: Johann Engelhard/Walter A. Oechsler (Hg.): Internationales Management: Auswirkungen globaler Veränderungen auf Wettbewerb, Unternehmensstrategie und Märkte (S. 467-477). Wiesbaden: Gabler.

Useem, John/Useem, Ruth (1967): The Interfaces of a Binational Third Culture: A Study of the American Community in India. Journal of Social Issues, 23 (1), 130-143.

Useem, Ruth Hill/Cotrell, Ann Baker (1996): Adult Third Culture Kids. In: Carolyn D. Smith (Hg.): Strangers at Home. Essays on the Effects of Living Overseas and Coming "Home" to a Strange Land (pp. 22–35). Adrian, Michigan: Aletheia Publications.

Useem, Ruth Hill/Downie, Richard D. (1976): Third-Culture Kids. Today's Education, 1976, September-Oktober, 103-105.

van Reken, Ruth E. (1996): Religious Culture Shock. In: Carolyn D. Smith (Hg.): Strangers at Home. Essays on the Effects of Living Overseas and Coming "Home" to a Strange Land (pp. 81-98). Adrian, Michigan: Aletheia Publications.

Walters, Doris L. (1991): An Assessment of Reentry Issues of the Children of Missionaries. New York: Vantage Press.

Waterson, Mark/Hayden, Mary (1999): International Education and Its Contribution to the Development of Student Attitudes. International Schools Journal, 18 (2), 17-27.

Werkman, Sidney (1979): The Child Raised Overseas. In: Joseph D. Noshpitz (Ed.): Basic Handbook of Child Psychiatry (pp. 316-320). New York: Basic Books.

Werkman, Sidney/Farley, Gordon K./Butler, Craig/Quauhagen, Mary (1981). The Psychological Effects of Moving and Living Overseas. Journal of the American Academy of Child Psychiatry, 20, 645-657.

Wertsch, Mary Edwards (1991): Military Brats. Legacies of Childhood Inside the Fortress. New York: Harmony Books.

Erfahrungen deutscher Expatriate-Familien in China

Beatrice Schneider

Zusammenfassung

Auslandsentsendungen nach China gelten noch immer als besonders herausforderungsreich – vor allem, wenn nicht nur der Mitarbeiter selbst, sondern auch Ehepartner und Kinder vom Umzug betroffen sind. Auf der Basis von Interviews mit vier deutschen Familien, die als Expatriates bzw. als Studenten für mindestens ein Jahr in China lebten, werden in diesem Beitrag typische Erfahrungen und Problemfelder deutscher Familien in China herausgearbeitet. Es wird deutlich, dass sich das Leben der Expatriate-Familien trotz der beständigen Notwendigkeit zur Auseinandersetzung mit dem chinesischen Umfeld in relativer Distanz zu diesem abspielt. Wichtige, in den Interviews thematisierte Erfahrungen, umfassen den Aufbau sozialer Beziehungen, die Umweltbedingungen in chinesischen Großstädten sowie das Aufrechterhalten ‚deutscher' Lebensweise und Kultur im Ausland. Die Interviews geben Einblick in die Erfahrungen deutscher Expatriate-Familien und bieten künftigen Betroffenen Information und Orientierung.

Einleitung

Die Entsendung von Mitarbeitern ist kein kurzfristiger, modischer Trend, sondern eine Strategie der Unternehmen, die Produktion und die Verkaufsgeschäfte im Ausland voranzutreiben. Von dem Unternehmen GMAC Global Relocation Services wird regelmäßig seit vielen Jahren eine Studie durchgeführt, in welcher vorwiegend westliche Manager in international tätigen Unternehmen Auskunft über die Entwicklung von Auslandsentsendungen in ihrer Firma erteilen. Die Ergebnisse der Studie Global Relocation Trend 2008 zeigt, dass die Befragten einen Anstieg der Anzahl der in das Ausland Entsendeten für die nächsten Jahre erwarten (GMAC 2008, 9). Die Studie offenbart, dass in die USA, die Volksrepublik China und das Vereinigte Königreich die größte Anzahl von Expatriates entsendet werden (ebd., 27). Der Studie lassen sich zudem folgende Angaben entnehmen: 60% der weltweiten Firmenentsandten sind verheiratet, 83% von diesen werden von ihren Partnern begleitet und 51% der Ehepaare nehmen ihre Kinder mit in das Ausland (ebd., 15). 61% der Expatriates, welche ihre Entsendung frühzeitig abbrechen, geben familiäre Hintergründe an (ebd., 51).

China ist dabei offenbar ein besonders schwieriges Entsendungsland: Häufiger als in anderen Ländern werden hier Entsendungen abgebrochen (ebd., 55). Laut einer Zählung in der Volksrepublik China von 2005 leben circa 150.000 Expatriates ordentlich registriert im Land der Mitte (Hernig 2008, 22). Diese Entwicklungen und Zahlen haben in den letzten Jahren zu einer vermehrten Diskussion um die im Ausland tätigen Unternehmens-Mitarbeiter geführt.

Im Folgenden stehen die Erfahrungen deutscher Expatriate-Familien in der Volksrepublik China im Mittelpunkt der Betrachtung. Mein Ziel war es zu erfahren, wie deutsche Expatriate-Familien ihr Leben in China gestalten, wie sie Handlungsfähigkeit erlangen und was für sie wichtig ist. Die Ergebnisse dieser Arbeit, speziell die Informationen zu den einzelnen Lebensbereichen, sollen einen Einblick in diese Lebenswirklichkeit geben und somit deutschen Expatriate-Familien mit zukünftigen Auslandsaufenthalt in China von Nutzen sein.

Über die Entsendung von Firmen-Mitarbeitern in das Ausland steht eine vielfältige, umfassende Lektüre zur Verfügung (z.B. Mayrhofer/Kühlmann/Stahl 2005). Anfangs galten wissenschaftliche Studien insbesondere der Arbeitssituation und Anpassungsleistung des Expatriates. Nachdem der Einfluss der begleitenden Familienangehörigen auf den Verlauf und die Dauer des Aufenthaltes als wesentlich erkannt wurde, fanden einzelne Untersuchungen zu den mitausgereisten Lebensgefährten (Trailing Spouses) und Kindern statt (für einen Überblick siehe Weidemann in diesem Band). Der Problematik der Rückkehr sowie den Schwierigkeiten mehrerer, aufeinanderfolgenden Aufenthalte in verschiedenen, fremden Ländern wurde vermehrt Beachtung geschenkt. Forschungsarbeiten beruhten dabei zumeist auf quantitativen, seltener auf qualitativen Methoden. Das Interesse galt Bereichen im Alltag sowie jenen Faktoren, die besondere Herausforderungen und Schwierigkeiten für die einzelnen Familienmitglieder bereithalten können. Es wurden Maßnahmen vorgeschlagen, die sich auf die Auswahl von geeigneten Kandidaten für die Auslandsentsendung und auf die Gestaltung des Alltages beziehen (Tung 1999, Gerner/Perry/Moselle/Archbold 1992, Ward/Leong/Low 2004[1]). Quantitative Untersuchungen stoßen jedoch an ihre Grenzen: Sie ermöglichen zwar das Aufzeigen einzelner Zustände, der Resultate abgeschlossener Entwicklungen von Erlebnissen oder Bewertungen in einem vorgefertig-

---

[1]   Speziell Tung hat sich mit den Lebens- und Arbeitsbedingungen von amerikanischen und anderen westlichen Firmenentsandten in China beschäftigt (Tung 1986, 21-25)

ten Antwortschema (Schütze 1987), das Datenmaterial erlaubt es aber nicht, den prozesshaften Verlauf der Ereignisse nachzuvollziehen, auf welche die Zustände zurückzuführen sind. Die Durchführung von Umfragen mittels quantitativer Methoden setzt zudem ein Vorwissen des Forschers über das Forschungsfeld voraus, das für das Thema ‚temporäre Auslandsaufenthalte' nicht immer gegeben ist. In neuen Forschungsansätzen über Auslandsaufenthalte weicht die einseitige Betrachtung problembehafteter Bereiche deshalb häufig einer ganzheitlichen Perspektive unter der Anwendung qualitativer Methoden. Es werden Interviews durchgeführt, Gruppendiskussionen organisiert beziehungsweise teilnehmende Beobachtungen vorgenommen, um einen Einblick in den Verlauf der Ereignisse zu erhalten und über die Auswertung von Erlebnissen innerhalb eines definierten Zeitrahmens Informationen über Zusammenhänge und Ursache-Wirkungsketten zu gewinnen. Mithilfe qualitativer Methoden wurden bisher unterschiedliche Aspekte von Auslandsaufenthalten untersucht, so die interkulturelle Zusammenarbeit in Unternehmen, die Arbeitswelt von Expatriates in einem fremden Land, die Lebenswelt und Eingewöhnung von begleitenden Ehepartnern und Kindern, die Rolle der entsendenden Unternehmen, die Vorbereitung des Aufenthaltes und die Reintegration nach der Rückkehr (O'Reilly 2003, Moosmüller 1997, Shenoy 1996). Speziell zu China gibt es Arbeiten, welche die deutsch-chinesische Zusammenarbeit analysieren (Feuser 2006, Nagels 1996, Wittkop 2005, Shi 2003). In anderen Arbeiten werden die erhobenen, qualitativen Forschungsdaten zu Auslandsentsendungen zusammengeführt, ein Überblick gegeben und Zusammenhänge aufgezeigt (Ali 2003, Thomas/Schroll-Machl 2005, Moosmüller 2002, Schreiner 2007, Harvey 1985, Brinkama 1998, Tung 1986, Ezra 2003).

Zusätzlich gibt es zu dem Thema Auslandsentsendungen eine umfangreiche Literatur, in welcher auf die Bedürfnisse der Expatriates und Unternehmen reagiert wurde. Diese umfasst Reiseführer, Ratgeber-Bücher und Lektüre, die speziell für Unternehmen Informationen zu bestimmten Ländern bereithält. Exemplarisch seien die Bücher von Birgit Zinzius genannt, in denen die verschiedenen kulturellen, geschichtlichen, geografischen, politischen und wirtschaftlichen Aspekte thematisiert werden, die Einfluss auf den Verlauf eines Aufenthaltes und auf den unternehmerischen Erfolg in China nehmen können (Zinzius 1999, 2002, 2007).

Methoden, Datenbasis und Durchführung der Untersuchung

Grundlage der hier vorgestellten Ergebnisse ist meine 2008 abgeschlossene Diplom-arbeit (Schneider 2009). Befragt wurden Familien, die ihren Lebensmittelpunkt für einen Zeitraum zwischen einem und vier Jahren in eine chinesische Großstadt verlegt hatten. Es handelt sich um drei ehemalige deutsche Expatriate-Familien sowie um eine studentische Familie, die jeweils aufgrund der Berufstätigkeit bzw. des Studiums des (Ehe-)Mannes nach China gezogen waren. Thema des Interviews war, wie die Familienmitglieder ihr Leben in China einzeln und gemeinsam gestalteten und was für sie dabei wichtig war. Der Blick wird dabei nicht nur auf bestimmte Familien-mitglieder gerichtet, sondern auch auf die Familie als Ganzes. Als Befragungsform wählte ich eine Mischform, die Elemente eines narrativen Interviews mit einem Leit-faden verband. Die Befragung fand nach der Rückkehr der Familien nach Deutsch-land statt, so dass die Befragten mit zeitlichem Abstand auf die für sie erinnerungs-würdigen Ereignisse zurückblicken. Das während des China-Aufenthaltes erworbene Wissen konnte mithin zum Zeitpunkt des Interviews gebündelt, bereits verarbeitet, verändert und beurteilt an die Interviewerin weitergegeben werden. Die Rekrutierung der Interviewpartner erfolgte durch persönliche Kontakte sowie durch Internet-vermittelte Annoncen bei Firmen und internationalen Schulen in China. Die Inter-views fanden in den privaten Wohnräumen der Familien an verschiedenen Orten in Deutschland statt, wobei nicht in jedem Fall alle Familienmitglieder an dem Inter-view teilnehmen konnten. Die Gründe liegen darin, dass bei einer Familie die Tochter von drei Jahren zu jung für eine Befragung und bei zwei der Familien die Teilnahme der Ehemänner aufgrund einer Arbeitstätigkeit außerhalb von Deutschland nicht möglich war. Die für das narrative Interview vorgegebene Struktur und im Leitfaden ausformulierte Vorgehensweise konnte bei drei von vier Interviews umgesetzt wer-den. Einzig im dritten Interview wurde diese aufgrund der Teilnahme der Kinder und der selbstständigen Erzählweise der Mutter durchbrochen. In jedem Fall wurde der Leitfaden an die Befragten angepasst und zwischen Fragen an Erwachse-ne/Jugendliche und Kinder unterschieden. In der Nachfragephase lenkte ich das Au-genmerk auf Aspekte der Haupterzählung, die mir wichtig oder unklar erschienen. Ich habe auf drei Fragen aus dem Leitfaden bei allen vier Familien zurückgegriffen: Wie sah der Tagesablauf der einzelnen Familienmitglieder aus? Wie viel Zeit ver-brachte die Familie zusammen und wie gestaltete sich diese? Wie sah das soziale

Netz aus, und gab es chinesische Bekanntschaften? Die Erzählungen sind unter dem Vorbehalt zu sehen, dass diese von mir in der Nachfrage- und Bilanzierungsphase initiiert wurden, sich jedoch an Erzählungen aus dem Hauptteil anschließen.

Die Interviews wurden aufgezeichnet und vollständig transkribiert. Für die Analyse des Interview-Materials habe ich Schritte der qualitativen Inhaltsanalyse nach Mayring angewandt. Ziel war es, basierend auf den zusammengefassten und abstrahierten Analyseergebnissen Aussagen über bestimmte Aspekte des Kommunikationsmaterials zu treffen (Mayring 2000, 12). Damit die Durchführung der Inhaltsanalyse regelgeleitet erfolgen kann, hat Mayring ein Ablaufmodell über die drei Grundformen des Interpretierens zusammengestellt (ebd., 53). Dies sind die Zusammenfassung, Explikation und Strukturierung. Bei der qualitativen Inhaltsanalyse beschränkte ich mich aus pragmatischen Gründen bei der Bearbeitung des Materials auf die Zusammenfassung. Die ermittelten Kategorien wurden ferner nebeneinander betrachtet, miteinander verglichen, auf Überschneidungen und das Abstraktionsniveau geprüft.

Ergebnisse

Den Familien wurden fiktive Namen gegeben: Studentenfamilie Jahn, Familie Hermann, Familie Otto und Familie Ludwig. Die Studentenfamilie lebte von 2006 bis 2007 in Peking. Für den Studenten war der China-Aufenthalt durch das Studium vorgesehen; seine Freundin hatte sich entschlossen, ihn mit der einjährigen Tochter zu begleiten. Während des Aufenthaltes waren sie an einer chinesischen Universität für Chinesisch- und Wirtschaftskurse eingetragen und wohnten in der Nähe des Campus in einer Wohnung. Frau und Herr Hermann zogen von 2001 bis 2005 nach Qingdao, wo Herr Hermann für das Unternehmen tätig war, in dem er auch zuvor in Deutschland gearbeitet hatte. Die drei Kinder blieben in Deutschland. Die Familien Otto und Ludwig zogen nach Shanghai, wohin die Ehemänner jeweils von ihrem Unternehmen entsandt wurden. Familie Otto zog mit ihren zwei kleinen Töchtern (acht und sechs Jahre alt) für anderthalb Jahre, von 2006 bis 2007, nach Shanghai. Familie Ludwig lebte mit ihren zwei jugendlichen Söhnen von 2004 bis 2007 für drei Jahre in Shanghai. Die Kinder von Familie Otto und Ludwig besuchten in Shanghai die Deutsche Schule.

Die Befragten nahmen selbstständig eine Auswahl in ihren Erzählungen vor und berichteten über für sie wichtige Dinge zum Aufenthalt. Dabei wurde in den Erzählungen eine zeitliche Gliederung sichtbar, die folgende Abschnitte umfasst: den Zeitraum vor der Abreise, den Aufenthalt in China und den Zeitraum der ersten Monate bis zu einem ganzen Jahr nach der Rückkehr in die deutsche Heimat. Wichtige Themen, die in den Erzählungen zur Sprache kamen, beinhalten u.a.: Die Erfahrung von Ankunft und Eingewöhnung, Tätigkeiten im Alltag, die Gestaltung sozialer Beziehungen, Schilderungen von Unterkunft und Umgebung, Ernährung, Kommunikation, Berichte über Zwischenaufenthalte in Deutschland, die Berührung mit der chinesischen Umwelt und Lebensweise und der in einigen Fällen erlebte ‚China-Überdruss‘. Der Zugang zu diesen Themen mittels der Zuordnung zu einem Kategoriensystem führt notwendigerweise zur Reduzierung von Komplexität. Umfassende Zusammenhänge werden vereinfacht abgebildet. Die vollständige Realität kann mit dem Kategoriensystem nicht erfasst werden. Die Benennung von Schwerpunkten lenkt den Blick auf interessierende Teilbereiche.

Die Ausgestaltung der Erzählung zu den genannten Themen durch die einzelnen Familienmitglieder erfolgte unterschiedlich umfangreich und detailliert, doch wurden von allen Familien ähnliche Themen angesprochen. Dabei stehen die Themen nicht abgegrenzt für sich, sondern greifen ineinander über und beeinflussen sich gegenseitig. So kann man annehmen, dass die Unterkunft und Umgebung den Aufbau von Freundschaften beeinflusste oder die persönliche Wahrnehmung der chinesischen Umwelt sich auf die Gestaltung des Alltags auswirkte. In der Analyse der Interviews wurden zeitliche und räumliche Situationsbedingungen abgebildet, viele Handlungsweisen und der Hintergrund, aus denen sie entstanden sind, sowie die gefühlsmäßige Wahrnehmung verschiedener Erlebnisse. Die Erzählungen bilden ein Leben ab, das Fremdes und Eigenes im chinesischen Umfeld immer wieder neu ausbalanciert. Nachfolgend werden zusammenfassend einige der wichtigsten Themen vorgestellt.

Das Bewahren des ‚Eigenen‘ in der ‚Fremde‘

Die größte Auffälligkeit in den Erzählungen war, dass Teile der ‚deutschen‘ Kultur und Lebensweise von Anfang an und immer wieder in verschiedenen Lebensbereichen der Familien vorzufinden waren. Verschiedene Beispiele verdeutlichen dies: Angekommen in der fremden Großstadt trafen die Expatriate-Familien auf ein Ausländernetzwerk, sie bezogen Unterkünfte mit westlichem Wohnstandard, die Befragten schlossen bevorzugt zu Deutschen oder anderen Ausländern freundschaftliche Beziehungen und kauften, abgesehen von chinesischen Produkten, verfügbare, westliche Lebensmittel. Die Kinder besuchten Schulen mit deutschem Schulsystem. Die Ehemänner trafen an ihrem Arbeitsplatz auf ein gemischt chinesisch-internationales Arbeitsklima. Die Freizeitaktivitäten glichen denen in der Heimat. Sie brachten private Gegenstände zur Ausstattung der Unterkunft mit. Fast tagtäglich kamen die Familienmitglieder mit Elementen ‚deutscher Kultur' in einen oder mehreren Bereichen in Berührung und bemühten sich zum Teil erheblich um deren Integration in ein ansonsten chinesisch geprägtes Umfeld.

Die Erzählungen verdeutlichen ferner, dass das Expatriate-Leben in China charakteristische Merkmale aufweist, die es von einem ‚normalen' Leben in Deutschland unterscheiden. Beispielsweise wurde von einem höheren Lebensstandard berichtet. Ein neues Freundschaftsnetz wurde zu Deutschen, anderen Ausländern und Bekanntschaften zu Chinesen aufgebaut. Es bestand ein viel engerer Zusammenhalt unter den Freunden als in Deutschland. Die Ehefrauen hatten mehr Freizeit, da sie von einer Haushaltshilfe unterstützt wurden und meist keiner Berufstätigkeit nachgingen. Die Kinder erhielten in der Schule einen besseren Unterricht und profitierten von dem vielfältigen Angebot an Arbeitsgemeinschaften, welche von der Deutschen Schule angeboten wurden.

Berührung mit der chinesischen Umwelt und Lebensweise

Zugleich kamen alle Familienmitglieder täglich auch mit der chinesischen Umwelt in Berührung. In den Erzählungen spielen die wahrgenommenen Unterschiede zu dem Leben in Deutschland eine besondere Rolle. Dabei wird häufig die Kategorie ‚Ausländer' zur Selbstbeschreibung verwendet und Unterschiede zu ‚den Chinesen' in den Erzählungen deutlich markiert. Neben den – auch in Reiseberichten häufig anzutreffenden – ‚Standard-Erzählungen' über (niedrige) Hygiene-Standards, Drängeleien, Markt-Feilscherei oder Lärmbelästigungen macht die Wiederholung der Erlebnisse das Leben in China mitunter „nervig" und „frustrierend".

Fast alle Befragten berichten von Einkäufen in Supermärkten oder Kaufhäusern, die aufgrund der Menschenmassen, dem extrem lauten Anpreisen der Verkaufsprodukte und lautem Abspielen von Unterhaltungsmusik als äußerst anstrengend empfunden werden.

> M^2: Und dann Musik. Chinesen lieben Musik und Lärm [I: Mhm.]. Also auch manchmal im Carrefour, da haben sie geschrien. Und dann habe ich so gedacht was schreien die so? Aber die werben für ihre Sachen. Und die schreien dann ganz laut [I: Ja.]. ... ZS: Im Carrefour auch immer, wenn ein Sonderangebot war, haben sie auf einen Stapel immer ein durchlaufendes Megafon gelegt. Das man halt weiß, dass ein Angebot da ist. (Familie Ludwig, Zeile 1216-1227)

Von einigen Befragten der Familie Otto und der Familie Ludwig wurde berichtet, dass Chinesen Unterschiede zwischen den eigenen Landsleuten und Ausländern machen. Die eigenen Landsleute werden gegenüber den Ausländern bevorzugt behandelt. Wenn ein Produkt, bereits verkauft oder zu einem Zeitpunkt nicht allen nachfragenden Kunden zur Verfügung gestellt werden kann, werden die Ausländer vertröstet, erhalten einen geringeren Service bzw. ihre Rechte auf ein erworbenes Produkt als Kunde wurden übergangen.

> M:... Bei dem ersten Heimflug war das so, dass wir am Flughafen standen. Weihnachten. ... Und dann sagt die Dame zu uns ‚Sorry, your ticket is not valid.‘ Oh mein Gott unser Ticket ist nicht valid, was machen wir jetzt? ‚Nein‘ hat sie gesagt, ‚sie müssen jetzt in das Reisebüro.‘ Und da haben wir gesagt ‚Es ist Freitag‘. Es war Freitag der Nachtflug. Die machen Montag auf, wir wollen hier weg. Wir haben das ja gezahlt und so. Und die Dame ‚Sorry, sorry.‘ Und dann war noch so eine Traube Chinesen. Die haben geschrien und geschrien am Nachbarschalter [I: Mhm.]. Und dachte ich so also irgendwie, irgendwie. Und dann war es so, sie sagten ‚Nein beruhigen sie sich. Wir buchen sie auf jeden Fall auf diesen Flieger. Aber jetzt müssen sie zur Seite treten. Wir fertigen jetzt alle Passagiere ab, die ein gültiges Ticket haben. Und dann fertigen wir sie ab.‘ Und wir natürlich die blöden Westler gehen auf die Seite. Naja wo die dann alle weg waren, haben sie die Schranke runter gemacht und haben gesagt bye, bye [I: Mhm.]. Und dann gibt es da so einen Schalter und wir sind dahin. Und dann haben die uns auf einen anderen Flug gebucht, weil die waren einfach überbucht und haben dann halt gedacht ja den blöden Westlern, den erzählen wir das halt so. Und das waren lustigerweise acht westliche Menschen, die sie da vom Flieger genommen haben. (Familie Ludwig, Zeile 1263-1284)

Ausländer können schnell in Situationen gelangen, in denen sie die Spielregeln und Gründe für das Verhalten der Chinesen nicht kennen oder diese ihnen nicht gefallen.

---

2   Die Kürzel verweisen auf folgende Personen: M = Mutter, V = Vater, ET = Erste Tochter, ES = Erster Sohn usw.

Manche Situationen konnten von den Befragten nicht zu ihren Gunsten abgeändert werden. So konnte es passieren, dass sie sich den chinesischen Mitmenschen ausgesetzt, von ihnen abhängig und hilflos fühlten.

> M: Übelster Bürokram. Also das war zum Beispiel übelst nervig in China, so Büro-Sachen und auf die Polizei gehen. Weil an dem einen Tag heißt es so, dann bringt man die Sachen am nächsten Tag und dann heißt es plötzlich nein, das kostet jetzt das Fünffache [I: Mhm.] oder so. Also wenn die halt einen Ausländer ausnehmen können, dann nehmen sie ihn halt aus. So... V: Das würde ich jetzt mal nicht nur auf Ausländer beziehen, sondern auch auf die eigenen Landsleute. Wenn jemand vom Dorf kommt und nicht weiß, wie es läuft, dann würden die sie genauso ausnehmen. (Familie Jahn, Zeile 416-425)

Umweltbedingungen in den drei Großstädten

Ein weiteres wichtiges, von allen Befragten angesprochenes Thema war die Infrastruktur am chinesischen Wohnort. In den Großstädten besteht – insbesondere in der Innenstadt – ein gut ausgebautes Straßennetz. Die Befragten waren durch Busse, U-Bahn, Taxi, Fahrrad, Firmenwagen an die nähere Umgebung angebunden. Trotzdem nannten alle Befragten ein Mobilitätsproblem, das sie mit der Verkehrsüberlastung auf den Straßen erklärten. Durch die häufigen Staus ist meist nur ein langsames Vorwärtskommen möglich. Auf diese Weise kann ein relativ kurzer Fahrweg viel Zeit in Anspruch nehmen, längere Fahrten können Stunden dauern. Um die eigene Mobilität zu erhöhen, kauften sich die Familienmitglieder Ludwig Fahrräder bzw. Motor-Roller. In der Umgebung der meisten Unterkünfte gab es Einkaufsmöglichkeiten in privaten Lebensmittelläden sowie ein Angebot verschiedener Dienstleistungen. Die Mehrzahl der Familienmitglieder nahm aber aufgrund der höheren Produktvielfalt und des Angebots westlicher Artikel die Fahrzeit in weiter entfernte Supermarktketten in Kauf. Wie Frau Ludwig berichtet, dauerten Einkäufe auf diese Weise mitunter viele Stunden:

> M: Wir hatten kein Müsli, irgendein bestimmtes Kellogs Choco Crispies. Dann bin ich los in die Stadt. Das dauert dann schon eineinhalb Stunden [I: Mhm.] bis man beim Carrefour ist. Da gab es halt keine Choco Crispies. Gut da habe ich halt dort die Einkäufe gemacht. Und dann habe ich gedacht ok, dann fährst du halt jetzt zum City-Shop. Also zum City-Shop gefahren, wieder eine dreiviertel Stunde mit dem Taxi. Dann da keine Choco Crispies. Ok dann habe ich gesagt, dann gehe ich noch in den [unverständlich]. Eigentlich die drei westlichen Läden, die es da gibt. Bin also dahin gefahren. Und dann kam ich so kurz bevor die Kinder nach Hause kamen,

total am Ende heim. Genau und da gab es dann die Choco Crispies. Und dann habe ich gleich mehrere Packungen mitgenommen. War ganz stolz, schau mal, ich war jetzt den ganzen Tag unterwegs. (Familie Ludwig, Zeile 1007-1020)

Viele der Befragten erzählen von der ständigen Missachtung der Verkehrsregeln auf den Straßen und der daraus resultierenden persönlichen Gefährdung.

M:... Auch die Autofahrer in Shanghai. Ich meine das hast du wahrscheinlich in Peking bestimmt auch gesehen. Peking ist noch harmlos autofahrtechnisch. Shanghai ist die Hölle [I: Lacht.]. Ich meine es gibt da Regeln genauso wie in Deutschland. Die Regeln sind nur dazu da, um gebrochen zu werden. Es hält sich niemand an die Vorschrift, dass man zuerst geradeaus fahren kann [I: Mhm.] und dann links abbiegt. Jeder fährt erst links vorbei, bevor die Leute geradeaus über die Kreuzung können. Das ist auf jeder Kreuzung in Shanghai so [I: Ja.]. Es ist rücksichtslos und das sind in meinen Augen die Chinesen auch. (Familie Otto, Zeile 635-644)

Als unangenehm wurde von allen die starke Luftverschmutzung, die Bodenverschmutzung, die Müllverursachung durch Verpackungen, die fehlenden deutschen Hygienestandards und die daraus resultierende Gefährdung der eigenen Gesundheit empfunden.

M: Ja, aber es riecht halt einfach nach frischem Fleisch oder so etwas. Oder so die Gegensätze sind zum Beispiel total ätzend. Klopapier, wenn man kauft. Es ist jede Rolle eingeschweißt in Plastikfolie [I: Mhm.], und dann sind noch einmal zwölf in einer Plastikfolie. Also richtig hygienisch, ganz dezent. Und dann gibt es so einen Stand, da waren wir im Lotus-Supermarkt. Das war gleich zu Anfang. Da gab es einen großen Grabbeltisch. Und da waren lauter Hühnerherzen drin. Oder auch Hühnchen. Einfach so auf dem Grabbeltisch. Und dann kam halt jeder, da gab es so Tütchen [I: Mhm.], wie bei uns die Erdbeeren oder Wurst. Und dann mit der Hand rein und haben sich da Herzen rausgenommen. Also die waren ungekühlt. Und da haben die Leute auch mal so drin herum mit den Händen. Und auch die Hähnchen. Die konnte man so einfach zack. Also die Gegensätze finde ich da total [I: Mhm.], alles in drei Tüten. Aber das Zeug liegt dann einfach herum. Doch. Und auch mit dem offenen Reis. Ich habe da nie offenen Reis kaufen wollen. Weil die hatten da so offenen Reis mit verschiedenen Sorten [I: Ja.]. Und jeder Chinese, der da so vorbei, das Gefühl ist scheinbar sehr schön. Jeder Chinese hat bei diesem Reis immer die Hände so durch [I: Ja. Lacht.], durch diesen Reis. Und den konnte man sich dann abfühlen. Ich fand das ekelhaft. (Familie Ludwig, Zeile 1150-1169)

M: Und ich kann mich noch erinnern, wir haben auch irgendwann ein Mal bei offenem Fenster geschlafen in den anderthalb Jahren? [V: Nein.] Ich glaube nicht. Um den Compound da herum war so eine Verbrennungsanlage und ich weiß nicht was die verbrannt haben. Aber alles. Es hat gestunken. Wenn man das Fenster morgens aufgemacht hat, hat man es am Besten sofort wieder zu gemacht. Weil wenn man die Luft im Haus erst einmal hatte, man hat diesen Geruch und Gestank nicht mehr heraus gekriegt. [I: Mhm.] Und das ist das, was mich persönlich am allermeisten gestört hat ist diese Luft in Shanghai und der Verkehr. (Familie Otto, Zeile 882-891)

Das Studentenpaar und die Befragten der Familie Ludwig berichteten davon, dass es zu wenige Grünanlagen gab, um Ausflüge in die Natur machen zu können.

ES: Aber man kann nicht mit dem Fahrrad in die Natur fahren [I: Mhm.]. Es gibt da allgemein wenig Natur, außer Parks. M: Wir sind ein Mal vier Stunden in eine Richtung gefahren. Da wollten wir irgendwie nach Wuchen [Stadt in China, BS], genau. Da ist überhaupt nichts. Nur Müll, Stadt, Müll, Stadt, Müll, Stadt, Müll [I: Mhm.]. Und dann kommt noch eine Stadt. Aber so Green Boot Park gibt es schon. Ja, aber so ein bisschen Parks gibt es schon. (Familie Ludwig, Zeile 2500-2507)

Zu dem Thema Armut in der Großstadt berichten die Befragten aus unterschiedlichen Perspektiven. Die Expatriate-Familien hatten einen hohen Lebensstandard durch die finanzielle Unterstützung des entsendenden Unternehmens. In den chinesischen Großstädten gibt es mehr Chinesen, welche ein durchschnittliches Einkommen zur Verfügung haben, als jene, die sehr gut verdienen. Expatriate-Familien geht es besser als dem Großteil der Chinesen in der Stadt. Die unterschiedlichen Wohn- und Lebensweisen können fälschlicherweise bei Ausländern den Eindruck von Armut erwecken. Von den Befragten wurde jedoch auch eine andere Form von Armut wahrgenommen. Bettelnde Personen oder Familien, die ohne Arbeit und Obdach oder körperlich behindert sind, professionelle Bettler, die sich mittels Betteln ihren Lebensunterhalt verdienen oder geringverdienende Menschen, die in einfachen Behausungen leben.

M:… Ich sag mal da sind halt wirklich noch viele in Shanghai oder Peking, die am Rande des Existenzminimums leben. Und da gibt es viel, viel mehr arme Leute wie in Deutschland sage ich mir halt [I: Ja das stimmt.]. Wenn man da sieht, wie die rumlaufen im Winter. Die haben keine Heizung, haben im Sommer viele keine Klimaanlage. Manche haben nicht einmal Fenster drin im Haus. Die Kinder laufen da in dreckigen Sachen herum. Und die Bettler in den Straßen. Und das ist aber nicht anders wie die Länder hier. Morgens hin gekarrt, an der Kreuzung abgesetzt und abends wieder eingeladen [I: Mhm.] von irgendwelchen Leuten die das halt ausnutzen [I: Ja.]. (Familie Otto, Zeile 1609-1618)

Soziale Beziehungen

Alle Befragten berichten, dass sie gleich zu Beginn erste Kontakte knüpfen konnten, so in der Wohnsiedlung, in den Chinesisch-Klassen, in der Schule und an Arbeitsstellen. Im Besonderen die Expatriate-Familienmitglieder haben ihre ersten Kontakte zu anderen Deutschen und westlichen Ausländern ausgebaut. Durch diese besondere Konstellation des Lebensmittelpunktes der Expatriate-Familienmitglieder in Ausländersiedlungen, die schnelle Einführung und freundliche Aufnahme in die Ausländergemeinschaften, die Übermittlung notwendigen Grundwissens für die Organisation des Alltagslebens und den schnell hergestellten Kontakt zu anderen ausländischen Kollegen im Unternehmen, wird die Struktur des Freundschaftkreises von Anfang an beeinflusst. Dies ist nur in Städten möglich, in denen entsprechende Gemeinschaften bestehen. Im Falle von Frau Hermann ist deutlich zu sehen, dass sich aufgrund der vergleichsweise wenigen Ausländer und Deutschen in Qingdao der Freundeskreis internationaler zusammensetzte. Auch das Studentenpaar umgab sich mit deutschen und anderen Nationalitäten angehörenden Freunden. Engere Bekanntschaften des Studentenpaares mit jungen Chinesen ohne familiäre Bindung kamen zustande durch direkte Kontakte zu Lehrerinnen im Unterricht, zu den chinesischen Vermietern ihrer Wohnung und durch das Wohnen in einer chinesischen Siedlung. Diese Bekanntschaften entwickelten sich jedoch nicht zu Freundschaften. Auf die Frage, welche Nationalitäten stärker im Freundschaftskreis vertreten waren, verwiesen alle Befragten, auch die Kinder, auf deutsche oder nicht-chinesische Freunde. Die Intensität zeigt sich im täglichen Kontakt mit den meisten Freunden, im Unterricht, im *Compound* (Wohnkomplex) oder am Arbeitsplatz. Fast alle Befragten sprachen von Bekanntschaften und einem guten und harmonischen Auskommen mit Chinesen in der Nachbarschaft, außerhalb des Compounds, mit der Ayi[10] oder mit chinesischen Arbeitskollegen. Die Chinesen, mit denen eine Bekanntschaft bestand, sprachen in den meisten Fällen Englisch und hatten einen ähnlichen hohen Lebensstandard. Einzig Frau Hermann sprach von einer engeren Freundschaft zum Chauffeur ihres Ehemannes und zu einer chinesischen Ärztin. Diesen Umstand, dass keiner der Befragten

---

[10] Der chinesische Begriff „Ayi" bedeutet Tante, Schwester der Mutter oder Kinderfrau, er wird zudem als allgemeine Anrede für Frauen im Alter der eigenen Mutter verwendet. Im Sprachgebrauch von Expatriates bezieht sich „Ayi" auf das Kindermädchen oder die Haushaltshilfe im Allgemeinen.

Freundschaften zu Chinesen aufgebaut hatte, begründen Frau Ludwig, ihr ältester Sohn und Frau Otto folgendermaßen:

> ES: ... Ich weiß nicht, es war auch ich kannte niemanden, der einen chinesischen Freund hatte [I: Mhm.]. Das gab es einfach nicht. Das waren zwei getrennte Welten. M: Also ich hatte ja auch am Anfang das Gefühl gehabt, dass die Chinesen das auch nicht richtig wollen den Kontakt. Die waren zwar ganz nett und so, aber jetzt so näher. Wobei, ich glaube die sind auch nicht so. Die sind auch ein bisschen distanzierter [I: Mhm.] so von sich aus. ES: Genau. M: Und ich habe auch da eine chinesische Nachbarin gehabt [I: Mhm.], die war sehr nett. Ja, aber es ist halt auch, was redet man dann? ... Oder ich hatte auch chinesische (Freundin), die A., da war ich jetzt erst bei der Hochzeit vor zwei Wochen. Die ist auch ganz lieb und so [I: Mhm.]. Aber es ist halt doch so, im Endeffekt habe ich mich dann am Ende mit verschiedenen Frauen aus Bayern zusammen getan. Das war dann so eine richtige, richtige Gang [M: Lacht.]. Und dann ist es halt so, mal richtig sein Herz ausschütten. Weil ich denke, ab und zu gerade hier auch, aber im Ausland kriegt man ab und zu mal so eine Krise. ... Und dann erzählt sie vielleicht auch so eine Geschichte [I: Mhm.] und dann ist man total beruhigt. Und es ist alles wieder gut. Und es ist halt trotzdem so ja ehm, ich kann halt nicht mit der chinesischen Frau. Die hat halt gar nicht die Probleme. Die würde das ja gar nicht verstehen [I: Mhm.]. (Familie Ludwig, Zeile 2632-2664)

> M: Und ich muss sagen, dass ist dann auch so ein Ding, was nicht geht. Was nicht passt eigentlich mit den Leuten da. Weil die Leute, die Expats die da leben, auch auf einem ganz anderen Level sind sage ich mal. Auch vom finanziellen her zu den Chinesen [I: Mhm.]. Mit Ausnahme wie gesagt zu denen, die im Compound gewohnt haben. (Familie Otto, Zeile 1007-1001)

Frau Ludwig schildert, dass es Annäherungen zwischen Deutschen und Chinesen gab, jedoch habe für die Vertiefung der Beziehung eine größere Kommunikationsbasis, ein größerer gemeinsamer Themenbereich, gefehlt. Frau Otto erklärt die Schwierigkeit einer deutsch-chinesischen Freundschaft mit der besseren finanziellen Lage der Deutschen. Im Fall ihres Ehemannes ergab sich die absichtlich gewählte Distanz zu Chinesen, da er nach seiner persönlicher Erfahrung und Interpretation die Chinesen als unehrlich empfand und ihre Verhaltensweisen als unakzeptabel.

> V: Ja das ist so ein Punkt. Ich traue keinem Chinesen, um es ganz ehrlich zu sagen [I: Lacht.]. Das heißt, da ist schon ein gewisses Misstrauen da ja. ... Und das würde auch Freundschaften zu Chinesen schwierig machen [M: Für dich auf jeden Fall.], dieses Misstrauen [I: Ja.]. Weil ich habe immer noch sehr viel mit Chinesen zu tun. ...Ja gut es basiert ja nicht immer alles auf Fakten. Sondern es ist auch ein Gefühl

auf meiner Seite [I: Mhm.] zum Beispiel. Ich habe einfach das Gefühl, dass ich denen nicht trauen kann, und zwar nicht nur mit handeln oder etwas kaufen oder wie
auch immer. Sondern auch im Geschäft muss ich dazu sagen [I: Mhm.]. Ehm ich
habe so das Gefühl, dass die sagen hier wir sind die Chinesen und da sind die Ausländer. Ja und die sind, was ich auch immer mehr feststelle, umso häufiger, dass die
sehr nationalistisch sind [I: Mhm.]. Für die hat ein Chinese eine andere Wertstellung
als ein Ausländer [I: Ja.]. (Familie Otto, Zeile 1670-1695)

Der Aufbau von Freundschaften zwischen Deutschen und Chinesen gestaltete sich
aufgrund fehlender Gemeinsamkeiten und Interessen schwierig. Die Freundschaften
zu anderen Deutschen oder Ausländern hingegen wiesen oft ein starkes Gefühl des
Zusammenhalts auf und wurden als besonders eng beschrieben. Dieser enge Zusammenhalt ist wünschenswert, zu einem gewissen Teil wahrscheinlich jedoch auch notwendig. Die Organisation des täglichen Lebens würde sich ohne Hilfsbereitschaft und
Wissensweitergabe aufgrund fehlender oder ungenügender chinesischer Sprachkenntnisse und freundschaftlicher Kontakte ansonsten wesentlich schwieriger gestalten.
Die Gemeinschaft bietet somit auch einen gewissen Schutz. In der Gemeinschaft
werden Veranstaltungen durchgeführt, die das Gemeinschaftswesen betonen. Wie
zum Beispiel das monatliche Herausgeben eines Newsletters, gemeinsam organisierte
Reisen in China und regelmäßige Treffen. Die von Moosmüller (2002) vertretene
Meinung, dass die deutsche Gemeinde durch die Sehnsucht nach Bekannten, im Besonderen nach der eigenen Heimat, zusammen findet, wird in den Erzählungen bestätigt. Die Gemeinschaft wird unter anderem genutzt, um Teile deutscher Kultur in
China zu leben.

M: ... Es ist halt dadurch, dass das da auch wie eine kleine deutsche Gemeinde da
war, waren wir dann in der Kirche alle zwei Wochen auch hinterher. ET ist da zur
Kommunion da gegangen. Und das war auch ganz nett gewesen. Ganz anders wie
hier in Deutschland. Viel netter eigentlich. Und familiärer auch wieder. Ja und da
waren auch viele Feiern. Das ist dann einfach so. In dieser Gemeinde ist immer ein
Geburtstag oder irgendetwas gewesen halt [I: Mhm.]. Oder Jubiläum oder irgendeiner ist verabschiedet worden. Oder es sind neue Leute gekommen. Und ehm dann
war in der Schule aber auch viel. Da waren immer irgendwelche Aktivitäten [I:
Mhm.]." (Familie Otto, Zeile 834-843)

„M:... Auch im Compound [I: Mhm.]. Das ist halt wie eine große Familie gewesen.
Es kommen natürlich immer Neue. Es sind auch Familien da, die schon lange da
sind, die auch noch länger da bleiben werden. ... Und das ist dann immer schwierig.

> Da muss man immer wieder neue Freundschaften knüpfen. Und das ist natürlich
> auch anstrengend. (Familie Otto, Zeile 1236-1245)

Die Pflege der Freundschaften und der Zusammenhalt in der Gemeinschaft sind mit einem hohen persönlichen Aufwand verbundenen. Dieser bezieht sich zum Einen auf die ständige Weitergabe des Wissens, die unter den Bedingungen hoher Fluktuation zur Aufrechterhaltung der Gemeinschaft nötig ist, zum Anderen auf den Aufbau neuer Freundschaften zu Neuankömmlingen sowie die Pflege der Beziehungen zu bereits weggezogenen Freunden. Der Kontakt zu der in Deutschland zurückgebliebenen Familie wurde durch Telefonate und E-Mails aufrechterhalten. Bei vielen Familien sind die Eltern oder Geschwister für einen Besuch nach China gekommen. In keinem der Interviews wurden Probleme bezüglich des Verhältnisses zwischen den Eltern und Kindern angedeutet, sondern normale Familienverhältnisse und gemeinsame Familienaktivitäten geschildert. Von keinem Paar wurde berichtet, dass der China-Aufenthalt einen nachteiligen Einfluss auf die Partnerbeziehung hatte. Das Studentenpaar und Frau Hermann schildern eine positive Auswirkung auf das Zusammenleben.

> M: Ehm ja wir waren eigentlich immer zusammen. Jedenfalls mehr als hier in
> Deutschland. Weil er hier doch mehr unterwegs ist. [I: Mhm.] Ehm ein Mal nur bin
> ich mit ihm mitgeflogen nach Japan. Aber sonst habe ich das eigentlich nie gemacht.
> Gut wenn mal irgendwo ein Kongress war. Dann bin ich mitgeflogen. Aber ansons-
> ten, ja das war eigentlich auch wesentlich intensiver als in Deutschland. Das muss
> ich ehrlich sagen. Ja man hat sich unheimlich viel zu erzählen natürlich. [I: Mhm.]
> Weil man tagsüber viel erlebt hat. Und hier in Deutschland ist das eigentlich ja so
> der alte Trott. Nicht? [I: Mhm.] Und deshalb muss ich sagen, war das auch so inten-
> siver. Und man ist auch so mehr aufeinander angewiesen ja? [I: Mhm.] Ja wenn wir
> was gemacht haben, wir haben alles zusammen gemacht eigentlich. Also am Wo-
> chenende, abends oder so. (Familie Hermann, Zeile 715-727)

Das Verleben eines selbstständig, organisierten Teil des Tages nimmt positiven Einfluss auf die Partnerschaft. Indem nicht nur die Rolle als Partner oder Elternteil bedient wird, sondern Zeit für das Nachgehen der eigenen Interessen genommen wurde und von neuen Erlebnissen in der chinesischen Umwelt während der gemeinsamen Zeit erzählt werden konnte. Obwohl Frau Ludwig das Thema von sich aus nicht direkt anspricht, zeigt sich die negative Auswirkung von zu viel Arbeitsstress des Ehemannes auf die Partnerschaft, als sie ironisch und kurzzeitig verstimmt rhetorisch bei ihren Kindern nachfragt, ob ihr Ehemann während des China-Aufenthaltes neben der Arbeit auch ein Mal zu Hause gewesen wäre.

‚China-Überdruss‘

Befragte, die länger als zwei Jahre in einer chinesischen Großstadt gelebt hatten, sprachen in den Interviews auch die Bedeutung von Zwischenaufenthalten in Deutschland an. Dabei berichteten das Ehepaar Hermann und Frau Ludwig über einen zeitweise erlebten „China-Überdruss“, verursacht durch einzelne Verhaltensweisen der Chinesen, die kurzzeitig nicht verarbeitet und akzeptiert werden konnten oder durch eine plötzliche Abneigung gegenüber chinesischen Verhaltens- und Lebensweisen, die zuvor akzeptiert und selbst in das eigene Leben aufgenommen worden waren. Es handelt sich hier um kleinere oder große Krisen, die zu verschiedenen Zeitpunkten während des Aufenthaltes durch zwei Ehefrauen wahrgenommen wurden. Diese Krisen sind mit Stress und Ablehnung verbunden und haben immer die Berührung mit der chinesischen Umwelt zum Hintergrund.

Der Vater und die Kinder von Familie Otto konnten generell der chinesischen Verhaltens- und Lebensweise nichts abgewinnen. Das Ehepaar Hermann hatte zwei Mal während der vier Jahre eine Phase erreicht, in denen ihm das Leben in China nicht mehr gefiel. Die Ehefrau begründet dies mit Arbeitsstress und dem Fehlen der deutschen Lebensweise. Wahrscheinlich werden mehrere Dinge, die einen ungünstigen Verlauf genommen haben und somit Stress auslösten, zusammengekommen sein. Auffällig wurde die Unzufriedenheit, indem auf einmal die Unterschiede zu dem Leben in Deutschland besonders deutlich wahrgenommen wurden. Lebensweisen der Chinesen, die zuerst positiv angenommen wurden, fanden auf einmal Ablehnung. Diese emotionalen Tiefs waren den Eheleuten in der Vorbereitung zu dem China-Aufenthalt als normale Zwischenentwicklungen, die eine kurze Auszeit verlangen, angekündigt worden. Dies hat das Ehepaar gemacht, indem es für mehrere Wochen in den Urlaub in ein anderes Land oder nach Deutschland gefahren ist. Dieser Umgang mit dem Tief hat dem Ehepaar sehr geholfen. Danach sind sie gern zu ihrem Leben in China zurückgekehrt.

> M:… Das ist auch das, was ich gelernt habe in diesem Training. Mir wurde gesagt man geht hin und man ist euphorisch. Aber so nach sechs bis acht Monaten kommt ein Tief [I: Mhm.]. Und das ist egal. Das kriegt jeder. Egal ob es einem gefällt oder ob es einem nicht gefällt. Egal. Jeder kriegt das. Und ich konnte wirklich genau sa-

gen dann kam das. Und das kam nicht nur bei mir, sondern das kam auch bei meinem Mann. Denn irgendwann läuft es dann im Büro nicht so wie man sich das vorgestellt hat und so. Und dann muss man rausfliegen [I: Ja.] Dann haben wir Urlaub gemacht. Und als wir dann zurückkamen vielleicht eine Woche, ehm dann wieder von vorne anfangen. Und dann ging es wieder aufwärts. Und das zweite Mal kam nach anderthalb Jahren [I: Mhm.]. Ach es ist alles blöd und das Essen schmeckt nicht mehr. Und dann fing man an „Mein Chinesisch ist doch nicht so gut. Und mich verstehen die Leute nicht." Und danach dann war es gut [I: Mhm.]. Und das wurde mir, wurde uns von Anfang an gesagt. Und wir konnten wirklich genau die Zeit sagen, es war so [I: Mhm.]. ... Ja weil man sich dann unverstanden fühlt. Oder man sieht dann den Dreck [I: Mhm.]. Ja dann eigentlich merkt man so, es ist doch nicht so wie zu Hause ehm ja. ... Und ehm dann jedes Mal eigentlich wenn ich zu Hause war, so nach zwei Wochen „Ach ich möchte wieder gehen." [I: Lacht.] Man vermisst die Freunde. Und ja, dann war es auch wieder gut [I: Mhm.]. Aber das kam automatisch. Und was wir auch gemacht haben, das war glaube ich nicht so sehr erlaubt. Wir haben immer ja Käse und Schinken und so etwas alles mitgenommen. [I: Ja.] Oder wir haben abends in der Woche meist auch zu Hause gegessen. Ich habe Brot gebacken und habe dann von hier Vollkornmehl mitgebracht. (Familie Hermann, Zeile 901-936)

Frau Ludwig hatte eine andere Methode gefunden, um mit kleineren oder größeren Krisen, die in zeitlichen Abständen auftauchten, umzugehen. Sie hat sich mit Freundinnen, welche aus derselben Region in Deutschland stammten, getroffen und sich über diese Erlebnisse ausgetauscht. In der Gruppe wurde über diese Themen geredet; das Mitgefühl und Verständnis der anderen, das Teilen ähnlicher Lebenslagen und Erfahrungen verbindet. Die Frauen standen mit ihren Problemen nicht allein da. Die frustrierenden Erfahrungen ließen sich in der Gruppe leichter ertragen und verarbeiten.

M: Aber es ist halt doch so, im Endeffekt habe ich mich dann am Ende mit verschiedenen Frauen aus Bayern zusammen getan. Das war dann so eine richtige, richtige Gang [M: Lacht.]. Und dann ist es halt so, mal richtig sein Herz ausschütten. Weil ich denke, ab und zu gerade hier auch, aber im Ausland kriegt man ab und zu mal so eine Krise. Wie „So ein Scheiß. Und nichts funktioniert." [I: Mhm.] Die C. (Freundin) wohnt so zwanzig Kilometer entfernt. Die spricht dann auch immer selber. Und da kann man mal so richtig [ahmt Schimpfen nach.]. Und dann erzählt sie vielleicht auch so eine Geschichte [I: Mhm.] und dann ist man total beruhigt. Und es ist alles wieder gut. ... Und das war auch immer ganz lustig. Aber so richtig, dass habe ich im Endeffekt gemerkt, so mal sein Herz ausschütten, wenn man mal wieder die Schnauze voll hat. Das war eigentlich mit den vier Frauen, die halt auch aus der Gegend sind [I: Mhm.]. Mit denen ging das super. ... Und wir haben uns gegenseitig

alles erzählt. Und dann war es gut. Der Ärger war verflogen. Man hatte es jetzt je-
manden erzählt. Das ist ja oft so. Und das fand ich eigentlich so richtig. (Familie
Ludwig, Zeile 2653-2674)

Veränderungen und interkulturelle Lerneffekte

Die Auseinandersetzung mit unverständlichen, fremdkulturellen Erfahrungen während eines Auslandsaufenthaltes kann Veränderungen der subjektiven Identität mit
sich bringen. Personen, die in einer fremden Kultur leben, setzen sich mit dieser und
in Bezug auf diese auch mit der eigenen kulturellen Herkunft auseinander. Ein Auslandsaufenthalt von Expatriate-Familien ist unter anderem mit dem Wunsch verbunden, andere Länder und deren Menschen kennen zu lernen. Eine vollständige Trennung von dem alten, die Identität beeinflussenden Leben ist jedoch nicht vorgesehen
und auch nicht gewollt. Der Auslandsaufenthalt war für einen begrenzten Zeitraum
geplant. In der Heimat wurden Dinge oder Personen zurück gelassen, für die weiterhin Verantwortung bestand, die den Einzelnen sehr wichtig waren, deren Bedeutung
aufgrund der Abwesenheit verstärkt in das Bewusstsein gerufen wurde und die nach
der Rückkehr in die Heimat wieder tägliche Relevanz erfahren würden. Die Befragten befanden sich in einem Spannungsfeld, aufgrund des nicht Aufgebenwollens der
alten Identität und einer Veränderung der Identität durch fremdkulturelle Erfahrungen.

Die Befragten haben sich im Alltag Rückzugsmöglichkeiten aus der chinesischen
Umwelt, die sie ständig umgab, geschaffen. Diese Vorgehensweise kann, abgesehen
von der Sehnsucht nach Bekannten, nach dem Ausleben jenes Bereichs der eigenen
Identität, der durch heimatliche Kultur beeinflusst ist, damit erklärt werden, dass der
Zugang zu der chinesischen Kultur und Chinesen mit schwer zu überwindenden Hin-
dernissen belegt zu sein scheint. Das Verstehen einer fremden Kultur über Beobachtungen von außen, interkulturelle Interaktionen in der Öffentlichkeit oder einfache
Gespräche mit Einwohnern waren – zumal ohne chinesische Sprachkenntnisse – häufig nicht möglich. Die Einschätzung der Verhaltensweisen der Chinesen durch die
Befragten und ihre Reaktionen auf deren Verhaltensweisen zeigen, dass der Wille
zum Verstehen da war, die Interpretation der Ereignisse aber oft auf der Ebene von
Vermutungen stehen blieb. Die Annäherung zwischen Deutschen und Chinesen gestaltet sich schwierig. Sehr gute Chinesisch-Kenntnisse sind nötig, um mit Chinesen
längere Gespräche führen zu können. Die Gesprächsthemen sind aufgrund anderer

Lebensumstände und Probleme verschieden; unterschiedliche Werte und Gewohnheiten prägen das Freizeitverhalten und machen auch dort Annäherungen schwierig. So finden Freizeitaktivitäten von Chinesen großteils mit der Familie, mit den Eltern oder in einer größeren Gruppe statt. Dazu gehören das Essen in Restaurants oder die Bewirtung zu Hause, das Besuchen von Freizeitparks, nationalen Festplätzen, Sehenswürdigkeiten, Kinos, Discos, Theater oder Geschäften, in denen meist lebhafte und lautstarke Menschenmassen vorzufinden sind (Zinzius 2002, 80). Es wird auch gern zusammen Fernsehen geschaut oder ein chinesisches Spiel auf den Tisch gebracht (ebd., 80). Die Chinesen in der Stadt verbringen ihre Freizeit in der Gruppe, gehen selten individuellen, kostenintensiven Interessen nach und nutzen die Zeit weniger zur Selbstverwirklichung als Menschen aus dem Westen (Feuser 2006, 144). Ein Zugang zu der chinesischen Lebensweise erfordert viel Engagement und Zeit sowie den Entschluss, die eigene Lebensweise ein wenig zurückzustellen. Die Expatriate-Familien befanden sich von Anfang an in einem anderen Umfeld als die chinesischen Bürger.

Die Erzählungen der Befragten zeigen, dass eine vollständige Integration in die chinesische Lebensweise nicht notwendig ist, um einen angenehmen Aufenthalt zu erleben. Aus den Erzählungen geht auch hervor, dass unterschiedliche Aufenthaltsbedingungen, wie Lebensumstände, Alter, Aufenthaltsdauer und -ort Einfluss auf den Aufenthalt nehmen können. Die Studentenfamilie war enger in die chinesische Umwelt eingebunden: durch den Sprachunterricht und die Unterkunft auf dem Campus oder in der Wohnung, die von chinesischen Eigentümern angemietet wurde. Sie haben im Vergleich zu den Expatriate-Familien in einfacheren Lebensumständen gelebt. Ihr Freundschaftskreis setzte sich internationaler zusammen. Der größere Bezug zu der chinesischen Lebensweise wird an der Unterkunft, der Ernährung, dem Sprachunterricht (chinesischer Lehrstil), einer größeren Anzahl an chinesischen Bekannten (junge Chinesen und Vermieter-Familie), der Kommunikation im Freundeskreis und an den freizeitlichen Aktivitäten und Unternehmungen mit Chinesen deutlich. Das Studentenpaar hat aber wie die Expatriate-Familien auch in verschiedenen Lebensbereichen die deutsche Lebensweise integriert. Dies betrifft die Kategorien Freundschaften, Ernährung, Kommunikation und Freizeit. Der Wohnort in China könnte auch Einfluss auf die Wahrnehmung des Aufenthaltes nehmen. Da alle Befragten in einer chinesischen Großstadt gewohnt haben, steht ein Vergleich mit einer ländlichen Gegend nicht zur Verfügung. Die ländlichen, weniger entwickelten Regionen, in denen sich eine kleinere Anzahl an Ausländern aufhält, bieten weniger Möglichkeiten westlicher Lebensart nachzugehen. Der Einfluss der Aufenthaltsdauer zeigt sich an der Thematisierung der Heimreisen und des erlebten China-Überdrusses. Ob das Alter einen Einfluss auf die Wahrnehmung nimmt, kann ich nicht beantworten, da es sowohl jüngeren als auch älteren Befragten in China gefallen und auch weniger gefallen hat. Hier muss vielmehr ein tieferer Blick auf die jeweiligen Lebensumstände geworfen werden.

Diskussion

Obwohl die Lebensumstände der Expatriate-Familien relativ gleich waren, findet sich in den Aussagen der Befragten doch ein unterschiedlicher Grad von Zufriedenheit über den Aufenthalt. Hier zeigt sich, dass ähnliche Rahmenbedingungen nicht allein Zufriedenheit generieren. Der individuelle Umgang mit den Rahmenbedingungen, wie interkulturelle Begegnungen, zeigt, dass jeder Mensch für sich herausfinden muss, ob er in einer bestimmten, fremden Umwelt leben, ob er kulturelle Differenzen aushalten und verarbeiten kann.

Die Ergebnisse dieser Arbeit bieten einen besonderen, individuellen Einblick in das Leben deutscher Familien in China. Meine Untersuchung kann aufgrund der kleinen Befragten-Gruppe nicht den Anspruch der Allgemeingültigkeit erheben, sondern lediglich Einblicke in mögliche, individuelle Entwicklungen geben.

Es müssen weitere wissenschaftliche Forschungen in einigen Bereichen erfolgen. Beispielsweise habe ich nicht die Wahrnehmung der Expatriate-Familien aus dem Blickwinkel der Chinesen, zu denen sie eine Bekanntschaft aufbauten, einbezogen. Es stellt aber ein interessantes Thema für weitere Arbeiten dar, und könnte Erklärungen bereitstellen, weshalb sich oft eine enge, freundschaftliche Beziehung zwischen den Menschen beider Nationen schwierig gestaltete. Ich habe einige Zusammenhänge von Verhaltensweisen aufgezeigt. Um eine detailliertere Einsicht in deren Abläufe und Zusammenhänge geben zu können, müssten in anderen Arbeiten die einzelnen Stufen zu der Entwicklung bestimmter Verhaltensweisen einer Person während des Aufenthaltes nachgebildet werden. Weitere Untersuchungen derselben Art müssten vorgenommen werden, um die Allgemeingültigkeit der Analyseergebnisse dieser Arbeit zu überprüfen. Zu einigen der Themen müssten vertiefende Interviews mit allen Familienmitgliedern geführt werden. So zum Beispiel mit den Ehemännern, die nicht am Interview teilgenommen haben oder mit den Kindern, die weniger zu Wort gekommen sind. Mithilfe weiterer spezialisierter Interviews ließen sich Beiträge zu verschiedenen Thematiken in der interkulturellen Kommunikation erarbeiten, wie zu der Bedeutung und Durchführung von Vorbereitungen, zu der Anpassung an die Kultur und Lebensweise, zu persönlichen Krisen, zu der Beherrschung der Landessprache im Gastland oder zu der Möglichkeit einer beruflichen Karriere für beide Ehepartner.

In dieser Arbeit konnten in der Schlussfolgerung zu den Analyseergebnissen allgemeine Tendenzen und einzelne Handlungsempfehlungen gegeben werden. Eine praktische Anleitung zu Handlungsfähigkeit und Zufriedenheit kann über die Analyseergebnisse nicht abgeleitet werden. Diese Arbeit stellt einen weiteren Schritt in die Richtung dar, zukünftig Unterstützung für die Entwicklung von Handlungsfähigkeit in einem Auslandsaufenthalt anbieten zu können.

Literatur

Ali, Anees Janee (2003): The Intercultural Adaptation of Expatriate Spouses and Children. An Empirical Study on the Determinants Contributing to the Success of Expatriation. Verfügbar über: http://irs.ub.rug.nl/ppn/243214448. [Zugriffsdatum: 02.06.08]

Brinkama, Alexandra (1998): Mit Kindern und Jugendlichen im Ausland. Hinweise zu Problemen und Wirkungen. Königswinter: Institut für interkulturelles Management GmbH.

Ezra, Rosalyn (2003): Culture, Language and Personality in the Context of the Internationally Mobile Children. Journal of Research in International Education, (2) 2, 123-150.

Feuser, Florian (2006): Der hybride Raum. Chinesisch-deutsche Zusammenarbeit in der VR China. Bielefeld: transcript.

Gerner, Michael/Perry, Fred/Moselle, Mark A./Archbold, Mike (1992): Characteristics of Internationally Mobile Adolescents. Journal of School Psychology, (30) 2, 197-214.

GMAC Global Relocation Services (2008): Global Relocation Trends. 2008 Survey Report. Verfügbar über: http://www.gmacglobalrelocation.com/knowledge /grts_-archive.asp. [Zugriffsdatum 07.10.2008]

Harvey, Michael G. (1985): The Executive Family: An Overlooked Variable in International Assignments. Columbia Journal of World Business, (20) 1, 84-92.

Hernig, Marcus (2008): China mittendrin. Geschichte, Kultur, Alltag. Berlin: Christoph Links Verlag.

Mayrhofer, Wolfgang/Kühlmann, Thorsten M./Stahl, Günter K. (2005): Internationales Personalmanagement. Anspruch und Wirklichkeit. Günter K. Stahl/Wolfgang Mayrhofer/Thorsten Kühlmann (Hg.): Internationales Personalmanagement – neue Aufgaben, neue Lösungen. Mering: Rainer Hampp.

Mayring, Philipp (2000): Qualitative Inhaltsanalyse. Weinheim: Deutscher Studien-Verlag.

Moosmüller, Alois (1997): Kulturen in Interaktionen. Deutsche und US-amerikanische Firmenentsandte in Japan. Münster: Waxmann.

Moosmüller, Alois (2002): Interkulturelle Kommunikation in der Diaspora. Die kulturelle Gestaltung von Lebens- und Arbeitswelten in der Fremde. Münster: Waxmann.

Nagels, Kerstin (1996): Interkulturelle Kommunikation in der Deutsch-Chinesischen Zusammenarbeit. Bremen: Fachbereich Wirtschaft der Hochschule Bremen.

O'Reilly, Claire (2003): The Expatriate life. A Study of German Expatriates and Their Spouses in Ireland: Issues of Adjustment and Training. Frankfurt am Main: Lang.

Schneider, Beatrice (2009). Leben in China: Wie deutsche Familien die Auslands-Entsendung meistern. Marburg: tectum.

Schreiner, Karin (2007): Die Psychologie des Kulturschocks und die Situation der „Trailing Spouse". Frankfurt am Main: IKO – Verlag für Interkulturelle Kommunikation.

Schütze, Fritz (1987): Das narrative Interview in Interaktionsfeldstudien I. Kurseinheit 1. Hagen: Fernuniversität – Gesamthochschule Hagen.

Shenoy, Uma A. (1996): In Moving to a New Country: Children and Adolescent's Adaptation. Verfügbar über http://scholar.lib.vt.edu/theses/available/etd-4491525-1972550/unrestricted/etd.pdf. [Zugriffsdatum: 09.04.08]

Shi, Hongxia (2003): Kommunikationsprobleme zwischen deutschen Expatriates und Chinesen in der wirtschaftlichen Zusammenarbeit. Empirische Erfahrungen und Analyse der Einflußfaktoren. Verfügbar über https://vpn.fh-zwickau.de/http/0/www.opus-bayern.de/uni-wuerzburg/volltexte/2003/582/. [Zugriffsdatum: 03.05.2008]

Thomas, Alexander/Schroll-Machl, Sylvia (2005): Auslandsentsendungen: Expatriates und ihre Familien. In: Alexander Thomas/Eva-Ulrike Kinast/Sylvia Schroll-

Machl (Hg.): Handbuch Interkulturelle Kommunikation und Kooperation – Band 1: Grundlagen und Praxisfelder (S. 390-415). Göttingen: Vandenhoeck & Ruprecht.

Tung, Rosalie L. (1986). Corporate Executives and Their Families in China: The Need for Coss-Cultural Understanding in Business. The Columbia Journal of World Business, spring, 21-25.

Tung, Rosalie L. (1999). Expatriates and Their Families Abroad. In: Johann Engelhard/Walter A. Oechsler (Hg.): Internationales Management: Auswirkungen globaler Veränderungen auf Wettbewerb, Unternehmensstrategie und Märkte (S. 467-477). Wiesbaden: Gabler.

Ward, Colleen/Leong, Chan-Hoong/Low, Meilin (2004): Personality and Sojourner Adjustment. An Exploration of the Big Five and the Cultural Fit Proposition. Journal of Cross-Cultural Psychology, 35 (2), 137-151.

Wittkop, Thomas (2005): Interkulturelle Kompetenz deutscher Expatriates in China. Qualitative Analyse, Modellentwicklung und praktische Empfehlungen. Wiesbaden: Deutscher Universitätsverlag.

Zinzius, Birgit (1999): Das kleine China Lexikon. China und die Chinesen von A-Z. Darmstadt: Primus.

Zinzius, Birgit (2002): China entdecken. München: Beck.

Zinzius, Birgit (2007): China-Handbuch für Manager. Kultur, Verhalten und Arbeiten im Reich der Mitte. Berlin, Heidelberg: Springer.

Schweizer Unternehmen der Maschinen- und Anlagenbaubranche in China: Erfahrungen im Bereich Human Resource Management

Ulrike Preißner

Zusammenfassung

Der Beitrag beschäftigt sich mit den Herausforderungen, auf die schweizerische Unterneh men der Maschinen- und Anlagenbaubranche in China treffen und den sich daraus ergebenden operativen Konsequenzen zur Gestaltung des HRM. Betrachtet werden die Bereiche Personalplanung, Personalauswahl und Einstellungsprozess, Leistungsbewertung, Entlohnung und Sozialleistungen, Weiterbildung sowie Personalführung. Die vorgestellten Ergebnisse beruhen auf einer qualitativen Interviewstudie: Es wurden acht Leitfadeninterviews durchgeführt, transkribiert und mittels qualitativer Inhaltsanalyse ausgewertet. Es zeigt sich, dass westliche HR-Praktiken nicht ohne weiteres nach China transferiert werden können. Zudem hängt die Effizienz des HRM stark davon ab, in welchem Maß es an die jeweiligen Werte und Normen der Kultur angepasst wird. Problemlösungen waren immer dann erfolgreich, wenn sich der westliche Manager bemühte, den Mitarbeitern besonders viel Beachtung zu schenken und wenn er versuchte sich in deren Kultur einzufühlen.

Einleitung

Auf einem interkulturellen Seminar, an dem Chinesen und Deutsche teilnahmen, die sich schon lange genug kannten, um ehrlich zueinander zu sein, fand folgendes Gespräch statt:

> Deutscher: „Chinesische Mitarbeiter mögen es also nicht, wenn ich zu ihnen komme und sage, das, was Sie da machen, ist falsch. Gut. Wie aber soll ich es sagen? Ich kann sie doch nicht fehlerhaft weiterarbeiten lassen" (Reisach et al. 2006, 263). Die Antwort der Chinesen lautet, dass der Ansatz falsch sei. Es ginge nicht darum, etwas zu sagen, sondern es sei wichtig zu fragen, warum die Mitarbeiter das, was sie tun, auf diese Art und Weise tun. Der Deutsche wundert sich: „Ja, aber wenn ich das so mache, dann kostet mich das doch wahnsinnig viel Zeit. Dann komme ich nicht mehr zu meiner Arbeit" (ebd. 2006, 264). Die Chinesen antworten darauf nicht mehr, bitten die Seminarleiterin aber nach Ende des Kurses, dem Deutschen Folgendes mitzuteilen: „Bitte – sagen Sie ihm doch: das ist seine Arbeit" (ebd. 2006, 264).

Dieser Gesprächsausschnitt verdeutlicht, dass viele Dinge in China nicht so gehand-
habt werden können wie in Europa. Manches Unternehmen dachte schon die größten
Schwierigkeiten hinter sich gebracht zu haben, sobald die Wahl der Chinastrategie
und der Markteintrittsform erfolgt waren sowie die Bewältigung gesetzlicher Regelungen gemeistert wurde. Um aber in der Folgezeit erfolgreich bestehen zu können,
müssen weitere Schwierigkeiten bewältigt werden. Eine der größten Herausforderungen ist das erfolgreiche Personalmanagement. Heimbrock (2005, 13) urteilte, dass
Organisationen „den Weg zu einem nachhaltigen Unternehmenserfolg [...] nur gehen
können, wenn ihnen die optimale Nutzung der Ressource Personal gelingt." Nur ist es
in China angesichts des akuten Fachkräftemangels für Unternehmen nicht immer
leicht den Erfolgsfaktor der menschlichen Ressource überhaupt zu aktivieren. Ein
westlicher Manager formulierte dies 1994 einmal so: „Leute über 45 haben Erfahrung, aber sprechen kein Englisch; Leute unter 25 sprechen Englisch, aber haben keine Erfahrung. Die Kulturrevolution kümmerte sich um den Rest, um diejenigen zwischen 25-45, denn sie sprechen weder Englisch, noch haben sie Erfahrung" (Tsang
1994, 13; eigene Übersetzung). Nun kann man argumentieren, dass dies fünfzehn
Jahre her sei. Tatsache ist aber, dass das Finden von Führungskräften eine der größten
Herausforderungen für ausländische Firmen in China darstellt. Denn die Volksrepublik habe zwar 1,3 Mrd. Einwohner, jedoch lediglich 5000 davon seien erfahrene Führungskräfte (Harnischfeger 2006, 54). Auf die Schweiz übertragen hieße das 29 fach-
kundige Führungskräfte oder ein Manager pro rund 260.000 Schweizer.

Dieses Kapitel stellt die wichtigsten Ergebnisse einer Interviewstudie vor, die erkundet, auf welche Herausforderungen und Schwierigkeiten Schweizer[1] Unternehmen
der Maschinen- und Anlagenbaubranche im Human Resource Management (HRM) in
China treffen.[2] Abschließend werden Hilfestellungen für eine erfolgreiche Gestaltung
des HRM für Unternehmen, die noch nach China expandieren wollen, abgeleitet. Jedoch versteht sich dieser Beitrag keinesfalls als umfassende Anleitung für die Gestaltung eines erfolgreichen HR Managements, sondern soll lediglich Hilfestellungen
und Denkanstöße anbieten.

---

[1] Der Begriff Schweizer bezieht sich in dieser Arbeit auf (Schweizer-)deutsch sprechende Schwei-
     zer.
[2] Das Kapitel bezieht sich auf die Diplomarbeit „Schweizer Unternehmen der Maschinen- und
     Anlagenbaubranche in China: Erfahrungen im Bereich Human Resource Management" (Preißner
     2008).

Die Hauptfragen, mit der sich dieses Kapitel beschäftigt, sind:

1. Was sind besondere Herausforderungen für schweizerische Firmen der Maschinen- und Anlagenbaubranche im Bereich Human Resource Management in China?

2. Welche operativen Konsequenzen ergeben sich zur Gestaltung des HRM?

Human Resource Management

Begriffsbestimmung

Für den Ausdruck Personalmanagement (englisch Human Resource Management, HRM) gibt es mehrere Begriffe die synonym verwendet werden. Auch zum Begriffsinhalt des HRM gibt es keine einheitliche Auffassung (Heimbrock 2005, 15). Als Basis der hier vorgestellten Studie diente der Ansatz von Zhu und Schuler, die das HRM in sechs Bereiche untergliedern. Sie bezeichnen diese als die Hauptaktivitäten bzw. den Kern des traditionellen Personalmanagements (Schuler/Jackson 2005, 2, Zhu 2005, 4):

1. Personalplanung beinhaltet die Ermittlung und Analyse der Ausgangslage und die Berechnung der Anzahl der notwendigen Mitarbeiter für die Erfüllung zukünftiger Aufgaben (Hermann/Pifko 2002, 20).

2. Personalauswahl und Einstellungsprozess. Bei der Personalauswahl geht es darum, die Fähigkeiten und möglichen Verhaltensweisen eines Mitarbeiters einzuschätzen und diese optimal mit einer für ihn geeigneten Position abzustimmen (ebd. 2002, 23).

3. Leistungsbewertung mit dem Mitarbeiterbewertungsgespräch als Mittel hat das Ziel, den Leistungsstand eines Mitarbeiters mit den ehemals vereinbarten Zielen abzugleichen und anschließend zu bewerten (ebd. 2002, 25).

4. Entlohnung und Sozialleistungen sollten vom Mitarbeiter als zeitgemäß empfunden werden und an dessen Bedürfnisse angepasst sein. Ein gut strukturiertes Sozialwesen gibt Mitarbeitern Sicherheit und Zufriedenheit (ebd. 2002, 29).

5. Training und Weiterbildung (Personalentwicklung) umfasst alle Maßnahmen, die sich mit der Qualifikationsverbesserung der Mitarbeiter beschäftigen (ebd. 2002, 25).

6. Arbeitgeber-Arbeitnehmerbeziehungen (Personalführung) beinhaltet die bewusste Gestaltung der sozialen Beziehungen zwischen dem Unternehmen und seinen Angestellten, wobei der Beitrag der Führungskräfte von höchster Bedeutung ist (ebd. 2002, 27-28).

Herausforderungen des HRM in China

Viele Werke haben sich darauf spezialisiert, auf so viele Probleme im Chinageschäft wie möglich einzugehen, spezifische Abhandlungen zum HRM sind dagegen seltener. Arbeiten mit direktem Bezug auf die Tätigkeit von Schweizer Unternehmen in China sind ebenso spärlich. Björkman und Fan (2002, 853) resümieren, dass bis dato sehr viel über die USA und deren Erfahrungen in China geschrieben worden sei, dass es aber definitiv noch einen Mangel in Bezug auf verschiedene andere Länder gebe. Mit dem Fokus auf Schweizer Unternehmen versucht dieser Beitrag diesem Mangel ein Stück weit abzuhelfen.

Zu den Autoren die sich mit Schwierigkeiten im HRM beschäftigt haben, zählen unter anderem Ahlstrom (2001), Farell/Grant (2005), Björkman/Yuan (1999), Holtbrügge/Puck (2005), Reisach (2006), Leung/Kwong (2003), u.v.a.. Die in den Werken der genannten Autoren dargestellten Herausforderungen decken sich in vielen Punkten mit denen, die sich auch in den Interviews in dieser Arbeit herauskristallisiert haben. An dieser Stelle werden somit nur Punkte erwähnt, die in der Ergebnisauswertung nicht noch zur Sprache kommen.

Farell/Grant (2005, 2) berichteten im Bereich der Rekrutierung über die schwere Erreichbarkeit talentierter Kräfte. Da es für die meisten Firmen ein Standortkriterium darstelle, sich in der Nähe eines internationalen Flughafens anzusiedeln, aber nur ein Viertel der 1,7 Millionen im Jahr 2003 graduierten Studenten in der Nähe solcher Gebiete wohne, erschwere sich die Kontaktaufnahme. In Bezug auf Qualifikation bemängelte Harnischfeger (2006, 56) die bei Managern kaum vorhandene Fähigkeit zu delegieren und Kuhn et al. (2001, 189) stellten fest, dass chinesische Manager Probleme so lange vermieden bis diese unausweichlich seien. Ehemalige Mitarbeiter von Staatsbetrieben haben in den Augen westlicher Firmen enorme Defizite, die sie ungeeignet machen, um in einer wettbewerbsreichen Umgebung effizient zu arbeiten (Ahlstrom et al. 2001, 65f). Kritisiert wurden vor allem die schwache Arbeitsmoral (ebd. 2001, 59), die mangelnde Motivation (Cooke 2004, 29) sowie ein geringer Einsatzwille (Verburg 1996, 519). Manche Arbeiter kämen weniger als acht Stunden am Tag zur Arbeit oder fehlten ohne Grund ganz (Leung/Kwong 2003, 94). Dessler

(2006, 15) fand heraus, dass psychometrische Tests bei der Personalauswahl nicht angewandt werden können, da sie nicht bekannt seien oder von den Chinesen als seltsam und ungewöhnlich ja sogar als unnötig betrachtet würden. Ein Hindernis bei der Leistungsbewertung sei das Fehlen von Leistungskriterien für die Erfolgsmessung (Ahlstrom et al. 2001, 63).

In Bezug auf Schulungen sähen die „Temporary Regulations on Continuous Education for Professionals and Technical Personnel in China" von 1995 vor, dass Fachleute und Techniker aus dem mittleren und höheren Management mindestens 40 Stunden außerbetriebliches Training im Jahr erhalten müssen. Auf untergeordneter Ebene dürften es nicht weniger als 32 Stunden jährlich sein (Cooke 2004, 25). Als Ursache vieler Schwierigkeiten, die auch heute noch existieren, führte Verburg (1996, 520) die Tatsache an, dass bis zur Wirtschaftsreform 1979 in vielen chinesischen Staatsbetrieben das Prinzip der „eisernen Reisschale" galt, was eine Anstellung auf Lebenszeit bedeutete. HR Planung, Auswahl- und Einstellungsprozesse existierten aus diesem Grund nicht (Zhu 2005, 205). Human Resource Management gemäß der oben aufgelisteten Hauptaufgaben, gebe es in China erst seit Mitte der 1990 er Jahre (Cooke 2004, 30).

Eine Arbeit, die einen Bezug zur Schweiz aufweist, ist die der Chinesin Yanyan Chang Delprete (1999). Sie beschäftigt sich mit „Human Resource Management in Sino-Swiss Joint Ventures", fokussiert jedoch nicht auf eine bestimmte Branche. Zudem schenkt sie den Faktoren Zufriedenheit und Motivation sowie der Rolle von Expatriates größere Aufmerksamkeit. Bereiche, die sowohl in der vorliegenden Studie als auch bei Delprete untersucht werden, sind Einstellungsprozess, Trainings und Mitarbeiterbindung. Zu den von Delprete erwähnten, hier nicht thematisierten Befunden, zählt das „Management by walking around", das sie als einen geeigneten Führungsstil bezeichnet. Dieses könne die direkte Kommunikation zwischen Topmanagement und den Arbeitern auf der geringsten Hierarchieebene verbessern. Ein Punkt, auf den Delprete genauer einging als diese Arbeit, sind Motivationsfaktoren. So werden laut der Autorin Anreize nicht finanzieller Art zunehmend geschätzt (ebd. 1999, 13f).

Methode

Qualitativer Forschungsansatz

Die in diesem Kapitel vorgestellten Ergebnisse beruhen auf qualitativen Interviews. Qualitative Forschung ist aufgrund des Erhebungsaufwandes an vergleichsweise kleine Stichproben gebunden und zielt nicht auf Repräsentativität, sondern auf das Herausarbeiten des Typischen. Bei qualitativen Interviews spricht man von einem mittelgroßen Umfang der Stichprobe, wenn zwischen sechs und dreißig Interviews durchgeführt werden (Helfferich 2005, 153). Für diese Arbeit wurden acht Leitfadeninterviews durchgeführt, die eine Basis für gute Einsichten in das gewählte Gebiet darstellen. Leitfadeninterview sind eine Form des halbstrukturierten Interviews (Schlehe 2003, 78). Ihre zum Teil vorhandene Struktur bietet die Möglichkeit, Interviews leichter miteinander vergleichen zu können. Diese Interviewart dient dem Erheben von Fakten, aber auch von Meinungen und Einstellungen (Lehmann 2001, 6).

Untersuchungsteilnehmer

Im Fokus der Studie stand das HRM von Unternehmen der Maschinen- und Anlagenbauindustrie, da diese sowohl für China als auch für die Schweiz von großer Bedeutung ist (Eidgenössisches Departement für auswärtige Angelegenheiten, www.swissworld.org). Die im Interview betrachteten Firmen haben weltweit mehr als 500 Mitarbeiter, da Vorrecherchen ergeben hatten, dass kleinere Firmen aus der Schweiz, oft noch gar nicht in China vertreten waren. Über die Schweizerisch-Chinesische Wirtschaftskammer in Zürich wurden 73 in der Maschinen- und Anlagenbaubranche tätige Unternehmen ausfindig gemacht. Auf 27 (Swiss-Cham China et al. 2005, 263f) traf das Kriterium von mehr als 500 Mitarbeitern weltweit zu. Die ausgewählten Firmen wurden per E-Mail kontaktiert. Mit acht Mitarbeitern der mittleren und höheren Managementebene wurden im Zeitraum vom 01.08.2007 bis 25.09.2007 Experteninterviews geführt. Gesucht wurde nach Mitarbeitern, die Erfahrungen im Bereich Human Resource Management mitbrachten und die schon eine zeitlang in China gelebt und gearbeitet hatten. Experteninterviews werden mit Personen geführt, die für bestimmte Probleme als besonders kompetent gelten (Schlehe 2003, 80). Das Wort Experte ist dabei als relational anzusehen, denn der Forscher ist letztlich die Person, welche einem anderen Menschen den Status eines Experten/einer Expertin zuspricht. Dies geschieht in Abhängigkeit von der gestellten Forschungsfrage, die den Expertenstatus somit auch auf einen bestimmten Bereich eingrenzt (Meuser/Nagel 1991, 443).

Die Interviewpartner waren ausschließlich Männer, deren Durchschnittsalter bei 43,5 Jahren lag. Die Aufenthaltsdauer in China variierte stark. Herr Olma[3] war noch nie in China, was sich aber erst am Interviewort herausstellte. Aufgrund des regelmäßigen Kontakts Herrn Olmas mit dem chinesischen Personalchef in China, bei dem er sich vor dem Interview informierte, wurde das Gespräch dennoch durchgeführt. Drei andere Interviewpartner waren regelmäßig in China. Die Gespräche mit den Herren Öppis und Guäzli, die sich bis zum Interviewzeitpunkt immer nur wochenweise in China aufhielten, wurden so gestaltet, dass sie nur über jene Sachverhalte Auskunft gaben, über die sie Bescheid wussten. Die vier Befragten, die als Expatriates in China gelebt hatten, waren durchschnittlich etwas mehr als zwei Jahre dort, wobei der sich am längsten in China aufhaltende Herr von Daunander zum Zeitpunkt des Gespräches schon fast vier Jahre in China lebte. Bezüglich der Nationalitäten sah die Verteilung folgendermaßen aus: fünf Schweizer, zwei Deutsche und ein Australier.

Konzeption und Durchführung der Interviews

Die durchgeführten Interviews stützten sich auf einen von mir selbst erstellten Leitfaden, der die nach Maßgabe der gesichteten Literatur wichtigsten Aspekte des Forschungsthemas enthielt. Neben den Leitfadenfragen zu den sechs Bereichen des HRM wurden Nachfragen vorbereitet, die nur dann gestellt wurden, wenn der Interviewte sie noch nicht selbst ins Feld geführt hatte. Im Anschluss an das circa eine Stunde dauernde Gespräch wurde gemeinsam mit den Interviewpartnern ein von mir erstellter Fragebogen ausgefüllt. Dieser enthielt statistische Fragen zur Person, Fragen zur Vorbereitung auf den Chinaaufenthalt, sowie Fragen, die das Unternehmen und dessen Chinatätigkeit betrafen.

Bei sechs der acht Interviews handelte es sich um persönliche mündliche Interviews, die im Büro der jeweiligen Firma durchgeführt wurden. Scholl (2003, 31-32) unterscheidet in Hausinterview, Passanteninterview und Klassenzimmerbefragung. In dieser Arbeit kam das Hausinterview zum Einsatz, bei dem der Interviewer den Befragten in der eigenen Wohnung, am Arbeitsplatz oder an einem vereinbarten Ort trifft (Scholl 2003, 39-40). Bei allen diesen Interviews war eine Bandaufnahme möglich.

---

[3] Die Namen aller Interviewpartner sind anonymisiert.

Zwei weitere Gespräche wurden telefonisch durchgeführt, wobei eines nur handschriftlich, das andere aber ebenfalls auf Band festgehalten werden konnte. Telefonische Befragungen haben den Nachteil, dass dem Interviewer nur begrenzte Mittel zur Verfügung stehen, um eine vertrauensvolle Atmosphäre zu schaffen, welche besonders beim Stellen heikler Fragen wichtig sein kann und zum Teil auch darüber entscheidet ob kritische Fragen überhaupt beantwortet werden (Scholl 2003, 45). Sechs Interviews wurden auf Hochdeutsch, eines auf Englisch und eines auf Schweizerdeutsch geführt.

Datenaufbereitung und -auswertung

Um die Interviews interpretieren zu können, wurden sie nach einem von Mayring beschriebenen Verfahren transkribiert. Das heißt, dass das Gesagte in ein gängiges Schriftdeutsch übertragen, Fehler im Satzbau behoben, Dialekte bereinigt und der Stil soweit geglättet wurde, dass der Sinn der Aussage nicht entstellt wurde (Mayring 1999, 69). Diese Art der Aufbereitung von Texten eignet sich besonders dann, wenn Inhalte und Themen im Vordergrund stehen, also wenn die befragte Person als Experte oder Lieferant von Informationen auftreten soll (ebd. 1999, 70). Eine weitere Methode, die hier nur teilweise zum Tragen kommt, ist die kommentierte Transkription. Bei ihr werden in der Niederschrift auch Pausen, Pausenfüller, Lachen, Betonungen und Veränderungen in der Stimme mit aufgeschrieben.

Als Auswertungsverfahren wurde die qualitative Inhaltsanalyse in Form der Zusammenfassung und der Explikation gewählt (Mayring 1999, 91). Die Zusammenfassung hat das Ziel, das gesammelte Material so weit zu reduzieren, dass nur noch die Hauptinhalte erhalten bleiben und so ein im Umfang überschaubarer Text entsteht. In Teilen, besonders im Ergebnisteil, kommt auch die Explikation zum Einsatz, welche zu unklaren Textpassagen zusätzliche Informationen liefert und so zum besseren Verständnis beiträgt (ebd. 1999, 92).

Ergebnisse

Neben den in den Interviews genannten Herausforderungen werden an dieser Stelle auch geeignete Vorgehensweisen und Vorschläge dargestellt, um die Schwierigkeiten zu meistern. Zusätzlich zu den Ideen der Gesprächspartner werden Hinweise aus der Literatur aufgegriffen. Um die Aussagen der Interviewpartner richtig einordnen zu können, sei noch angemerkt, dass alle Gesprächspartner im Großraum Shanghai tätig waren und ihre Erfahrungen ausschließlich in *wholly foreign owned enterprise* (WFOE) sammelten. Nachfolgend werden die Ergebnisse unter Bezug auf die oben genannten sechs Bereiche des HRM vorgestellt.

Personalplanung

Nach den Aussagen der Interviewpartner stellt die Personalplanung die Firmen vor keine größeren Probleme. Die Anzahl des einzustellenden Personals dürften Unternehmen selbst bestimmen. Lediglich die Rekrutierung von Personal aus anderen Provinzen als der, in der die Firma ihren Geschäftssitz habe, könne ein Problem darstellen. Grund dafür sei der so genannte „Hukou". In China ist jede Person durch die amtliche Wohnsitzregistrierung (*Hukou*) an ihren Wohnort gebunden, der ohne offizielle Genehmigung nicht gewechselt werden darf. Dies beeinflusst die Mobilität der chinesischen Bevölkerung. So sei es zwar jederzeit möglich, Mitarbeiter von einer Großstadt auf das Land zu überführen, andersherum gestalte sich dies aber weitaus schwieriger. Da die meisten Firmen in den ohnehin schon überfüllten Ballungszentren wie Shanghai und Beijing tätig seien, werde der *Hukou* genau dann zum Problem. Mittlerweile wurden die Bestimmungen zum Hukou stark gelockert, so dass es möglich ist, einen Arbeits*hukou* für Mitarbeiter zu beantragen (Reisach et al. 2006, 243). Doch lange Zeit beschränkte der *Hukou* Unternehmen bei der Auswahl geeigneter Mitarbeiter, was Einfluss auf die Qualität der Belegschaft hatte (Ahlstrom et al. 2001, 60)

Auffallend war die Tendenz mehr Mitarbeiter einzustellen, als das Unternehmen eigentlich braucht. Herr Gaden begründete dieses Vorgehen damit, dass Unternehmen so die Möglichkeit hätten die Fluktuation abzufangen. Verbunden damit seien allerdings sehr hohe Kosten, weshalb diese Variante auch selten für höhere Positionen angewandt würde.

Personalauswahl, Einstellungsprozess und -gespräch

Personalauswahl

Ein großes Problem stellt das Finden ausreichend qualifizierter Mitarbeiter dar. Als Qualifikationsmängel wurden die geringe Selbständigkeit, Hierarchiegläubigkeit, das fehlende analytische Denken sowie die nicht vorhandene Fähigkeit Schlussfolgerungen ziehen zu können genannt (Herr Guäzli, Z. 653-659). Besonders auf der Managementebene herrsche ein Kampf um Arbeitskräfte, die fähig seien einen Bereich nach westlichen Maßstäben weiterzuentwickeln. Die Interviewaussagen stützen damit Schätzungen von Farell und Grant (2005, 6), nach denen 2005 die Anzahl derer, die in der Lage sind in einer globalen Umgebung zu arbeiten, lediglich 3000-5000 Personen betrage, wobei der Bedarf aber etwa beim 15fachen liege. Aufgrund der Kulturrevolution seien viele der heute 45-60 jährigen, die jetzt in Führungspositionen sein sollten, noch nie mit Marktwirtschaft oder dem westlichen Ausland und dort üblichen Managementtechniken in Berührung gekommen (Herr Öppis, Z. 108-122).

Vergleichsweise einfach sei es dagegen Mitarbeiter für die Produktion zu rekrutieren, wobei die Hauptschwierigkeit darin bestehe herauszufinden, wie qualifiziert diese seien. Zudem gestalte sich der Umgang mit ihnen schwierig, da sie vielfach aus Staatsbetrieben kämen. Hinzu komme, dass Chinesen viel theoretisches Basiswissen besäßen, allerdings große Probleme mit der Umsetzung dieses Wissens in die Praxis hätten (Herr Glace, Z. 70-74). Auch der Standort der Firma beeinflusse die Personalauswahl. Je weiter eine Firma von einer großen Stadt entfernt liege, desto unattraktiver werde sie von Chinesen beurteilt und desto schwieriger sei es für ein Unternehmen qualifizierte Mitarbeiter zu finden. Im Gegensatz dazu sei in ländlichen Gegenden aufgrund mangelnder Optionen die Fluktuation oft geringer.

Die wahrgenommene Attraktivität der Branche ist ein weiterer wichtiger Faktor. Alle Branchen, die eine Hightechausrichtung haben, seien gefragter als andere. Ein Grund seien die in solchen Branchen gezahlten Löhne,[4] ein anderer das mit dem Unternehmen verbundene Prestige. Firmen müssen also lernen, sich selbst als attraktive Arbeitgeber zu vermarkten. Eine Möglichkeit dazu bestehe laut Delprete (ebd. 1999, 18) in den Campuszeitungen. Diese würden von vielen Studenten gelesen und seien so ideal für ein Unternehmen, um sich zu präsentieren. Für eine internationale Firma zu arbeiten, könne manchmal sogar eine größere Bedeutung haben, als ein hohes Gehalt. Kleinere, weniger bekannte Firmen treibe das jedoch oft in die Situation das mangelnde Prestige mit hohen Löhnen auszugleichen. Denn wie Herr Glace (Z. 280-281) sagte, sei das Gehalt das „wichtigste Tool" um Mitarbeiter zu gewinnen und zu binden.

---

[4] ausführlich zu Löhnen in verschiedenen Branchen vgl. Schmitt (2006, 23).

Insbesondere wenn „Doppelqualifikationen" wie etwa ein fließend Englisch sprechender Ingenieur gefragt seien, gestalte sich das Finden einer geeigneten Person schwierig. Die Fähigkeit Englisch zu sprechen, nehme mit sinkendem Ausbildungsgrad einer Person proportional ab. Daher sei es von Vorteil wenn der westliche Manager Chinesisch beherrsche, da es sonst schnell zu Kommunikationsproblemen kommen könne und der Wissenstransfer erschwert werde. Ein Beherrschen der Sprache signalisiere außerdem Interesse am Gastland und an einer langfristigen Beziehung und führe zur Erhöhung der Arbeitseffizienz (Feuser 2006, 307). Aufgrund der oft gering ausgeprägten Englischkenntnisse komme es vor, dass Firmen den Kandidaten anstellen, der am besten Englisch spricht, um Kommunikationsproblemen vorzubeugen (Farell/Grant 2005, 6). Es sei jedoch ein Fehler, von guten Englischkenntnissen auf gute Fachkenntnisse des Bewerbers zu schließen (Kuhn et al. 2001, 191).

Eine weitere Problematik stellt mangelnde Loyalität dar. Sie sei zwar als Wert verankert, aber nicht an eine Firma, sondern an eine Person gebunden. Einen guten Anreiz zu mehr Loyalität bietet laut Kuhn et al. (2001, 198) die Einführung eines Loyalitätsbonus. Dabei wird Geld auf ein Konto eingezahlt, dass der Mitarbeiter erst dann erhält, wenn er eine zeitlang im Unternehmen geblieben ist.

Die Personalbeschaffung sei in China laut Herr Edan (Z. 99-108) die zentrale Aufgabe eines HR Managers, was dem HRM in China einen ganz anderen Charakter verleihe als dem in Europa. Diese These lässt sich durch die eindrücklichen Wachstumszahlen der befragten Firmen belegen. So arbeiteten 2004 150 Mitarbeiter bei der Firma Maggia[5] in China, 2007 waren es 400 und 2010 sollen es 1000 sein. Das entspricht einer Personalaufstockung um 850 Mitarbeiter innerhalb von sechs Jahren. Bei 250 Arbeitstagen im Jahr bedeutet dies, dass etwa jeden zweiten Tag ein neuer Mitarbeiter eingestellt werden muss. In Folge dieses schnellen Wachstums ergäbe sich eine weitere zentrale Aufgabe für den HR Manager- die ständige Anpassung und Erweiterung der Organisation (Herr Guäzli Z. 706-708).

Einstellungsprozess und -gespräch

Viele Gesprächspartner favorisierten die Rekrutierung von oben nach unten. Das heißt, dass von schweizerischer Seite lediglich das obere und mittlere Management rekrutiert wurde, die Facharbeiter aber von den chinesischen Managern ausgesucht

---

[5] Alle Firmennamen sind anonymisiert.

wurden. Verkompliziert werde die Rekrutierung dadurch, dass für westliche Manager gewohnte, strukturierte Testverfahren, bei denen Bewerber unter Zeitdruck ein gewisses Leistungsvermögen beweisen sollen, in China nicht angewendet werden können, da sie den Chinesen fremd seien. Somit sei das Einstellungsgespräch oft das einzige Selektionskriterium. Sollten in Europa gebräuchliche Tests und Assessment Centers (bei denen die Gültigkeit der Ergebnisse allerdings oft zweifelhaft sei) doch zum Einsatz gebracht werden, empfehle es sich diese der Kultur anzupassen (Holtbrügge/Puck 2005, 132).

Viele Problematiken im Einstellungsgespräch seien durch die unterschiedlichen Kulturen bedingt. So fanden es die Befragten schwierig, in der Volksrepublik in einem Vorstellungsgespräch die Qualitäten des Gegenübers herauszufinden. Geschönte Bewerbungsunterlagen erschwerten die Beurteilung der Qualifikation des Bewerbers zusätzlich. Auch Schmitt (2006, 19) bestätigte, dass Bewerbungsunterlagen nach internationalem (westlichem) Standard in China nicht bekannt seien. Häufig fehlten wichtige Daten, die Dokumente seien unvollständig oder sogar falsch. Arbeitszeugnisse seien oft nicht vorhanden oder hätten eine geringe Aussagekraft. Fälschungen kämen zwar auch in Europa vor, nur sei es da leichter einen Betrüger zu entlarven, da das Gespür für einen Menschen aufgrund der gleichen Kultur besser sei. Um Falschangaben ausfindig zu machen, seien Referenzkontrollen angebracht.

Sofern Vorstellungsgespräche als einziges Selektionsmittel angewendet würden, sollte daher viel Zeit auf das Hinterfragen des Bewerbers investiert werden. Westlichen Managern falle es dabei oft schwer zu wissen, welche Fragen man stellen dürfe und welche nicht und wie man sie stellen sollte. In jedem Fall sei es wichtig, die praktischen Fähigkeiten des Bewerbers in Erfahrung zu bringen. Fragen sollten so gestellt werden, dass der Bewerber in seiner Antwort darstellen müsse, wie er in bestimmten Situationen reagieren würde. Fachliche Fragen ließe man sich optimalerweise nicht nur theoretisch beantworten, sondern ebenfalls am praktischen Beispiel demonstrieren. Herr Glace (Z. 115-117) betonte, dass der Probezeit damit ein ganz anderer Stellenwert zukomme, da man auch diese intensiv dazu nutzen müsse, die praktischen Fähigkeiten zu überprüfen. Weiterhin sollte man im Gespräch besonders viel Zeit darauf verwenden, herauszufinden, ob man einen loyalen Bewerber vor sich habe, der für einen längeren Zeitraum in der Firma bleiben möchte, da Chinesen an einer schnellen Karriere interessiert und daher zu schnellen Wechseln bereit seien. Herr

Guäzli (Z. 371-374) betonte in diesem Zusammenhang die Wichtigkeit langfristiger Verträge. Wenn Mitarbeiter in Schlüsselpositionen Jahresverträge erhielten, führe dies dazu, dass sie immer wieder darüber nachdächten, das Unternehmen zu wechseln oder neue Lohnverhandlungen mit dem derzeitigen Unternehmen aufnähmen, sobald sich der Vertrag dem Ende nähere.

Herr Gadens Gestaltung des Einstellungsgespräches erscheint besonders effizient: Er involvierte in jedes Gespräch Chinesen aus der HR-Abteilung, da diese eher ein Gefühl für die Bewerber hätten und wüssten, was sie wie fragen müssen. Zudem seien sie besser in der Beurteilung von Bildungsabschlüssen. Herr Gaden achtete jedoch immer darauf, dass er Menschen auswählte, deren Urteilsvermögen er vertraute. Diese ließ er das Einstellungsgespräch mit dem Bewerber in der Landessprache führen. Außerdem bat er jeden Bewerber dreimal zu einem Gespräch, war die ersten beiden Male jedoch lediglich als stiller Beobachter des Gespräches dabei. Er nutzte diese Zeit, um sich den Kandidaten anzuschauen und einen Eindruck von ihm zu bekommen, auch wenn er kein Chinesisch verstand. Erst beim dritten Mal war er selbst als Fragender in die Unterhaltung eingebunden und führte das Gespräch auf Englisch, um die Sprachfertigkeiten in der Fremdsprache zu testen.

Leistungsbewertung in Mitarbeitergesprächen

Das Mitarbeiterbewertungsgespräch ist ein wichtiges Führungsinstrument zur Festlegung von Zielen. Es sollte nach Möglichkeit auf allen Hierarchieebenen mehr als einmal jährlich durchgeführt werden. Chinesen stünden dem Gespräch durchaus offen gegenüber, da sie den Wunsch hätten, sich in ihrer Karriere weiterzuentwickeln und deswegen unbedingt Feedback erhalten wollen. Allerdings sei laut Herrn Glace das Interesse an Feedback immer auch mit dem Hintergedanken an mehr Gehalt verbunden, weshalb es wichtig sei, im Gespräch ein geeignetes Maß an positiver Rückmeldung zu finden (Z. 167-177). Um Gehaltsverhandlungen vorzubeugen, sollte man sich auf die Bewertung der bonusabhängigen Ziele konzentrieren, die mit dem Mitarbeiter vereinbart wurden. Diskussionen über Bereiche, in denen der Mitarbeiter sonst noch gut sei, die er aber nicht vergütet bekomme, führten sehr oft zu den unerwünschten Gehaltsverhandlungen. Wichtig sei es jedoch, die Art der Gesprächsführung an die chinesischen Gewohnheiten anzupassen. Die westliche Herangehensweise, offene aber konstruktive Kritik zu üben, führe bei Chinesen zu Frustration. Laut

Herrn Öppis müsse Kritik in China indirekter erfolgen. Die Gesprächsführung sollte weniger konfrontativ sein und begangene Fehler sollten umschrieben werden. Er nannte folgendes Beispiel:

> Chinesen kommunizieren sich auch Ablehnung, aber die sagen das sehr höflich die sagen nicht dein Vorschlag ist schlecht. Die sagen vielleicht dein Vorschlag verlangt eine große Investition, die können wir frühestens in 5 Jahren treffen. Und damit ist für den anderen implizit deutlich geworden, dass das eine Ablehnung ist. Aber die Ablehnung ist ja, er sagt: ‚Ja der Vorschlag ist gut nur leider brauch ich halt soviel Investmittel für diesen Vorschlag. (Herr Öppis, Z. 228-233)

Für Herrn Öppis gehört es auch zum kulturellen Grundverständnis eines jeden Chinesen, das Gesicht[6] zu wahren, und deswegen sei so ein Gespräch eben sehr schwer, am ehesten aber noch unter vier Augen zu realisieren. Doch nicht nur interkulturell sondern auch innerhalb der eigenen Kultur täten sich laut Herrn von Daunander (Z. 204-209) chinesische Chefs schwer, Feedback an ihre Mitarbeiter zu geben, da sie gern eine familiäre Umgebung hätten, in der jeder gleich sei.

Entlohnung und Sozialleistungen

Bezüglich der Festlegung der Lohnhöhe, berichten die Interviewpartner, könnten Unternehmen völlig frei von staatlichen Interventionen entscheiden. Vielmehr würden Löhne davon beeinflusst was Mitbewerber zahlen. Da für Chinesen der Lohn eine zentrale Rolle spiele, müssten sich Unternehmen ständig bemühen mit dem Angebot der Mitbewerber mitzuziehen. Wie Herr Gaden erwähnte, ließen sich insbesondere in den speziell geschaffenen Sonderwirtschaftszonen sehr viele ausländische Unternehmen nieder, was dazu führe, dass der Konkurrenzkampf um die in dieser Region wohnhaften Arbeiter enorm groß sei. Das wiederum habe zur Folge, dass sich die Lohnspirale für gut ausgebildete Kräfte schnell nach oben drehe.

Die Sozialversicherung ist Pflicht und besteht aus den fünf Komponenten: Altersvorsorge, Krankenversicherung, Arbeitslosenversicherung, Berufsunfallversicherung und Geburt eines Kindes. Beiträge zu den ersten drei Komponenten werden von Unternehmen und Arbeitnehmern gezahlt, die beiden letztgenannten liegen in der alleinigen Verantwortung des Unternehmens (www.lehmanbrown.com). Im Gegensatz zu den Löhnen gibt es aber für Sozialleistungen einige staatliche Vorgaben. Das gesamte

---

[6] ausführlich zum Gesichtskonzept siehe Kuhn et al. (2001, 262-274).

System sei allerdings sehr komplex, weshalb es sehr schwierig sei zum Umfang der Leistungen allgemeine Aussagen zu treffen. Arbeitgeber und Arbeitnehmeranteil seien nämlich je nach Branche und Region festgeschrieben.[7] Problematisch am Sozialleistungssystem in der Volksrepublik China seien laut Herr Öppis, die regionalen Unterschiede (Z.312-318). Diese würden den Transfer von Mitarbeitern erschweren, besonders dann, wenn ein Mitarbeiter in eine ländliche Gegend wechseln soll, in der die Sozialleistungen im Allgemeinen geringer seien als in der Stadt. Habe eine Firma ihren Sitz nicht in einer Großstadt, beschäftige aber Mitarbeiter die mit ihrem *Hukou* in einer solchen registriert seien, bestehe die Möglichkeit ihnen die Sozialleistungen auf dem in der Stadt üblichen Niveau auszuzahlen. Für die Auszahlung der Sozialleistungen sei es laut Herrn Glace (Z.244-267) wichtig, einen Firmenagenten zu engagieren, da die Arbeiter bei Direktauszahlung am Arbeitsort das Geld für andere Dinge verwenden würden.

Personalentwicklung

Schulungen dienen laut Aussage der Befragten vor allem der Mitarbeiterbindung, dem Wissenstransfer und dem Schaffen von Verständnis für andere Systeme. Herr von Daunander meinte, dass gerade Schulungen im Ausland für Chinesen sehr wichtig seien, um ihnen ein Gefühl für die westliche Welt und deren Arbeitsweise zu vermitteln. Laut Ahlstrom et al. (2001, 62) sollten Schulungen an die Gewohnheit der Chinesen des stillen Zuhörens und Notierens angepasst und den zu Schulenden schon vor dem Training Material überreicht werden, welches sie mit den geplanten Themen vertraut mache. Gruppenarbeit sei ratsam, da sich Chinesen wohler fühlten, wenn sie Ideen nicht allein präsentieren müssen. Für den Fall, dass die Schulung in Englisch stattfinde, sei ein möglichst einfaches Sprachniveau förderlich, um größtmöglichstes Verständnis zu gewährleisten.

Ein Problem mit dem sich alle Befragten konfrontiert sahen, war, dass viele Chinesen dazu neigten, nach der Schulung das Unternehmen zu wechseln. Herr Olma (Z.422-430) erzählte, dass Chinesen nach einer Schulung relativ schnell versuchen würden sich mit der verbesserten Qualifikation in einem anderen Unternehmen zu bewerben. Um einen Wechsel des Mitarbeiters zu vermeiden sähen sich Unternehmen daher oft gezwungen eine Lohnerhöhung vorzunehmen. Dies bedeute neben den Ausgaben für

---

[7] ausführlich zu Sozialbeiträgen siehe Schmitt (2006, 26-27).

das Training weitere Kosten. Herr Guäzli (Z.556-561) bestätigte, dass es sehr schwer sei Chinesen dazu zu überreden, zwei Jahre die gleiche Arbeit zu machen, da sie sich immer weiter entwickeln und Karriere machen wollen. Dennoch böten viele Unternehmen Schulungen an. Zum einen, um den Anforderungen ihrer Kunden gerecht zu werden, zum anderen, weil ein mangelndes Trainingsangebot seitens einer Firma dazu führe, dass sie von vorneherein weniger attraktiv für Bewerber sei. Zu schnellen Wechseln komme es aber auch durch das gegenseitige Abwerben westlicher Firmen. Ein extremes Beispiel für diese unschöne Praxis ist die Hotelkette Shangri-La. Sie verlor 1993 89% ihrer Arbeiter durch Abwerbung. Denn das Hotel hatte seine Mitarbeiter in Englisch, Serviceorientierung, Hoteletikette und Eigenhygiene geschult, wodurch sie attraktiv für andere ausländische Firmen wurden (Weldon/Vanhonacker 1999, 97f).

Um der Fluktuation nach dem Training vorzubeugen, besteht die Möglichkeit einer Rückzahlungsklausel. Eine Alternative dazu ist es, einen festen Bestandteil des Monatsgehaltes in einen vom Unternehmen verwalteten Fonds einzuzahlen. Ein Zugriffsrecht auf diesen Gehaltsanteil erhält der Mitarbeiter erst nach einer bestimmten Betriebszugehörigkeitsdauer. Verlässt der Mitarbeiter das Unternehmen vor Ende der vorher bestimmten Sperrfrist, wird der Fonds zur Kompensierung von dem in Schulungen investierten Geld verwendet (Holtbrügge/Puck 2005, 137). Wichtig sei aber auch schon während des Trainings aufzuzeigen, wo für den Mitarbeiter Möglichkeiten lägen, sich nach der Schulung weiterzuentwickeln sowie Karrieremöglichkeiten schon bei der Einstellung des Mitarbeiters klar zu kommunizieren. Laut eines von Feuser (2006, 249) befragten Deutschen stelle es in den Augen der Chinesen ein besonderes Hindernis dar, wenn in der Position über ihnen ein Europäer- ein so genannter „goldener Deckel" arbeite. Durch ihn bleibe Chinesen der Zugang zu einer leitenden Funktion verwehrt. Folglich sähen sich Chinesen, die in der Hierarchie unter einem Europäer stünden, oft nach einem Unternehmen um, in dem es diesen „Deckel" nicht gäbe.

Personalführung

Bei der Führung von Mitarbeitern sei Fingerspitzengefühl sowie die Differenzierung zwischen den Generationen erforderlich. Jüngere Mitarbeiter, vor allem wenn sie über Auslandserfahrung verfügten, diskutierten lebhaft mit und widersprächen auch mal dem Chef. Ältere Mitarbeiter seien hingegen oft noch sehr traditionell eingestellt, nickten immer und übernähmen ungern Verantwortung. Bei ihnen spiele in der Führung die Kultur noch eine große Rolle (Lee 2004, 88). Deshalb sei es förderlich Manager einzusetzen, die beide Kulturen kennen, sich in andere Kulturen einfühlen können sowie in der Lage seien mit anderen Mentalitäten umzugehen.[8]

Aus Sicht der Befragten gestaltet sich die Personalführung aufgrund gewisser, den Chinesen zugeschriebenen, Charaktereigenschaften besonders schwer. Bemängelt wurden das fehlende selbständige Denken und die Hierarchiegläubigkeit (Herr Guäzli Z. 660- 664). Auch die induktive Vorgehensweise der Chinesen und das Fragen nach kleinsten Details war für Herr Guäzli herausfordernd, da es sehr viel Zeit in Anspruch nehme, alles detailliert erklären zu müssen. Dennoch sei es wichtig, dass Westler ihr Verständnis von einem westlichen Manager ablegten und sehr umfassende Erläuterungen abgäben. Dies sei besonders auch in der Produktion von Bedeutung. Denn wüssten die Arbeiter genau, warum sie etwas täten, machten sie es gewissenhafter (Ahlstrom et al. 2001, 65). Geduld spiele hierbei eine große Rolle, denn verlöre die Führungskraft diese, drohe ein Gesichtsverlust. In China gehe man außerdem davon aus, dass jeder Konflikt eine Partnerschaft gefährden könne, was dazu führe, dass Meinungsunterschieden entweder ausgewichen werde oder aber, dass diese verleugnet würden, Dies erfordere einen weichen Führungsstil, also das Gestalten des zwischenmenschlichen Zusammenspiels dahingehend, dass es nicht zu Konflikten komme und das Aufrechterhalten einer harmonischen Beziehung und somit die Wahrung des Gesichts möglich sei. Im positiven Sinne nutzen ließe sich die Eigenschaft des Gesichtswahrens laut Ahlstrom et al. (2001, 64), indem man Familienmitglieder von derzeitigen Mitarbeitern rekrutiere. Da Chinesen eine starke Bindung zur Familie spürten, werde jeder Einzelne bestrebt sein, seine Arbeit gut auszuführen, da der Fehler eines Familienmitgliedes einen Gesichtsverlust für die ganze Familie bedeute.

Eine weitere Eigenschaft die an der „Substanz nagt" (Herr Zisäli Z. 564) sei das fehlende Verantwortungsbewusstsein, also die Tatsache, dass Chinesen einem das Gefühl vermitteln nichts dafür zu können, wenn etwas nicht funktioniere (ebd. Z. 548-549). Lee (2004, 84) sah eine wirkungsvolle Variante dem zu begegnen darin, Mitarbeitern eine konkrete Arbeitsbeschreibung mit allen Aufgaben- und Verantwortungsbereichen schriftlich zu überreichen. Ließe man diese von ihnen unterzeichnen, habe

---

[8] ausführlich zu notwendigen Eigenschaften eines Expatriates siehe Reisach et al. (2006, 229-234).

jeder Arbeiter einen klaren Anhaltspunkt, was er zu tun habe. Gefragt sei also ein „an die Hand nehmen" des Mitarbeiters, ein Führen im wörtlichen Sinne und die Positionierung des Managers als väterlicher Chef, aber auch eine intensive Kontrolle der übertragenen Aufgaben. Eine Studie von Björkman und Yuan (1999, 321) kam zu dem Ergebnis, dass dort, wo paternalistische und kollektivistische Werte umgesetzt würden, die Fluktuation geringer sei. Kollektivismus ließe sich durch gemeinsame Freizeitaktivitäten oder Essen, nicht zuletzt aber auch durch Firmenkleidung, durch die der Mitarbeiter auch nach außen zeigen könne, welcher (westlichen) Firma er angehöre, herstellen (Herr Guäzli Z. 396-399). Zudem seien die Anerkennung des Mitarbeiters und das Interesse am Menschen und seiner Meinung wichtige Faktoren, um Vertrauen zu gewinnen und erfolgreich zu führen (Herr Guäzli, Z. 583-600).

Herr von Daunander tat sich vor allem damit schwer, dass er nur selten eindeutige Antworten bekam (Z. 366-371):

> You can ask simple questions but you will never get a straight answer. And this is probably the most problematic thing. You never know where you are. A lot of this is sometimes they don't know, sometimes they don't want to tell you bad news, and sometimes they just don't think you should know, so this is what drives most people crazy. So that's the most problematic thing, just getting things done the way you want to have them done as a company.

Eine Eigenschaft, die ebenfalls als schwierig empfunden wurde, ist, dass Chinesen immer nickten und zu allem „ja" sagten, aber letztendlich manchmal die Arbeit doch nicht ausführten. In China bedeute ein Nicken allerdings oft nur, dass der anderen Person zugehört wurde, also akustisch ankam, was gesagt wurde, jedoch nicht zwingend, dass man gleicher Meinung sei (Kuhn et al. 2001, 279). Zudem falle es Chinesen schwer sich Ziele zu setzen und an diese systematisch heranzugehen (Herr Guäzli, Z. 496-500). Weiterhin als problematisch empfunden wurde die Mentalität, dass Fehler nicht zugegeben würden (Herr Zisäli, Z. 288-290). Sollte einmal ein Fehler passieren, sei es ratsam, diesen nicht vor anderen auszudiskutieren, sondern nach der Arbeit unter vier Augen zu besprechen. Dafür sei es notwendig, genau aufzuzeigen wie sich dieser Fehler auf das Unternehmen oder auch nur die Abteilung auswirke (Lee 2004, 86). Dass Chinesen nicht offen sagten, wenn sie etwas nicht verstünden, stellte Herrn Zisäli (Z. 288-290) oft vor Probleme. Hier sei laut Reisach et al. (2006, 260) der Chef in einer Tutorfunktion gefragt, indem er immer wieder Rückfragen stelle. Tue er dies nicht, interpretiere dies der chinesische Mitarbeiter schnell so, dass die ihm übertragene Verantwortung nicht ernst gemeint sei. Außerdem solle sich der Chef immer wieder erkundigen, wie die Dinge laufen, denn das werde nicht wie im Westen als Kontrolle, sondern als Interesse gewertet.

Diskussion

Grenzen der Untersuchung

Die vorgestellte Studie ist ein Beitrag zu dem bisher noch spärlich erforschten Gebiet der Erfahrungen von Schweizer Unternehmen im HRM in China. Die Ergebnisse zeigen, dass Schweizer in China auf ähnliche Probleme treffen wie andere westliche Nationen auch und dass viele Schwierigkeiten branchenunabhängig zu sein scheinen. Harnischfeger (2006, 57) wies jedoch darauf hin, dass die bereits erfolgte Öffnung des jeweiligen Sektors sehr wohl eine Rolle in Bezug auf Herausforderungen im HR spielt. Das Buch „Behind the China Kaleidoscope" gibt einen Hinweis darauf, dass örtliche Unterschiede existieren (o.V. 2006b, 48f), was eine Betrachtung verschiedener Regionen interessant machen würde.

Diese Arbeit kann auf Grund von nur acht geführten Interviews keinen Anspruch auf Repräsentativität der Aussagen erheben. Bei einer größeren Stichprobe könnten sich somit noch weitere Problemfelder ergeben. Da lediglich Männer befragt wurden, sind die aufgezeigten Ergebnisse in ihrer Aussagekraft limitiert. Über die Meinungen von Frauen bezüglich der gefundenen Sachverhalte können keine Aussagen getroffen werden, so dass auch ein Herausarbeiten geschlechterspezifischer Unterschiede im Erleben von Herausforderungen nicht möglich war. Sowohl die Darstellung der Herausforderungen als auch die der Lösungsmöglichkeiten erheben keinen Anspruch auf Vollständigkeit. Da alle befragten Unternehmen im Raum Shanghai tätig waren und, wie Feuser (2006, 300) anmerkte, die Menschen dort schon sehr westlich orientiert sind, könnte sich auch dies auf das Antwortverhalten ausgewirkt haben. Ebenso spielt wahrscheinlich die Unternehmensgröße eine Rolle dabei, welche Herausforderungen sich ergeben. Da die hier untersuchten Firmen alle mehr als 500 Mitarbeiter weltweit hatten, kann für kleinere Firmen keine Aussage gemacht werden. Weiterhin hat die Position des Befragten einen Einfluss auf das Gesagte. Jemand, der in China mit Produktionsarbeitern direkt in Berührung gekommen ist (so wie Herr Zisäli), wird ganz anders antworten als jemand, der hauptsächlich in administrative Prozesse eingebunden ist.

Resümee

Wie sich gezeigt hat, können westliche HR-Praktiken nicht ohne weiteres nach China transferiert werden. Die Effizienz des HRM hängt stark davon ab, in welchem Maß es an die jeweiligen Werte und Normen der Kultur angepasst wird. Natürlich spielen immer auch nicht-kulturelle Faktoren wie gesetzliche Beschränkungen eine Rolle. Diese sind aber für einen Ausländer wahrscheinlich leichter zu identifizieren als kulturelle Faktoren. Um Schwierigkeiten zu begegnen, sollten sich Unternehmen also überlegen, worin deren Ursachen begründet sind. Ist das Problem kulturellen Ursprungs, ist es oft weitaus schwerer zu lösen. Denn wie es scheint, ändern sich Kulturen langsamer als politische und ökonomische Strukturen (Osigweh/Huo 1993, 107). Eine Maßnahme, um interkulturellen Schwierigkeiten vorzubeugen, sind kulturelle Schulungen für ausländische Manager. Jedoch lassen, wie Fernost-Experte Thomas Roth herausfand, von 80 schweizerischen Firmen gerade einmal fünf den in ihrem Unternehmen für China verantwortlichen Manager mehr als einen halben Tag schulen. Laut Roth werde in einer Managementausbildung nur 10% der Zeit dafür verwendet weiche Faktoren zu schulen – nicht genug, wenn man bedenkt, dass diese für 80% der Probleme in China verantwortlich sind (Puntas Bernet 2006). Auch die Auswertung der für diese Arbeit erstellten Fragebogen ergab, dass von sieben Managern (einer war noch nie in China) nur vier geschult wurden und drei nicht. Allerdings waren diejenigen, die Schulungen erhielten, nicht die, die als Expatriates nach China gingen, sondern die, die sich immer nur besuchsweise in der Volksrepublik aufhielten. Eine angemessene Vorbereitung der Expatriates und deren Unterstützung durch das Stammhaus sind aber von großer Bedeutung, damit sich der Expatriate vor Ort voll auf seine Aufgabe konzentrieren kann. Zudem wird durch kulturelle Trainings ein Verständnis für die andere Seite geschaffen. Auch in den Interviews zeigte sich, dass Problemlösungen immer dann erfolgreich waren, wenn sich der westliche Manager bemühte, den Mitarbeitern besonders viel Beachtung zu schenken und versuchte sich in deren Kultur einzufühlen.

Literatur

Ahlstrom, David/Bruton, Garry/Chan, Eunice S. (2001): HRM of Foreign Firms in China: The Challenge of Managing Host Country Personnel. Business Horizons 44 (3), 59-68.

Björkman, Ingmar/Yuan, Lu (1999): The Management of Human Resources in Chinese-Western Joint Ventures. In: Journal of World Business 34 (3), 306-324.

Björkman, Ingmar/Fan, Xiucheng (2002): Human Resource Management and the performance of Western firms in China. International Journal of Human Resource Management 13 (6), 853-864.

Cooke, Fang Lee (2004): HRM in China. In: Pawan S. Budhwar (Hg.): Managing Human Resources in Asia- Pacific (pp. 17-34). Abingdon/New York: Routledge.

Delprete, Yanyan C. (1999): Human Resource Management in Sino-Swiss Joint Ventures. Cross-case-Analysis-Practical Recommendations for Selected Fields of Human Resource Management. Bern: Institute for Organization and Human Resource Management University of Berne: Working Paper 30.

Dessler, Gary 2006: Expanding Into China: What Foreign Employers Should Know About Human Resource Management in China Today. SAM Advanced Management Journal 71 (4), 11-24.

Farell, Diana/Grant, Andrew J. (2005): China's Looming Talent Shortage. In: McKinsey Quarterly 4. Online: http://www.bm.ust.hk/mbainfo/Library/Files/China's_looming_talent_shortage.pdf[Zugriffsdatum: 11.11.2007].

Feuser, Florian (2006): Der hybride Raum. Chinesisch-deutsche Zusammenarbeit in der VR China. Bielefeld: transcript.

Harnischfeger, Uta (2006): The War for Talent. Bulletin of the Swiss Chinese Chamber of Commerce 2nd Semester, 54-57.

Heimbrock, Klaus Jürgen (2005): Human Resource Management Band II der Lehrbuchreihe „Dynamische Unternehmen". Frechen: Datakontext Fachverlag GmbH .

Helfferich, Cornelia (2005): Die Qualität qualitativer Daten. Manual für die Durchführung von Forschungsinterviews. Wiesbaden: VS Verlag für Sozialwissenschaften.

Hermann, Marc A./Pifko, Clarisse (2002): Personalmanagement. Theorie und zahlreiche Beispiele aus der Praxis. Zürich: Compendio Bildungsmedien AG.

Holtbrügge, Dirk/Puck, Jonas F. (2005): Geschäftserfolg in China. Strategien für den größten Markt der Welt. Berlin/Heidelberg/New York: Springer.

Eidgenössisches Departement für auswärtige Angelegenheiten/Präsenz Schweiz (2009). http://www.swissworld.org/de/wirtschaft/wirtschaftssektoren/maschinen_-elektro_und_metallindustrie/ [Zugriffsdatum: 25.06.2007].

Kuhn, Dieter Dr./Ning, Angelika /Shi, Nongxia (2001): Markt China: Grundwissen zur erfolgreichen Markteröffnung. München/Wien: Oldenbourg.

Lee, Sung-Hee (2004): Interkulturelles Asienmanagement China Hongkong. Renningen: Expert Verlag.

LehmanBrown (2009) http://www.lehmanbrown.com/FAQ/FAQ-HR/5.htm [Zugriffsdatum: 05.11.2007].

Lehmann, Günter (2001): Das Interview Erheben von Fakten und Meinungen im Unternehmen. Renningen: Expert Verlag.

Leung, Kwok/Kwong, Jessica Y.Y. (2003): Human Resource Management Practices in International Joint Ventures in Mainland China: A Justice Analysis. Human Resource Management Review 13, 85-105.

Mayring, Philipp (1999): Einführung in die qualitative Sozialforschung. Eine Anleitung zu qualitativem Denken. Weinheim: Psychologie Verlags Union.

Meuser, Michael/Nagel, Ulrike (1991): ExpertInneninterviews- vielfach erprobt, wenig bedacht. In: Detlef Garz/Klaus Kraimer (Hg.): Qualitativ-empirische Sozialforschung Konzepte, Methoden, Analysen (S. 441-471). Opladen: Westdeutscher Verlag.

Osigweh, Chimezie A.B/Huo Paul Y. (1993): Conceptions of Employees' Responsibilities and Rights in the United States and the People's Republic of China. International Journal of Human Resource Management 4 (1), 85-112.

o.V. (2006b): Geographical Areas. In: CHina (Shanghai) Co.Ltd. (Hg): Behind the China Kaleidoscope: A Guide to China Entry and Operations (pp. 46-64). Shanghai.

Preißner, Ulrike (2008). Schweizer Unternehmen der Maschinen- und Anlagenbaubranche in China: Erfahrungen im Bereich Human Resource Management. Westsächsische Hochschule Zwickau: Unveröffentlichte Diplomarbeit.

Puntas Bernet, Daniel (2006): Chinesen ticken anders. In: Neue Zürcher Zeitung. Zürich. Online: http://nzz.gbi.de/webcgi?WID=79262-8130167-23861_1 [Zugriffsdatum: 20.08.2007].

Reisach, Ulrike/Tauber, Theresia/Yuan Xueli (2006): China- Wirtschaftspartner zwischen Wunsch und Wirklichkeit. Ein Seminar für Praktiker. Heidelberg: Redline Wirtschaft.

Roth, Hans-Jakob (2006): Schweizer Unternehmen fassen Fuss in China: Kulturelle Offenheit und Sozialkompetenz bedeutsam für den Markteintritt. Online:

http://mypage.netlive.ch/demandit/files/M_BE68BCD3E37345FAD5C/dms/modu l_15/06_12_12_Schweizer_Unternehmen_fassen_Fuss_in_China.pdf [Zugriffsdatum: 05.11.2007].

Schlehe, Judith (2003): Formen qualitativer ethnographischer Interviews. In: Bettina Beer (Hg.): Methoden und Techniken der Feldforschung (S.71-93). Berlin: Dietrich Reimer Verlag.

Schmitt, Stefanie (2006): VR China. In: Bundesagentur für Außenwirtschaft (Hg.): Lohn- und Lohnnebenkosten Asien/Pazifik. Köln, 19-34.

Scholl, Armin (2003): Die Befragung. Konstanz: UVK Verlagsgesellschaft mbH.

Schuler, Randall S./Jackson, Susan E. (2005): A Quarter-Century Review of Human Resource Management in the U.S.: The Growth in Importance of the International Perspective. Management Revue, 16 (1), 11-35.

SwissCham China/Swiss Business Council/Swiss Business Hub (Hg.) (2005): Swiss-Cham China Membership Directory/Swiss Business Hub: China Directory. Zürich.

Tsang, Eric W.K. (1994): Human Resource Management Problems in Sino-foreign Joint Ventures. International Journal of Manpower 15 (9/10), 4-21.

Verburg, Robert (1996): Developing HRM in Sino-foreign Joint Ventures. European Management Journal 14 (5), 518-525.

Weldon, Elisabeth/Vanhonacker, Wilfried R. (1999): Operating a Foreign-Invested Enterprise in China: Challenges for Managers and Management Researchers. Journal of World Business 34 (1), 94-107.

Zhu, Cherrie Jiuhua (2005): Human Resource Management in China. Past, Current and Future HR Practices in the Industrial Sector. Abingdon/New York: Routledge Curzon.

Die Autorinnen und Autoren:

Gabriele Berkenbusch, Dr. phil. habil., ist Professorin für Romanische Sprachen mit dem Schwerpunkt Wirtschaftsspanisch an der Fakultät Sprachen der Westsächsischen Hochschule Zwickau (WHZ). Ihre Forschungsinteressen liegen insbesondere auf den Gebieten der Soziolinguistik, der Konversationsanalyse, der interkulturellen Kommunikation und der Wirtschaftskommunikation. Sie führte mit ihren Studenten mehrere Projekte zum Forschenden Lernen durch. Ihre umfangreichen Publikationen beziehen sich auf mehrere romanische Sprachen. Spanisch, Katalanisch und Französisch, für welche sie durch Habilitation an der Universität Tübingen die Venia legendi erhielt und in denen sie ebenfalls publiziert. Sie kann auf zahlreiche Auslandsaufenthalte kürzerer und längerer Dauer in den obigen Sprachgebieten und in verschiedenen Institutionen der Schul- und Hochschulbildung zurückblicken. Sie verfügt ebenfalls über langjährige Berufserfahrung in internationalen Unternehmen.

Vasco da Silva, Diplom-Wirtschaftshispanist, ist wissenschaftlicher Mitarbeiter am Institut für Interkulturelle Kommunikation der Stiftung Universität Hildesheim und promoviert über interkulturelles Lernen bei Erasmusaufenthalten. Nach seinem Studium der Wirtschaftshispanistik an der Fakultät Sprachen der WHZ in Zwickau und an der Universidad Complutense de Madrid, lehrte er zunächst Wirtschaftsspanisch an der WHZ und war anschließend Mitarbeiter im weiterbildenden Masterstudiengang „Interkulturelle Kommunikation und Kooperation" der Hochschule München. Seine Forschungsinteressen liegen im Bereich der interkulturellen und internationalen Kommunikation sowie der Cultural Studies mit dem Schwerpunkt Spanien. Seine Diplomarbeit wird in Kürze ebenfalls in dieser Reihe veröffentlicht.

Doris Fetscher, Dr. phil. M.A., ist Professorin für Interkulturelles Training mit dem Schwerpunkt romanischer Kulturraum und International Business Administration an der Westsächsischen Hochschule Zwickau. Ihre Forschungsschwerpunkte liegen in den Bereichen Interkulturelles Lernen, mit dem Schwerpunkt E-Learning und virtuelle interkulturelle Kommunikation. Sie ist Mitherausgeberin des Buches „E-Learning in der Hochschule: Diskurse, Didaktik, Dimensionen" (kopaed: 2009) und Mitautorin des E-Learning Kurses „Interkulturelle Sensibilisierung" für die Virtuelle Hochschule Bayern sowie Autorin eines E-Learning Moduls „Interkulturelle Kompetenz" für das Forschungszentrum Betriebliche Bildung (f-bb). Auf dem Gebiet der Romanischen Literaturwissenschaft hat sie sich mit der Darstellung von Akkulturationsprozessen am Beispiel algerischer Literatur französischer Sprache auseinander gesetzt: „Fez oder Feutre? Koloniale Assimilationsdiskurse"(IKO: 2006).

Gwendolin Lauterbach ist Diplom-Wirtschaftssinologin. Sie studierte von 2005 bis 2009 Wirtschaftssinologie an der Fakultät Sprachen der WHZ und schrieb ihre Diplomarbeit über „Interkulturelles Lernen von Deutschen in chinesischen Gastfamilien" (2009). Sie sammelte Auslands- und Gastfamilienerfahrungen durch längere Aufenthalte in Großbritannien und der Volksrepublik China. Ihre Diplomarbeit wird in Kürze ebenfalls in dieser Reihe veröffentlicht.

Ulrike Preißner ist Diplom-Wirtschaftssinologin, sie beendete Anfang 2008 das Studium der Wirtschaftssinologie an der Fakultät Sprachen der Westsächsischen Hochschule Zwickau. Während des Studiums lernte sie ein halbes Jahr an der Tongji Universität in Shanghai und absolvierte ein halbjährliches Praktikum in Hangzhou. Ihre Diplomarbeit fertigte sie in der Schweiz an. Danach hielt sie sich drei Monate in Taiwan auf. Gegenwärtig arbeitet sie in der Schweiz.

Andrea Richter ist Diplom-Wirtschaftshispanistin. Sie ist Absolventin der Fakultät Sprachen der WHZ. Während des Studiums untersuchte sie im Rahmen einer Projektarbeit anhand von Interviews die Sichtweise von Kubanern auf ihr Heimatland. In ihrer Diplomarbeit mit dem Thema „Studienbezogene Auslandsaufenthalte – Eine qualitative Studie über Stationen, Bewältigung und Auswirkungen" (2008) erforschte sie, wie sich Auslandsaufenthalte auf Studenten der WHZ auswirken. Seit April 2009 arbeitet Andrea Richter in der Handwerkskammer Potsdam und ist dort als Mobilitätsberaterin zuständig für die Beratung von Unternehmen, Auszubildenden und Gesellen zu allen Fragen des Auslandsaufenthaltes, der Organisation von Auslandspraktika und der europäischen Vernetzung der Handwerkskammer. Ihre Diplomarbeit wird in Kürze ebenfalls in dieser Reihe veröffentlicht.

Beatrice Schneider ist Diplom-Wirtschaftssinologin und Absolventin der Fakultät Sprachen der WHZ. Ihr Studium beinhaltete einen einjährigen Aufenthalt in der Volksrepublik China. In Anlehnung an ihre eigenen China-Erfahrungen machte sie das Leben deutscher Expatriate-Familien zum Untersuchungsschwerpunkt ihrer Diplomarbeit. Ihre Diplomarbeit, die u.a. auf umfangreichen Interviews mit Familienangehörigen basiert, ist 2009 im tectum-Verlag erschienen.

Ulrike Smolny ist Diplom-Wirtschaftshispanistin. Sie studierte an der Westsächsischen Hochschule Zwickau Wirtschaftshispanistik mit den Schwerpunkten Internationale Unternehmensführung und Marketing. Als studentische Hilfskraft an der Fakultät Sprachen arbeitete sie u.a. am Forschungsprojekt „Interkulturelle Erstkontaktsituationen" mit. Ein Stipendium des deutschen Bundestages ermöglichte ihr einen einjährigen Auslandsaufenthalt in New Orleans; ein Auslandssemester und halbjähriges Praktikum in Valencia folgten. Ihre Diplomarbeit schrieb sie zum Thema Auslandsentsendung in einem internationalen Unternehmen im Automobilsektor. Sie ist als Personalreferentin Expatriate Management für die Deutsche Börse AG in Frankfurt/Main tätig.

Doris Weidemann, Dr. phil. Dipl.-Psych., ist Professorin für Interkulturelles Training mit dem Schwerpunkt chinesischsprachiger Kulturraum und International Business Administration an der Fakultät Sprachen der WHZ. Ihre Forschungsinteressen liegen in den Bereichen Kulturpsychologie, Interkulturelles Lernen und Internationalisierung der Sozialforschung. Doris Weidemann ist Mitherausgeberin des „Handbuchs Interkulturelle Kommunikation und Kompetenz" (Metzler: 2007), von „Pursuit of Meaning: Advances in Cultural and Cross-Cultural Psychology" (transcript: 2006) und „Internationalization of the Social Sciences" (transcript: 2010).

Abonnement

Hiermit abonniere ich die Reihe **Kultur – Kommunikation – Kooperation (ISSN 1869-5884)**, herausgegeben von Gabriele Berkenbusch und Katharina von Helmolt,

❐ ab Band # 1

❐ ab Band # ___

  ❐ Außerdem bestelle ich folgende der bereits erschienenen Bände:

  #___, ___, ___, ___, ___, ___, ___, ___, ___, ___, ___, ___

❐ ab der nächsten Neuerscheinung

  ❐ Außerdem bestelle ich folgende der bereits erschienenen Bände:

  #___, ___, ___, ___, ___, ___, ___, ___, ___, ___, ___, ___

❐ 1 Ausgabe pro Band   ODER   ❐ ___ Ausgaben pro Band

Bitte senden Sie meine Bücher zur versandkostenfreien Lieferung innerhalb Deutschlands an folgende Anschrift:

Vorname, Name: _____

Straße, Hausnr.: _____

PLZ, Ort: _____

Tel. (für Rückfragen): _____ *Datum, Unterschrift:* _____

Zahlungsart

❐ *ich möchte per Rechnung zahlen*

❐ *ich möchte per Lastschrift zahlen*

bei Zahlung per Lastschrift bitte ausfüllen:

Kontoinhaber: _____

Kreditinstitut: _____

Kontonummer: _____ Bankleitzahl: _____

Hiermit ermächtige ich jederzeit widerruflich den *ibidem*-Verlag, die fälligen Zahlungen für mein Abonnement der Reihe **Kultur – Kommunikation – Kooperation** von meinem oben genannten Konto per Lastschrift abzubuchen.

Datum, Unterschrift: _____

Abonnementformular entweder **per Fax** senden an: **0511 / 262 2201** oder 0711 / 800 1889 oder als **Brief** an: *ibidem*-Verlag, Julius-Leber Weg 11, 30457 Hannover oder als **e-mail** an: ibidem@ibidem-verlag.de

***ibidem*-**Verlag

Melchiorstr. 15

D-70439 Stuttgart

info@ibidem-verlag.de

www.ibidem-verlag.de
www.ibidem.eu
www.edition-noema.de
www.autorenbetreuung.de